資格ガイド

License Guide

調理師

目で見てわかる図解テキスト

'24年版

成美堂出版

本書の使い方

本書は、各試験科目の出題範囲を参考にして、それぞれSection別に簡潔にわかりやすくまとめました。また、重要なものについては、カコミや表、図版、チャート、イラストなどで見やすくして、ポイントを確実に把握できるように工夫してあります。これまでの調理業務の経験などから会得してきた知識を整理し直したり、うろ覚えだった知識を確実に理解したりするのに役立ちます。

本書を十分に活用のうえ、効率的に勉強して、自信をもって試験に臨んでください。

重要度 ★★☆

重要度

過去にどのくらいの割合で出題されているかを分析して、重要度を３段階で示したもの。★の数が多いほど出題頻度は高いので、勉強時間の配分にも役立てましょう。

学習ポイント

ここで学習すべきポイントを説明したもの。とくに、太字で示した内容を中心に、勉強していきましょう。

ココ必修!!

ひじょうに高い頻度で出題される内容をまとめたもの。これまでの試験で多く問われている内容ですので、しっかりと覚えましょう。

まずは全体に目を通そう

最初は全体を把握する意味で、さっと目を通します。次に、必要と思われる部分を中心に、時間をかけて丁寧に熟読しましょう。

赤シートで確認を

重要な語句や数値を色文字で表記しています。これらを覚えたところで赤シートを使い、隠れた語句や数値をチェックしましょう。

練習問題で理解度をチェックして

一通り勉強したら、「PART7 練習問題」に挑戦を。本文では解説していない内容もあるので、解説にも目を通して覚えましょう。

試験直前の見直しを

試験日が迫ってきたら、「ココ必修 !!」「覚えよう !」「解説文の色文字」など、出題頻度の高いものを中心に、仕上げをかねて見直しましょう。

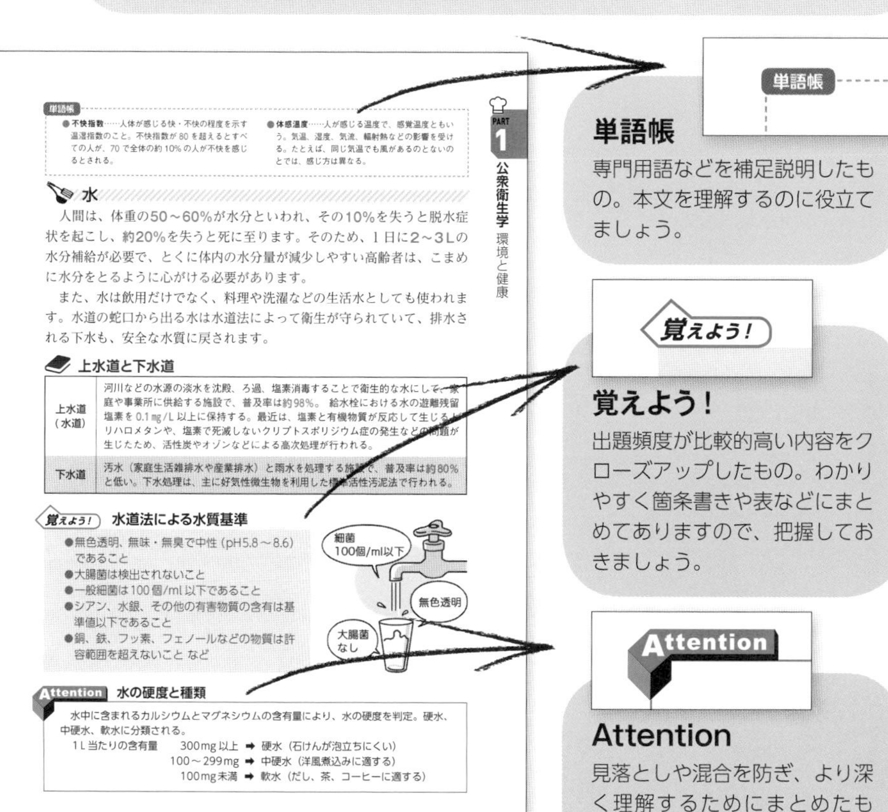

単語帳

●不快指数……人体が感じる快・不快の程度を示す温湿指数のこと。不快指数が 80 を超えるとすべての人が、70 で全体の約 10% の人が不快を感じるとされる。

●体感温度……人が感じる温度で、感覚温度ともいう。気温、湿度、気流、輻射熱などの影響を受ける。たとえば、同じ気温でも風があるのとないのとでは、感じ方は異なる。

PART 1 公衆衛生学 環境と健康

水

人間は、体重の50～60%が水分といわれ、その10%を失うと脱水症状を起こし、約20%を失うと死に至ります。そのため、1日に2～3Lの水分補給が必要で、とくに体内の水分量が減少しやすい高齢者は、こまめに水分をとるように心がける必要があります。

また、水は飲用だけでなく、料理や洗濯などの生活水としても使われます。水道の蛇口から出る水は水道法によって衛生が守られていて、排水される下水も、安全な水質に戻されます。

上水道と下水道

上水道（水道）	河川などの水源の淡水を沈殿、ろ過、塩素消毒することで衛生的な水にして、家庭や事業所に供給する施設で、普及率は約98%。 給水栓における水の遊離残留塩素を 0.1 mg/L 以上に保持する。最近は、塩素と有機物質が反応して生じるトリハロメタンや、塩素で死滅しないクリプトスポリジウム症の発生などの問題が生じたため、活性炭やオゾンなどによる高次処理が行われる。
下水道	汚水（家庭生活雑排水や産業排水）と雨水を処理する施設で、普及率は約80%と低い。下水処理は、主に好気性微生物を利用した標準活性汚泥法で行われる。

覚えよう! 水道法による水質基準

●無色透明、無味・無臭で中性（pH5.8～8.6）であること
●大腸菌は検出されないこと
●一般細菌は 100 個/ml 以下であること
●シアン、水銀、その他の有害物質の含有は基準値以下であること
●銅、鉄、フッ素、フェノールなどの物質は許容範囲を超えないこと など

Attention 水の硬度と種類

水中に含まれるカルシウムとマグネシウムの含有量により、水の硬度を判定。硬水、中硬水、軟水に分類される。

1L当たりの含有量　300mg 以上 ➡ 硬水（石けんが泡立ちにくい）
100～299mg ➡ 中硬水（洋風煮込みに適する）
100mg未満 ➡ 軟水（だし、茶、コーヒーに適する）

19

単語帳

専門用語などを補足説明したもの。本文を理解するのに役立てましょう。

覚えよう!

出題頻度が比較的高い内容をクローズアップしたもの。わかりやすく箇条書きや表などにまとめてありますので、把握しておきましょう。

Attention

見落としや混合を防ぎ、より深く理解するためにまとめたもの。必ず通読しましょう。

CONTENTS

PART 1 公衆衛生学

PART 2 食品学

PART 3　栄養学

PART 4　食品衛生学

PART 5　調理理論

PART 6　食文化概論

PART 7　練習問題

＊本書は、原則として2023年11月時点での情報により編集しています。

調理師試験の受験ガイド

調理師免許を取得するための調理師試験は、厚生労働大臣の定める基準により、各都道府県知事が行います。資格を有する者ならだれでも、どこででも受験でき、合格して取得した調理師免許は全国で通用します。

試験の実施日などは、各都道府県によって異なるうえ、受験手続きなどが変更になる場合もあります。受験する場合は、各都道府県庁のホームページで確認するか、担当部署あるいは保健所に問い合わせてください。

調理師試験の受験資格

受験資格には、学歴と実務経験が定められています。

学歴

高等学校への入学資格を有することが、第一条件です。つまり、中学校を卒業、もしくはそれに準ずる学校を卒業しているか、またはこれと同等の学力があると認められた者となります。

実務経験

学歴に加えて、厚生労働省令で定める施設（→P34）で、調理業務に2年以上の従事経験が必要です。また、集団給食施設やパート、アルバイトでの従事に関しては、条件が定められていますが、食器洗浄や接客業務などは調理業務とは見なされないので、注意が必要です。

受験の手続き

受験の手続きは、願書受付期間内に行わなければなりません。試験日などが公示されたら、まずは受験願書などの申請用書類を、各都道府県庁や保健所などで入手します。多くの場合、配布期間が決まっていますので、早めに取り寄せる必要があります。

また、調理業務従事証明書や最終学校の卒業証明書など、添付しなければならない書類を用意します。これら提出書類や様式は、都道府県によって若干異なりますので、不明な点は受験予定地の関係機関に問い合わせましょう。

申請書類の提出に関しては、受付期間、郵送の可否、受験料の支払方法などを確認のうえ、不備のないようにして指定の機関に提出します。

受験手続きの流れ

■受験申請用書類配布

都道府県により、公示日、配布される期間は異なる。書類を取り寄せなければならないところもあれば、ホームページからダウンロードできるところもある。

手続きに必要な書類

①受験願書……保健所や都道府県庁などで配布される所定の用紙に記入。
②受験票・写真台帳……6カ月以内に撮影したもの。
③卒業証明書……最終学歴または学力認定を証明するもの。卒業校で入手。
④調理業務従事証明書……所定の用紙、記入方法により勤務先が作成。
⑤受験料……都道府県により異なる。
⑥その他……結婚などによって氏名が異なる場合の戸籍抄本など、必要に応じて添付するもの。

■受験願書提出

受付期間が数日間のところもあれば、1カ月間のところもあり、郵送受け付けのところ、郵送不可のところなどさまざまに異なるので、必ず確認する。書類に不備があると受け付けられず、再提出が間に合わない場合は支払った受験料は返却されないので、注意する。

■試験実施

試験日は、早いところでは4月、遅いところでも11月。試験会場は、願書に記入した場所以外、変更は認められない。当日に間違えたり、遅れたりすることなく、余裕をもって行動する。

試験科目と出題形式

試験は、公衆衛生学、食品学、栄養学、食品衛生学、調理理論、食文化概論の6科目で行われます。これらの出題配分は決まっていますが、問題数は都道府県によって異なり、基本的には60問以上で、形式は4肢択一のマークシート式で統一されています。

出題範囲に関しては、項目が区分されているものの、関連性により該当科目ではない学科から出題されることがあります。いずれにしても、食品や栄養素、調理の特性だけでなく、法律に関することなど、どれも調理師にとっては必要な知識の範囲です。学科にとらわれずに、勉強しておくとよいでしょう。

出題配分

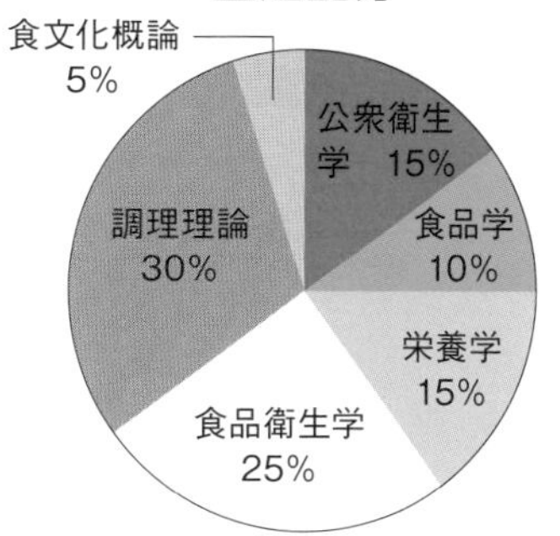

合格基準と合格率

合格基準は、原則として全科目合計点が満点の6割以上になります。つまり、60問中24問を間違えても、合格できるということです。ただし、1科目でも平均点を著しく下回る科目があると、不合格になる場合があります。栄養や調理に関しては得意分野であっても、法律や病原微生物などにも専門的な知識が求められますので、不得意な学科もきちんと勉強しておくことが大切です。

調理師試験の受験者数は、年度によって多少違いますが、毎年、2万〜3万人が受けており、合格率は一般的に60〜70%前後と見られ、年々むずかしくなっているようです。細かく見ていくと、都道府県によって50%台のところ、反対に80%近いところなど、合格率の数値はまちまちですが、2022（令和4）年度の全国平均は65.4%でした。

調理師試験の合格発表は、試験後1カ月以上たってから、都道府県庁などで掲示されるほか、ホームページに掲載されるところもあります。また、合格者に対しては、合格通知書が送付されます。

合格後の手続き

調理師試験に合格した場合、住所地の都道府県知事に対して、免許取得の申請を行う必要があります。この手続きをすませないと、調理師名簿には登録されず、免許証の交付も受けられません。速やかに手続きの準備をしましょう。

調理師免許の申請には、合格通知書と申請書のほか、戸籍抄本や医師の診断書が必要になります（→P34）。用紙は、保健所や都道府県庁でもらえるほか、インターネットからダウンロードできるところもあります。また、診断書は麻薬などの中毒者でないことを証明するもので、有効期限が設けられています。

提出書類がそろったら、申請料を納付して関係機関に送ります。申請後は、調理師名簿の登録が行われ、調理師免許証が交付されます。

PART 1

公衆衛生学

Section 1

公衆衛生と健康

重要度 ★★☆

健康を維持、増進するための**公衆衛生**の基礎知識として、**その定義や目的**、国や地方公共団体による**行政のしくみや活動内容**、**国際機関**などについて理解しましょう。

公衆衛生の定義と活動

公衆衛生とは、すべての住民を対象に、人々の健康保持や疾病予防などを目的とした地域社会の組織的な衛生活動のことです。その定義はいろいろありますが、もっとも広く用いられているのがアメリカ・イェール大学のウインスロー教授が提唱した、「地域社会の組織的な努力により疾病を予防し、生命を延長し、身体的・精神的健康と**能率**の増進を図る**科学**であり、**技術**である」という定義です。

また、日本国憲法でも、第25条の生存権によって、健康的な生活を営む権利としての国民の健康生活権や、国家の責務を定めています。

日本国憲法第25条

第1項 すべて国民は、健康で文化的な最低限度の生活を営む権利を有する。

第2項 国は、すべての生活部面について、社会**福祉**、社会**保障**及び**公衆衛生**の向上及び増進に努めなければならない。

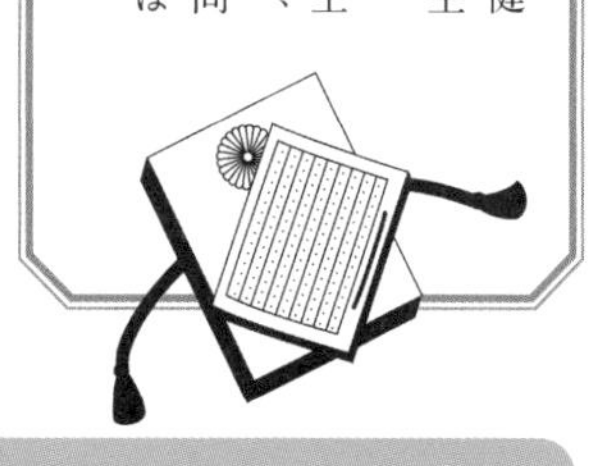

公衆衛生行政と活動

公衆衛生行政とは、国民の健康の保持・増進のために、日本国憲法第25条を基盤とした衛生法規という法律に従い、国や地方公共団体などが行う公衆衛生活動のことです。

衛生行政は、**公衆衛生**行政、**学校保健**行政、**労働衛生**行政、**環境衛生**行政に大きく分けられ、国の実施機関として、**厚生労働省**のほか、**内閣府**、**文部科学省**、**環境省**が管轄しています。

衛生行政の4分野

公衆衛生行政	厚生労働省 内閣府	家庭や地域社会の生活が対象
学校保健行政	文部科学省	幼児、児童、生徒、学生、教職員などの学校生活が対象
労働衛生行政	厚生労働省	会社や工場、店舗などで働く人の職場生活が対象
環境衛生行政	環境省ほか	社会全般の環境が対象

公衆衛生と保健所

公衆衛生行政のなかで、**地域保健法**に基づいて、地域における公衆衛生の向上と増進を図る目的で活動しているのが**保健所**です。都道府県、指定都市、中核市、その他の政令で定める市、東京都の23特別区に設置されている保健所は、現在、減少傾向にあるものの、地域住民のために保健衛生行政に関するさまざまな業務を行っている第一線の機関です。

保健所の職員には、医師、歯科医師、薬剤師、獣医師、診療放射線技師、臨床検査技師、管理栄養士、栄養士、保健師などが配属されています。

保健所の主な業務

1. 地域保健に関する思想の普及、向上に関する事項
2. 人口動態統計、その他の地域保健にかかわる統計に関する事項
3. 栄養の改善及び食品衛生に関する事項
4. 住宅、水道、下水道、廃棄物の処理、清掃、その他の環境衛生に関する事項
5. 医事及び薬事に関する事項
6. 保健師に関する事項
7. 公共医療事業の向上及び増進に関する事項
8. 母性及び乳幼児並びに老人の保健に関する事項
9. 歯科保健に関する事項
10. 精神保健に関する事項
11. 治療方法が確立していない疾病、その他の特殊の疾病により、長期に療養を必要とする者の保健に関する事項
12. エイズ、結核、性病、感染症、その他の疾病の予防に関する事項
13. 衛生上の試験及び検査に関する事項
14. その他、地域住民の健康の保持と増進に関する事項

保健センター

保健センターも**地域保健法**に基づき、地域住民の健康づくりの拠点として、市町村に設置されています。身近な対人保健サービスを主な活動に、健康相談や保健指導、健康診査、母子保健事業などを行っています。

公衆衛生の国際機関

公衆衛生にかかわる国際機関の中心として、WHO（World Health Organization ＝**世界保健機関**）があります。WHOは国際連合（国連）の専門機関の一つで、スイスの**ジュネーブ**に本部を置き、世界レベルでの保健活動を行っています。

その活動は、国際的な健康水準の向上、保健事業の促進と調整などを目的として、感染症対策、衛生統計の作成、医薬品の基準作成、技術協力、研究開発など、国境を超えて幅広いものです。日本は1951（昭和26）年に加盟しました。

World
Health
Organization

■ヘルスプロモーション

ヘルスプロモーションとは、WHOが1986（昭和61）年に**オタワ憲章**において提唱した健康観のことです。「人々が自らの健康をコントロールし、改善することができるようにするプロセス」として、より積極的な健康を唱えています。

このヘルスプロモーションを受けて日本でも、国の政策を健康づくりの面から見直そうと、健康政策が推進されました。

ココ必修!! **健康の定義**

WHOでは、健康の定義を1946（昭和21）年に発表した憲章前文の中で、「身体的・精神的並びに社会的に完全に良好な状態にあることであり、単に疾病や虚弱でないということではない」と述べている。

その他の国際機関

FAO：（国連食糧農業機関）	Food and Agriculture Organization of the United Nations 各国の食糧や農業問題、森林保護、漁業資源の管理などの問題を扱う。
UNICEF：（国連児童基金）	United Nations Children's Fund 母子や児童に関連した保健などの国際協力を行う。
UNEP：（国連環境計画）	United Nations Environment Programme 環境保全問題に関する国際交流を行う。
ILO：（国際労働機関）	International Labour Organization 労働者の生活水準の向上や労働条件の保障などの活動を行う。
UNESCO：（国連教育科学文化機関）	United Nations Educational, Scientific and Cultural Organization 教育、科学、文化を通じて平和と安全保障の確保を行う。

Section 2
重要度 ★★★

衛生統計

学習ポイント

総人口や**人口構成**、**出生**や**死亡**などによる**人口の動き**、健康状態などを知り、公衆衛生活動の指針とする**衛生統計**には、いろいろな種類があります。それぞれの**特徴**や**算出のしかた**を覚えましょう。

人口静態統計

人口静態統計とは、**一時点**での人口集団の特性を数字的に表したものです。**5年ごと**に実施される**国勢調査**の結果をもとに、総人口や年齢区分別の人口構成などがわかります。

近年、日本の総人口は約1億2,494万人ですが、年々減少していて、2055年には1億人を割り込むといわれています。

単語帳

● **国勢調査**……5年ごとの10月1日午前0時時点の人口の状態についての調査。総務省が実施する。

■年齢別人口構成

日本の人口を、0～14歳の年少人口、15～64歳の生産年齢人口、65歳以上の老年人口の3つに分けて、その構成比を見たところ、年少人口と老年人口が1997（平成9）年に逆転しました。それ以降、年少人口の減少と老年人口の増加が続き、少子高齢化が進んでいます。

年齢区分別人口の構成割合
［2022（令和4）年］

区分	割合
年少人口	11.6%
生産年齢人口	59.4%
老年人口	29.0%

老年人口指数 ➡ 48.8［2022（令和4）年］

100人の生産年齢人口で、何人の高齢者が養われているかを示す。

$$\frac{\text{老年人口}}{\text{生産年齢人口}} \times 100$$

従属人口指数 ➡ 68.5［2022（令和4）年］

100人の生産年齢人口で、何人の子どもと高齢者が扶養されているかを示す。

$$\frac{\text{年少人口}+\text{老年人口}}{\text{生産年齢人口}} \times 100$$

人口動態統計

人口動態統計とは、**一定期間**（1年間）の人口の動きを数字的に表したものです。出生、死亡、死産など、市町村へ届け出たデータが都道府県を経て厚生労働省に送られ、全国集計・分析します。

ココ必修!! 人口動態統計による出生・死亡の割合

出生

出生率（粗出生率）➡ **6.3**［2022（令和4）年］

人口1,000人に対する出生数。

$$\frac{\text{年間出生数}}{\text{人口}} \times 1{,}000$$

合計特殊出生率 ➡ **1.26**［2022（令和4）年］

15～49歳の女性1人が一生の間に産む子どもの平均数。
2.08以下になると人口は減少するといわれている。

死亡

死亡率（粗死亡率）➡ **12.9**［2022（令和4）年］

人口1,000人に対する死亡数。

$$\frac{\text{年間死亡数}}{\text{人口}} \times 1{,}000$$

乳児死亡率 ➡ **1.8**［2022（令和4）年］

出生1,000件に対する乳児死亡数。公衆衛生の状態を知る指標となり、低い数値ほど公衆衛生が良好であることを表し、日本は世界最低値国となる。

$$\frac{\text{年間乳児死亡数}}{\text{年間出生数}} \times 1{,}000$$

単語帳

乳児：生後1年未満児
新生児：生後4週（28日）未満児
早期新生児：生後1週未満児

周産期死亡率 ➡ **3.3**［2022（令和4）年］

出産1,000件に対する周産期死亡数。母子保健の指標となり、日本では早期新生児死亡数よりも、妊娠満22週以降の死産数のほうが多い。

$$\frac{\text{妊娠満22週以降の死産数＋早期新生児死亡数}}{\text{出産数（出生数＋妊娠満22週以降の死産数）}} \times 1{,}000$$

ココ必修!! **平均寿命、平均余命、健康寿命**

平均寿命： 0歳の子どもが平均して何歳生きるかを表した、0歳児の平均余命のこと。
男 81.05 歳・女 87.09 歳 [2022（令和 4）年]

平均余命： 各年齢に達している人が、平均してあと何年生きられるかを示したもの。

健康寿命： 心身ともに健康で活動できる年齢期間。日常生活の動作を自分で行い、認知症や寝たきりでない年齢期間ということで、日本は世界のトップクラス。
男 72.7 歳・女 75.4 歳 [2019（令和元）年]

疾病統計

人々がどのような病気にかかっているかなどの実態を示す疾病統計には、主に、次のようなものがあります。

① **一般疾病統計**……患者調査や国民生活基礎調査などをもとに、発病率や罹患率などを作成。

② **食中毒統計**……食中毒の原因物質や発生件数などについての統計。食品衛生法に従い、食中毒を診断した医師の保健所への届け出に基づいて作成。

③ **感染症統計**……感染症法での感染症発生動向調査（サーベイランス）による、感染症の種類や患者数などについての統計。

単語帳
- **患者調査**……医療機関を利用した患者についての調査で、3年に1回実施。
- **国民生活基礎調査**……国民生活についての調査で、毎年の調査に加え、3年ごとに大規模調査を実施。

一般疾病統計の種類

発病率	一定の期間中に発生する疾病の頻度
有病率	一定の時点で病気を発生した者（患者）の割合
罹患率	一定の期間中に新たに発生して届けられた患者数の割合
受療率	患者調査により、一定の時点に医療機関を受診した者の割合
有訴者率	国民生活基礎調査により、疾病の自覚症状はあるが日常生活には支障がない者の割合

覚えよう! **その他の統計**

国民健康・栄養調査	健康増進法に基づき、身体・栄養摂取・食生活状況などの調査を1年ごとに実施。 ●朝食の欠食率は男性40代、女性30代がもっとも多い ●喫煙率は男女とも低下し、習慣的喫煙率は、男性約28.5%、女性約8.1%
食料需給表	別名フードバランスシート。FAO（国際連合食糧農業機関）のガイドラインに従い、農林水産省が作成。食料自給率などがわかる。 カロリーベース（熱量ベース）の自給率は、38% [2022（令和4）年]。 ●低自給率の食品：小麦、とうもろこし、大豆、砂糖 ●高自給率の食品：米、野菜、乳・乳製品

Section
3
環境と健康

重要度 ★★☆

学習ポイント
自然環境条件（水、空気、気圧、温度、湿度、光線など）と**人為的環境条件**（衣服、住居、そ族昆虫、廃棄物など）**の特徴**、人の健康への影響のほか、**公害**や**環境汚染**についても理解しましょう。

環境衛生の目的

私たちを取り巻く生活環境には、大きく分けて空気や温度などの自然環境と、衣服や住居などの人為的環境とがあります。これらの環境因子の影響を調べて、健康を守ることが環境衛生の目的です。

自然環境と衛生

空気

空気の成分としてもっとも多く含まれるのが**窒素**で、ついで**酸素**になります。私たちが健康にすごすには新鮮な空気が必要で、空気汚染の指標は二酸化炭素濃度で判断します。ちなみに、濃度が**0.1%**以上は空気が汚れているので、換気が必要になります。

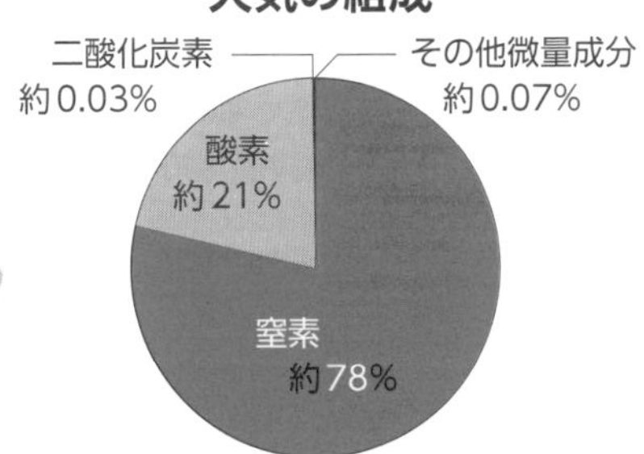

気圧

気圧とは大気の圧力のことで、1気圧＝760㎜Hgまたは1013.25hPa。高度が上がるほど気圧は低く、空気は薄くなります。

温度と湿度

人が快適と感じる環境温度を生活至適温度といい、夏は**25～26℃**、冬は**18～20℃**です。冷暖房をする場合、外気温と室温との差を±5℃以内にするのがよいとされています。

湿度の場合、生活至適湿度は**45～65%**といわれます。

単語帳

● **不快指数**……人体が感じる快・不快の程度を示す温湿指数のこと。不快指数が80を超えるとすべての人が、70で全体の約10%の人が不快を感じるとされる。

● **体感温度**……人が感じる温度で、感覚温度ともいう。気温、湿度、気流、輻射熱などの影響を受ける。たとえば、同じ気温でも風があるのとないのとでは、感じ方は異なる。

水

人間は、体重の**60～70%**が水分といわれ、その**10%**を失うと脱水症状を起こし、**約20%**を失うと死に至ります。そのため、1日に**2～3L**の水分補給が必要で、とくに体内の水分量が減少しやすい高齢者は、こまめに水分をとるように心がける必要があります。

また、水は飲用だけでなく、料理や洗濯などの生活用水としても使われます。水道の蛇口から出る水は水道法によって衛生が守られていて、排水される下水も、安全な水質に戻されます。

上水道と下水道

上水道 (水道)	河川などの水源の淡水を沈殿、ろ過、塩素消毒することで衛生的な水にして、家庭や事業所に供給する施設で、普及率は**約98%**。給水栓における水の遊離残留塩素を**0.1mg/L**以上に保持する。最近は、塩素と有機物質が反応して生じるトリハロメタンや、塩素で死滅しないクリプトスポリジウム症の発生などの問題が生じたため、活性炭やオゾンなどによる高次処理が行われる。
下水道	汚水（家庭生活雑排水や産業排水）と雨水を処理する施設で、普及率は**約81%**となり、下水処理は主に好気性微生物を利用した標準活性汚泥法で行われる。

覚えよう！ 水道法による水質基準

- 無色透明、無味・無臭で中性（pH5.8～8.6）であること
- 大腸菌は検出されないこと
- 一般細菌は100個/ml以下であること
- シアン、水銀、その他の有害物質の含有は基準値以下であること
- 銅、鉄、フッ素、フェノールなどの物質は許容範囲を超えないこと など

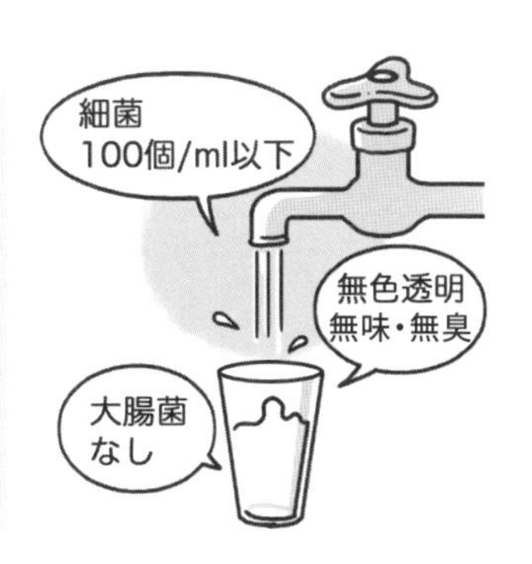

Attention 水の硬度と種類

水中に含まれるカルシウムとマグネシウムの含有量により、水の硬度を判定。硬水、中硬水、軟水に分類される。

1L当たりの含有量
- 300mg以上 ➡ 硬水（石けんが泡立ちにくい）
- 100～299mg ➡ 中硬水（洋風煮込みに適する）
- 100mg未満 ➡ 軟水（だし、茶、コーヒーに適する）

人為的環境と衛生

衣服

衣服の機能は、体温調節、危害に対する保護能力、活動や運動に適していることなどが求められます。さらに、調理作業服の素材には、燃えにくいことや、吸湿性、通気性がよく、乾きやすさから綿やポリエステルが望ましいです。

衣服の条件

①体温調節機能があること
②保護能力があること
③からだの汗や汚れを吸収し、清潔保持力があること

住居

健康で安全な住居の条件として、次のような点が挙げられます。

①身体的要求を満たすこと（日照、照明、換気、冷暖房、騒音）
②生活的要求を満たすこと（面積、室数、周辺環境）
③衛生的であること（給排水、そ族・害虫の駆除、ごみ処理）
④精神的なやすらぎや経済的な充足があり、災害に強いこと

これらのうち、身体的要求を満たすには、照明と換気について気を配る必要があります。

- **照明**……調理室は**150 lux以上**に、調理作業面は**300 lux**に保つのが望ましい。
- **換気**……閉め切った室内で火を使う場合は、一酸化炭素中毒に気をつけて、換気を行う。

Attention シックハウス症候群

建築建材から発生するホルムアルデヒドなどの、揮発性化学物質が原因で起こる。主な症状は、目のチカチカ、頭痛、吐き気、めまい、のどの痛み、呼吸器障害、皮膚炎など。

一般廃棄物と産業廃棄物

一般家庭の日常生活から出る一般廃棄物は市町村が、工場などの事業所から出る産業廃棄物は各事業所の責任で処理することが、**廃棄物処理法**によって定められています。

また、循環型社会をつくるための循環型社会形成推進基本法により、**容器包装**リサイクル法、**家電**リサイクル法、**食品**リサイクル法、**自動車**リサイクル法などが制定されています。

そ族、衛生害虫

ネズミやハエなどのそ族、衛生害虫は、感染症や食品異物の原因になるので、駆除する必要があります。

覚えよう！ ネズミや害虫の関連疾患と駆除方法

種類	関連疾患	駆除方法
ネズミ	ペスト、ワイル病、サルモネラ症、そ咬症(こうしょう)など	侵入口をなくす、ネズミ捕りかごなどの設置、殺そ剤の使用
蚊	マラリア、日本脳炎など	下水溝の清掃、水たまりをなくす、殺虫剤の使用
ハエ	コレラ、赤痢、腸チフスなど	ごみ捨て場や便所などの清潔、防虫網やエアカーテンの利用
ゴキブリ	ポリオ（急性灰白髄炎）、赤痢などの消化器系感染症など	殺虫剤の散布、ゴキブリ捕りの設置
ダニ	つつが虫病、回帰熱、皮膚病など	入浴や清掃、住居や衣類を清潔に保つ、殺虫剤の使用
ノミ	ペスト、発しん熱など	入浴や清掃、住居を清潔に保つ、殺虫剤の使用
シラミ	発しんチフス、回帰熱など	入浴や清掃、衣類の洗濯、殺虫剤の使用

電磁波

OA機器や高圧電線、家電から出る電磁波は、波長が短くて生体に電離作用を引き起こす電離放射線と、作用を起こさない非電離放射線とに分けられます。

電離放射線	X線、γ線、α線、β線など。世界各国で食品の殺菌や殺虫、発芽防止、成熟遅延などに利用されているが、日本では**じゃがいも**の発芽防止にγ線の照射のみ使用が許可。
非電離放射線	電子レンジに使用されているマイクロウエーブ、レーザー光線、太陽光線に含まれる紫外線など。紫外線は、適度な量なら骨の成長に必要な**ビタミンD**を活性化させるが、浴びすぎると角膜の障害、日焼け、皮膚がんなどの原因となる。

公害・環境汚染

公害は、環境基本法によると、事業活動や人の活動にともなって生じる広範囲の大気汚染、水質汚濁、土壌汚染、騒音、振動、地盤沈下、悪臭によって、健康や生活環境にかかわる被害が生じることとされています。これらのうち、騒音、振動、悪臭などのように感覚でとらえるものを感覚公害といいます。

覚えよう! 4大公害病

四日市ぜんそく	大気汚染物質の二酸化イオウ、二酸化窒素が原因
水 俣 病	メチル水銀による水質汚濁が原因
第二水俣病（新潟水俣病）	水俣病と同じメチル水銀が原因
イタイイタイ病	カドミウムによる水質汚濁が原因

大気汚染

大気中に汚染物質が発生すると、多くの人に健康被害が起こりやすくなります。

覚えよう! 主な大気汚染物質

一酸化炭素（CO）	無色・無味・無臭の猛毒の気体。燃料の不完全燃焼や自動車の排気ガスなどが発生源。炭や練炭からも多く発生する。
二酸化イオウ（SO_2）	別名・亜硫酸ガス。基準値内なら無色・無臭だが、高濃度になると不快臭がある。イオウを含有する、石油や石炭などの化石燃料の燃焼にともなって発生する。
二酸化窒素（NO_2）	窒素化合物（NO_x）の一種で､刺激性の有毒物質。化石燃料の燃焼によって発生。工場のボイラーや自動車のエンジンから排出。酸性雨の主な原因物質でもあり、太陽光線によって光化学オキシダントを生じる。
浮遊粒子状物質（SPM）	化石燃料の燃焼で、とくにディーゼル車の排気ガス、工場の排煙によって生成される粉状のもの。気管支ぜんそくや花粉症に関連するほか、発がん性が懸念されている。
微小粒子状物質（PM2.5）	SPMのうち、直径が2.5μm以下のものをいう。極小粒子は肺の深部にまで入り込みやすく、呼吸器系疾患や循環器系疾患のリスクが高まる。
ダイオキシン	発がん性や催奇性がある有機塩素系化合物で、環境ホルモンの一種。ごみ焼却場の排気ガス中に存在。ダイオキシン類対策特別措置法により、大気、水質、土壌中の環境基準が定められた。

水質汚染

水質汚染の発生源は、事業所からの産業排水と家庭からの生活排水の２つに分けられます。水質を汚染する原因の**約70%**は生活排水が占め、**約20%**が産業排水、約10%がその他となっています。

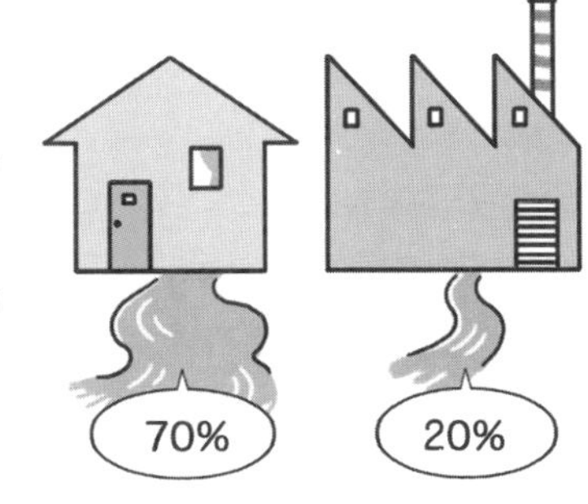

水質汚染の尺度として、BOD（生物的酸素要求量）、COD（化学的酸素要求量）が用いられます。これらの値が高いほど、汚染度が高くなります。

地球環境破壊

地球温暖化

温室効果ガス（二酸化炭素など）により、地表の放熱が妨げられて気温が上昇します。異常気象、海水面の上昇、生態系の変化、食料生産など、地球規模での影響が発生します。

オゾン層の破壊

フロンガスなどにより、地球成層圏にあるオゾン層に破壊された穴（オゾンホール）が観測されています。このため、地表に有害紫外線が到達し、皮膚がんなどが発症しています。

Attention　国際協力

地球温暖化防止（温室効果ガス削減）
……京都議定書、COP21パリ協定
オゾン層の破壊……モントリオール議定書
有害廃棄物の越境移動規制
……バーゼル条約
種の絶滅防止……生物多様性に関する条約

酸性雨

pH5.6以下の雨のこと。大気汚染物質の二酸化イオウや二酸化窒素が、上空で水と反応して酸性の雨となり、森林の枯渇などに影響を与えます。

環境ホルモン

環境ホルモンは、外因性内分泌かく乱物質といい、健康被害を発生させる化学物質の総称です。ダイオキシン、DDT、PCB、ビスフェノールAなどがあり、これらを含む農薬、化学製品の使用や接触だけでなく、燃焼した排気ガスを吸引すると、微量でも人体への影響が心配されます。

Section 4

感染症と予防

重要度 ★★★

学習ポイント

感染症とはどのような疾病か、**病原体**や**感染のしかた**、**発生要因**についても理解しましょう。また、感染症が流行しないための**予防対策**、とくに国の**感染症対策についての法律**を覚えましょう。

感染症と病原体

感染症は、病原体（微生物）が体内に侵入、増殖して引き起こされる疾病です。原因となる病原体には、ウイルス、クラミジア、リケッチア、細菌、スピロヘータ、原虫などがあります。

病原体の種類と感染症

病原体	急性感染症	慢性感染症
ウイルス	日本脳炎、狂犬病、麻しん、インフルエンザ、急性灰白髄炎（ポリオ）、デング熱、A・B・C・E型肝炎、ラッサ熱、エボラ出血熱、クリミア・コンゴ出血熱、マールブルグ病、黄熱、水痘、重症急性呼吸器症候群（SARS）、ジカ熱	後天性免疫不全症候群（エイズ）
クラミジア	オウム病、性器クラミジア感染症	そけいリンパ肉芽腫症、トラコーマ
リケッチア	発しんチフス、つつが虫病、発しん熱、Q熱	
細菌	コレラ、細菌性赤痢、腸チフス、パラチフス、腸管出血性大腸菌感染症、しょう紅熱、ジフテリア、百日咳、ペスト、破傷風、炭疽、淋病、レジオネラ症	結核
スピロヘータ	ワイル病、回帰熱	梅毒
原虫	マラリア、アメーバ赤痢、トキソプラズマ症、クリプトスポリジウム症	

感染症が発生する３大要因

感染症の発生には、感染源、感染経路、感受性の３つの条件が必要です。感染源があり、感染経路によって人の体内に侵入し、さらに病原体を受け入れる感受性があることで、感染症が発生します。

ココ必修!! **感染症発生の3大要因**

感染源	感染経路	感受性
病原体を保有する患者や保菌者、動物のほか、病原体に汚染された水、食品、土壌なども感染源になる。	感染源から病原体が人の体内に侵入する手段やルート。病原体によっていろいろある。	病原体に対する受け入れ要素のことで、感受性があると感染しやすい。感受性は、その人のもつ抵抗力（免疫力）に左右される。

Attention 保菌者の種類

健康保菌者……感染していても発病しない者
潜伏期保菌者…感染して、発病するまでの期間にある者
病後保菌者……発病後、症状がおさまっている者
いずれの保菌者も病原体を排泄しているので、感染源になる。

感染経路の種類

病原体への感染のしかたはいろいろありますが、直接伝播と間接伝播とに大別できます。

直接伝播	直接感染	感染した人や動物に直接接することで感染。梅毒、エイズ、破傷風、狂犬病など
	飛沫感染	感染者のくしゃみや咳などにより感染。結核、インフルエンザ、百日咳など
	垂直感染	妊娠・出産・授乳時を通して母親から子どもへ感染。風しん、B型肝炎など
間接伝播	媒介物感染	汚染された食物や飲料水、食器、玩具などから感染。コレラ、赤痢、腸チフス、細菌性食中毒など
	媒介動物感染	感染した蚊、ノミ、ダニなどや、病原体が体表面に付着しているハエ、ゴキブリなどを介して感染。マラリア、日本脳炎、ペスト、つつが虫病など
	空気感染	空気中に浮遊する患者の分泌物、病原体で汚染された土壌やほこりを吸い込んで感染。結核、インフルエンザ、百日咳など

Attention その他の感染経路の分類

経口感染……口から病原体が侵入すること。コレラ、細菌性赤痢、アメーバ赤痢、腸チフス、パラチフスなどがある。
接触感染……病原体保有者・動物の血液、体液、排泄物などに直接触れて感染すること。エイズ、梅毒、狂犬病などがある。

感染症の予防対策

感染症を防ぐには、発生要因を一つでも除くための対策を講じることが重要です。

■感染源対策

感染源の早期発見のために、感染症法で医師の届け出を義務づけています。また、患者の入院隔離、感染症発生動向調査などによる流行状況の情報公開、外来感染症に対する検疫、媒介となる感染動物の処分などが行われます。

■感染経路対策

感染経路を断ち切るために、病原体に汚染されたものの消毒、水（飲用水、使用水、井戸水）の消毒、上下水道の整備、そ族・衛生害虫駆除などの対策があります。また、個人としては、マスクの着用、うがい、手洗いの励行のほか、流行時の外出を控えるなどを心がけることが大切です。

■感受性対策

感染症への免疫を獲得するには、予防接種の実施が効果的です。また、個々に健康を維持して抵抗力を高めるために、食生活や生活習慣の改善なども有効です。

食品取扱者の感染症予防上の注意事項

①定期的な健康診断、少なくとも月１回の**検便**を受ける
②咳、下痢、できものや化膿傷のある者は食品を扱ってはいけない
③定期や臨時の予防接種は、体調に問題がないかぎり受ける
④手洗いの励行、爪切り、ひじから手指までの洗浄・消毒などに努め、常に清潔にする
⑤時計、指輪、マニキュア、ピアス、イヤリングの着用を禁止する
⑥食品を扱う器具で口や髪などに触れない
⑦毎日入浴して、からだを清潔に保つ
⑧食品を扱う施設、設備、器具類は絶えず洗浄、消毒を心がける
⑨食品を扱う作業場では、清潔な仕事着、帽子、マスク、手袋、履物を着用する
⑩仕事着などを着たまま、トイレに行ったり、作業室を出入りしたりしない
⑪作業場へは、食品取扱者以外の者を絶対に出入りさせない
⑫作業場にネズミや虫が侵入しないように注意する

感染症に関するいろいろな法律

感染症法

感染症法の正式名称は、「感染症の予防及び感染症の患者に対する医療に関する法律」といいます。対象となる感染症は、感染力や危険度の高さから順に1～5類感染症に分けるとともに、1～3類に準じた対応をするものとして、新型インフルエンザ等感染症、指定感染症、新感染症を別枠で分類しています。

感染症法は、感染症の予防、患者への医療、まん延防止、人権に配慮した入院隔離対策、バイオ・テロ対策などを目的に、次のような対策を制定しています。

①**感染症の届け出**……医師は、感染症が疑われる患者を診察した際に、保健所長を経由して**都道府県知事**に届け出る。1～4類感染症は**ただちに**、5類感染症は7日以内の届け出が義務づけられている。

②**入院措置**……危険度の高い1・2類感染症と新感染症に該当する患者は、国や都道府県知事が指定する指定医療機関に入院隔離される。

③**就業制限**……1～3類感染症、腸管出血性大腸菌感染症（O157など）などの感染症に該当する患者は、飲食物にじかに接触する業務に従事することが禁じられている。インフルエンザに関しては、新型のもの以外は5類なので、就業制限はない。

④**消毒**……1～4類感染症では、規定による消毒が定められている。

検疫法

厚生労働省は、外来の感染症予防として、国内に常在しない病原体に対して空港や港湾に検疫所を設置し、国内への侵入を防止します。

予防接種法

感染症に対する免疫を得るため、子どもや高齢者を対象に、定期または臨時の予防接種の実施を定めています。原則として、対象接種疾病を定め、本人の努力接種義務となっています。なお、2020年の法改正により新型コロナウイルスについての特例が設けられました。

予防接種の実施対象の感染症

●ジフテリア ●百日咳 ●急性灰白髄炎（ポリオ） ●麻しん（はしか） ●風しん ●日本脳炎 ●破傷風 ●結核 ●Hib感染症 ●インフルエンザ ●肺炎球菌感染症など

感染症の類型分類

類型	内容
1類感染症	エボラ出血熱、クリミア・コンゴ出血熱、痘そう、南米出血熱、ペスト、ラッサ熱、マールブルグ病 感染力、重篤度などの観点から、極めて危険度が高い感染症
2類感染症	急性灰白髄炎（ポリオ）、結核、重症急性呼吸器症候群（SARS）、鳥インフルエンザ（H5N1型、H7N9型）、中東呼吸器症候群（MERS）、ジフテリア 感染力、重篤度などの観点から、危険度が高い感染症
3類感染症	コレラ、細菌性赤痢、腸管出血性大腸菌感染症（O-157など）、腸チフス、パラチフス 危険度は1類、2類に比べて高くはないが、特定の職業への就業によって、感染症の集団発生を起こしうる感染症
4類感染症	E型肝炎、A型肝炎、黄熱、Q熱、狂犬病、炭疽、マラリア、野兎病、ボツリヌス症、鳥インフルエンザ（H5N1型、H7N9型を除く）、その他政令で規定した感染症 飲食物、動物を介して人に感染し、国民の健康に影響を与えるおそれのある感染症
5類感染症	インフルエンザ（鳥インフルエンザ、新型インフルエンザを除く）、ウイルス肝炎（E型、A型肝炎を除く）、クリプトスポリジウム症、後天性免疫不全症候群、梅毒、性器クラミジア感染症、麻しん、メチシリン耐性黄色ブドウ球菌感染症、新型コロナウイルス感染症、その他省令で規定した感染症 国が感染症発生動向調査を実施し、結果に基づいて必要な情報を国民や医療関係者に提供、公開することにより発生、拡大を防止すべき感染症
新型インフルエンザ等感染症	新型インフルエンザ、再興型インフルエンザ 全国的かつ急速なまん延により、国民の生命、健康に重大な影響を与えるおそれがある感染症
指定感染症	1～3類の既知の感染症以外で、1～3類に準じた対応が必要な感染症。政令で1年間に限定して指定される。現在は指定なし
新感染症	既知の感染症と症状が明らかに異なり、重篤度から判断した危険性が極めて高い感染症を対象に、政令で症状等の要件指定をしたのち、1類感染症と同様の扱いをする感染症。現在は指定なし

注目される感染症の特徴

- **腸管出血性大腸菌感染症**……病原体は病原性大腸菌で、ベロ毒素を産生する。本来は食中毒だが、二次感染もするので3類感染症に分類。学校給食や焼き肉店で多発して、重症化すると死亡する場合がある。
- **エイズ（後天性免疫不全症候群／AIDS）**……病原体はHIV（ヒト免疫不全ウイルス）。免疫力の低下により、肺炎や肉腫などの諸症状が発症する。血液・性交渉・母子感染などが原因で、現在でもアフリカ、アジアを中心に患者は増えている。

Section 5 疾病と予防

重要度 ★☆☆

学習ポイント **生活習慣病**と**発症の危険因子**、日本人の**死因上位の疾患**、生活習慣との関係などについて把握しましょう。また、**第1次予防、第2次予防、第3次予防**についても確認しておきます。

生活習慣病と危険因子

生活習慣病は、加齢に加えて、長年にわたる偏った食生活や乱れた生活リズムなどで積み重なった、危険因子（リスクファクター）が原因の疾病です。生活習慣病の代表格ともいわれる、悪性新生物（がん）、心疾患、脳血管疾患は死亡原因の上位を占めています。ほかにも、糖尿病、脂質異常症、高血圧症、動脈硬化症、骨粗しょう症といった生活習慣病もありますし、**肥満**は生活習慣病の危険因子の一つになっています。

生活習慣病の主な危険因子

食塩のとりすぎ ➡ 高血圧、虚血性心疾患、脳血管疾患
野菜不足の食生活 ➡ がん全般、高血圧、糖尿病
肉類中心の食生活 ➡ 大腸がん、乳がん
肉や魚の焦げ ➡ 胃がん
喫煙 ➡ 肺がん、循環器疾患、虚血性心疾患
肥満、運動不足、ストレス ➡ 虚血性心疾患、脳梗塞、糖尿病
アルコール飲料の飲みすぎ ➡ 肝臓病、糖尿病

ココ必修!! 死亡原因

日本人の死亡原因の順位を見ると、昭和56年から断然トップの悪性新生物、同60年から第2位の心疾患は変わらないものの、近年は老衰、脳血管疾患、肺炎が上位5位を占めており、そのあとに誤嚥性肺炎、不慮の事故が続いている。

死亡原因全体を見ると、悪性新生物、心疾患、脳血管疾患といった生活習慣病が50％近くを占めている。また、老衰、肺炎、誤嚥性肺炎は高齢者に多いところから、超高齢社会を反映しているといえる。

死因順位
［2022（令和4）年］

1位	悪性新生物
2位	心疾患
3位	老衰
4位	脳血管疾患
5位	肺炎

悪性新生物

悪性新生物とは、からだの細胞の一部が何らかの要因で異常増殖した、いわゆる腫瘍のなかで悪性のものをいいます。その代表格は、がんです。

がんの原因には、発がん物質、病原体、体質（素因）、食生活や生活習慣などが挙げられます。とくに、食事や**喫煙**、**飲酒**などの生活習慣の影響が大きく、がん予防はまず生活習慣の改善が重要です。

がんの特徴

- がんによる死因部位では、**肺**、**大腸**、**胃**、膵臓、肝臓の順に多い
- 男性の場合の死因部位は、**肺**、大腸、胃の順に多いなか、胃がん、肺がん、大腸がんは減少し、膵臓がん、肝臓がん、前立腺がんはやや増えている
- 女性の場合の死因部位は、**大腸**、肺、膵臓の順に多いなか、胃がん、大腸がん、乳がんは減少し、肺がん、膵臓がんはやや増えている
- 病原体が原因とされるがんとして、ヘリコバクター・ピロリ菌による胃がんや、ヒトパピローマウイルスによる子宮頸がんがある

がんを防ぐための新12カ条

①たばこは吸わない
②他人のたばこの煙をさける
③お酒はほどほどに
④バランスのとれた食生活を
⑤塩辛い食品は控えめに
⑥野菜や果物不足にならないように
⑦適度に運動
⑧適切な体重維持
⑨ウイルスや細菌の感染予防と治療
⑩定期的ながん検診を
⑪からだの異常に気づいたら、すぐに受診を
⑫正しいがん情報でがんを知る

心疾患

心疾患は、血管が狭くなって心臓に血液が流れにくくなることで生じる心臓病の総称で、主に心筋梗塞や狭心症といった虚血性心疾患をいいます。心疾患も年々増加の傾向にあります。

心疾患の３大危険因子として、**脂質異常症**、**高血圧**、**喫煙**があります。また、肉を中心とした食生活、魚や植物油などに含まれる良質の不飽和脂肪酸の摂取不足に加えて、運動不足、ストレスなども、発症のリスクを高くしています。

脳血管疾患

脳血管疾患もまた、脳の血管の異常によって生じる病気の総称で、脳卒中と呼ばれていました。主に、脳の血管の詰まりが原因で起こる脳梗塞やくも膜下出血、脳血管の破裂が原因の脳出血などがあります。

脳血管疾患は、死因順位の第４位です。脳出血は減少していますが、脳梗塞、くも膜下出血は増加しています。**動物性脂肪**の過剰摂取や高齢化により、動脈硬化や脂質異常症、高血圧などが増えたためと考えられます。

糖尿病

糖尿病は、膵臓から分泌される**インスリン**の作用が不足するのが原因で高血糖症になり、さまざまな合併症を発症します。 糖尿病自体の死亡率は高くはありませんが、死の四重奏（ほかは高血圧、脂質異常症、肥満）に挙げられ、心疾患などの生活習慣病による死亡の引き金となります。

その他の生活習慣病

腎臓病 （腎疾患）	腎疾患の半分を占めるのが、糖尿病合併症である糖尿病腎症。治療として血液透析が行われるが、根治治療に腎移植がある。生活習慣病と関係が大きい。
肝臓病 （肝疾患）	アルコール性肝炎、脂肪肝、ウイルス性肝炎などがあり、進行すると肝硬変から肝蔵がんに進む。予防として、減酒や禁酒、食生活の改善が有効。ウイルス性肝炎は、血液検査を受けることが有効。

疾病の予防

疾病を効率的に予防するために、下表に示すように、3段階に分けた対策を行っています。

第１次予防	第２次予防	第３次予防
健康な段階で疾病要因を取り除く、発症予防、健康の維持・増進。 ●健康教育 ●食生活の改善・禁煙 ●体力増進 ●環境整備 ●予防接種など	症状が明確に現れておらず、**自覚がない段階**での早期発見・早期治療。 ●集団検診・定期健康診査 ●人間ドックなど	機能の維持・回復、治療または治療後の悪化防止。 ●治療 ●リハビリテーション（機能回復訓練） ●社会復帰など 

Section 6

健康づくり

重要度 ★☆☆

長寿社会の到来に備えるために、国が実施した**国民健康づくり対策**の内容について学びましょう。とくに、**「健康日本21」**と**「健康日本21（第2次）」の基本方針**について理解しておきます。

国民の健康づくり対策

国民健康づくり対策は、1978（昭和53）年からの「第1次国民健康づくり対策」に始まり、「第2次国民健康づくり対策（アクティブ80ヘルスプラン）」、「第3次国民健康づくり対策（健康日本21）」へと引き継がれ、2013（平成25）年からは「第4次国民健康づくり〔健康日本21（第2次）〕」が行われました。その基本理念は、21世紀にすべての国民の健康及び生活の質（QOL／クオリティー・オブ・ライフ）を向上させることにより、**生涯現役社会の実現**と**健康寿命の延伸**を目指しています。

「健康日本21」と「健康日本21（第2次）」

健康日本21（第2次）では、保健医療水準の指標となる具体的な数値目標を設定して健康づくりの諸施策を体系化しました。その取り組みとして、がんや循環器疾患、糖尿病、COPDの生活習慣病の発症や重症化予防の徹底を図るほか、社会生活を営むための機能維持、向上のためにこころの健康、次世代の健康、高齢者の健康に関する目標を定めました。また、生活習慣や社会環境の改善として、栄養・食生活、身体活動・運動、休養、飲酒、喫煙、歯・口腔の健康に関する目標も設定しました。

「健康日本21（第2次）」（第4次国民健康づくり対策）

「健康日本21」をさらに改善、強化するために、2013（平成25）年から「健康日本21（第2次）」と改めて、**厚生労働省**は、次の**5項目**を基本方針とした。

①健康寿命の延伸と健康格差の縮小
②生活習慣病の発症予防と重症化予防の徹底
③社会生活を営むために必要な機能の維持及び向上
④健康を支え、守るための社会環境の整備
⑤栄養・食生活、身体活動・運動、休養、飲酒、喫煙、歯・口腔の健康に関する生活習慣及び社会環境の改善

これらのうち、とくに未成年の飲酒や喫煙の防止、受動喫煙防止、歯については「8020運動（80歳で20本の歯を保つ）」のさらなる推進が決まった。

Section 7 重要度★★★

調理師法

調理師の身分を定めた**調理師法**は、調理師を目指す者には重要です。**調理師の定義**や**欠格事由**、**免許取得方法**、その他の**諸手続き**に関する**規定**などをしっかり覚えましょう。

調理師法の目的

調理師法が1958（昭和33）年に制定されたことにより、調理の専門職、職業人としての資格が全国的に統一されました。調理師法第1条では、その目的を、

①調理師の資格などの**身分法**としての役割
②調理業務に従事する者の**資質**の向上
③**調理技術**の合理的な発達を図ること
④国民の**食生活の向上**に寄与すること

と定めています。

そのためには、常に調理技術を磨くとともに、栄養や衛生などの知識の習得も必要です。

調理師法第1条

この法律は、調理師の資格等を定めて調理の業務に従事する者の資質を向上させることにより調理技術の合理的な発達を図り、もって国民の食生活の向上に資することを目的とする。

調理師の定義と名称の独占

調理師とは、調理師の**名称**を用いて調理業務に従事することができる者として、**都道府県知事**から免許を受けた者をいいます。つまり、免許を受けた者だけが調理師を名乗ることができます。これを、**名称独占**の資格といいます。

調理師法では、調理師免許のない者が調理師と名乗ったり、調理師と紛らわしい名称を使用したりすることを禁じています。これに違反した者には罰則規定を設けており、30万円以下の罰金に処せられます。

なお、「調理師」は**業務を独占**しているわけではありませんので、調理師免許がない者でも調理業務に従事することはできます。

Attention 名称の独占と業務の独占との違い

調理師のように、免許を受けた者だけがその名称を使用できる「名称の独占」に対して、「業務の独占」は、医師や薬剤師などのように免許がないとその業務が行えないことをいう。

調理師免許の取得方法

調理師の免許を取得するには、調理師養成施設を卒業するか、調理師試験に合格するかの２つの方法があります。いずれの方法も、高等学校の入学資格を有する者が対象になります。

■調理師養成施設を卒業する

都道府県知事が指定する調理師養成施設で、１年以上調理師として必要な知識や技能を習得する方法です。養成施設には、専修学校、高等学校、各種学校、短期大学などがあります。

■調理師試験に合格する

都道府県知事が実施する調理師試験に合格する方法です。受験するには、学歴に加えて、厚生労働省令で定める飲食物を調理して供与する施設などで**２年以上**の調理実務経験が必要で、配膳や皿洗いなどの業務は調理実務とは認められません。

厚生労働省令による調理業務施設

①寄宿舎、学校、病院などで飲食物を調理して提供する施設
②一般食堂、レストラン、料理店、旅館、すし屋、そば屋、仕出し屋、 弁当屋などの飲食店営業
③魚介類販売業
④そうざい製造業、複合そうざい製造業

①はある特定の人を対象にした集団給食施設で、②～④は不特定の人を対象にした営業といえる。

調理師免許取得の申請手続き

前述の調理師養成施設を修了しても、あるいは調理師試験に合格しても、それだけで調理師免許を取得したとはいえません。厳密には、調理師免許申請の資格を得ただけですので、速やかに申請手続きを行い、名簿に登録されて、ようやく免許証の交付を受けることになります。

調理師免許の申請は、厚生労働省令で定める必要書類をそろえて、**住所地の都道府県知事**に提出します。

申請に必要な４つの書類

①免許申請書
②指定調理師養成施設の卒業証明書、または調理師試験の合格証明書
③戸籍抄本または謄本、もしくは本籍表示のある住民票の写し
（外国人の場合は外国人登録証の写し）
④麻薬、あへん、大麻、覚せい剤の中毒者であるかないかに関する医師の診断書

■調理師名簿の登録・免許証の交付

提出した申請書類に問題がなければ、都道府県に備えられている**調理師名簿**に、登録番号や年月日、氏名などが登録されます。そして、**都道府県知事**から調理師免許証が交付されます。

免許が与えられない場合

調理師免許の取得資格があっても、免許が与えられない場合があります。それは、申請者が絶対的欠格事由または相対的欠格事由に該当すると、都道府県知事が判断した場合です。

- **絶対的欠格事由**……調理業務で食中毒などの衛生上重大な事故を起こし、**免許取消処分**を受けた1年未満の者。該当者は、免許を与えられない。
- **相対的欠格事由**……麻薬、あへん、大麻または覚せい剤などの**中毒者**、あるいは**罰金刑以上**の刑に処せられた者。審査によって、免許が与えられないことがある。

免許の取消処分

都道府県知事は、調理師が以下に該当する場合に、その免許を取り消すことができます。

①麻薬、あへん、大麻、覚せい剤の中毒者となったとき
②罰金以上の刑に処せられたとき
③調理師の責任により、調理業務に関し食中毒そのほかの衛生上重大な事故を発生させたとき

免許の取消処分を受ける調理師には、弁解の機会が与えられますし、不服があれば**厚生労働大臣**に審査を請求するか、裁判所に提訴もできます。また、処分を受ける調理師がほかの都道府県知事から免許を交付されていた場合、取り消そうとする都道府県知事は、免許を与えた都道府県知事に理由を通知しなければなりません。

なお、免許の取消処分を受けた調理師は、免許証を**5日以内**に**都道府県知事**に返納しなければなりません。

Attention 免許の再申請

免許を取り消されても資格まで失うわけではないので、食中毒などで免許を取り消された場合、**1年以上**経過すれば免許の再申請をすることができる。

免許取得後のいろいろな申請

調理師は、免許証を交付された後も、名簿の登録事項や免許証の記載事項などに変更が出たり、なくしたりした場合、**免許を受けた都道府県知事**に必要な申請を行います。

■名簿の訂正

本籍地や氏名など、調理師名簿の登録事項に変更が生じた場合、変更の事実を証明する戸籍謄本などの書類を添えて、**30日以内**に免許を受けた都道府県知事に訂正の申請をしなければなりません。

■免許証の書き換え・再交付

本籍地や氏名など、免許証の記載事項に変更が生じた場合、現在の免許証を添えて、**免許を受けた都道府県知事**に書き換えの申請をすることができます。

また、免許証を破ったり、汚したり、なくしたりした場合も、書き換え同様に免許を受けた都道府県知事に再交付を申請することができます。その際、手元にある免許証を添えますが、紛失した場合にかぎり、再交付後に発見した時点から**5日以内**に旧免許証を返納しなければなりません。

■調理師名簿登録の消除

調理師が死亡したり、失踪の宣告を受けたりした場合、戸籍法による死亡または失踪の届け出義務者は、**30日以内**に**免許を受けた都道府県知事**に、調理師名簿登録の消除を申請しなければなりません。

調理師免許に関する各種申請

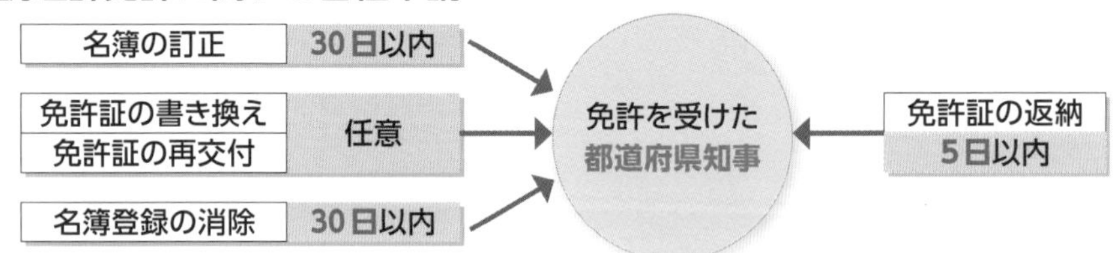

調理師名簿の主な記載事項

①登録番号・登録年月日
②本籍地の都道府県名
③氏名・生年月日・性別
④免許取得資格の種別
⑤免許の取り消しに関する事項など

調理師の設置努力義務

調理師法の改正により、飲食物を調理、提供する飲食関係施設では、調理師を置くように努めなければならないという、調理師の**設置努力義務**が定められました。

調理師就業届け出制度

飲食店などで働く調理師は、**2年ごと**に、12月31日現在における氏名、年齢、性別、本籍地都道府県名、調理師名簿登録番号などを、翌年の1月15日までに就業地の都道府県知事、または都道府県知事が委託した指定届出受理機関に届け出ることが義務づけられています。

調理技術審査制度

調理師の設置努力義務とともに、調理師の資質の向上を図るために、1982（昭和57）年、調理技術審査制度が創設されました。この制度は、調理師免許取得者を対象に、技術技能評価試験を実施するものです。

試験は、実技と学科とに分けて行われます。両試験とも合格すると、**厚生労働大臣**から受験科目の専門調理師に認定されると同時に、調理技能士の称号が与えられます。

調理技術技能評価試験

■受験資格

①調理業務に従事していた期間が８年以上あり、その期間中、調理師免許を有した期間が３年以上の者

②指定養成施設を卒業し、実務期間が６年以上あり、その期間中、調理師免許を有した期間が３年以上の者

など

■試験科目

①学科試験……全部門共通で、調理一般、調理法、材料、食品衛生及び公衆衛生、食品及び栄養、関係法規、安全衛生

②実技試験……**日本**料理、**西洋**料理、**めん**料理、**すし**料理、**中国**料理、**給食用特殊**料理から１部門を選択

Section 8

重要度 ★★☆

健康増進法

健康増進法は、「健康日本21」の推進のための法律です。**国民健康・栄養調査**、**保健指導・栄養指導**、**特定給食施設**、**受動喫煙の防止**などについてチェックし、この法律を理解しましょう。

健康増進法の目的

健康増進法は、「健康日本21」の推進と、超高齢社会での生活習慣の改善と健康増進のために、「国民の健康の増進の総合的な推進に関し基本的な事項を定めるとともに、国民の栄養の改善その他の国民の健康の増進を図るための措置を講じ、もって国民保健の向上を図ること」を目的に、2002（平成14）年に制定されました。

Attention 健康増進法の規定内容

①責務の明確化
②基本方針
③国民健康・栄養調査の実施
④生活習慣病の発生状況の把握
⑤保健指導・栄養指導の実施
⑥特定給食施設での栄養管理
⑦受動喫煙の防止
⑧特別用途食品
⑨栄養表示基準など

国民健康・栄養調査

国民健康・栄養調査は、国民の身体状況、栄養摂取量、生活習慣の状況を調べるものです。**毎年**、調査地区は**厚生労働大臣**が定め、**都道府県知事**が指定した調査世帯に対して都道府県が実施したものを、国立健康・栄養研究所が集計します。

保健指導・栄養指導

保健指導・栄養指導として、**市町村**は栄養や生活習慣などの改善のための相談や指導を行っています。都道府県は、栄養指導のなかでもとくに専門的な知識が必要なものや、特定給食施設の栄養管理についての指導を行います。そして、**都道府県知事**は、指導を行う栄養指導員（医師か管理栄養士）を任命します。

 特定給食施設

特定給食施設とは、1回**100食以上**または1日**250食以上**の給食を、特定かつ多数の人に継続的に提供する施設をいいます。給食施設では、栄養士か管理栄養士を配置するよう努めなければなりませんが、**病院**などの施設では施行規則で配置が義務づけられています。

特定給食施設の設置者は、事業開始日から1カ月以内に**都道府県知事**に届け出る義務があります。また、都道府県知事は、遵守しない施設設置者に対して、指導や助言、勧告、命令、立ち入り検査をすることができます。

 受動喫煙の防止

受動喫煙とは他人のたばこの煙を吸わされることで、喫煙と同じように健康に害があります。そこで、飲食店や学校、病院、劇場、展示場、百貨店、官公庁施設など、多人数が利用する施設の管理者は、受動喫煙防止措置を行う義務があり、違反者には過料が科せられることがあります。

 特別用途食品

特別用途食品とは、**病者用、妊産婦・授乳婦用、乳児用、えん下困難者用**などの特別の用途に適することを表示した食品（→ P73）です。特別用途食品として販売するには、内閣総理大臣の許可を受けなければならず、食品表示法により、その権限は**消費者庁長官**に委任されています。許可された場合は、内容の表示のほかに許可証票の表示も義務づけられています。

その他の規定

責務の明確化…自分の健康は自分で守るという国民の責務、知識の普及や情報収集の国や地方公共団体の責務、健康増進事業実施者への積極的推進の責務などを定めているが、義務はなく罰則規定もない。

基本方針………健康増進計画の策定を都道府県に義務づけているが、市町村には努力義務がある。

健康診査指針…国は健康増進事業実施者に対して健康診査の指針を定め、事業実施者は国民に対して健康診査を行い、結果の通知や健康手帳の交付を行う。

生活習慣病の発生状況の把握…生活習慣と生活習慣病との相互関係を明らかにするために、国と地方公共団体が行う。

Section 9

重要度 ★☆☆

母子保健・学校保健・その他の保健

母子保健による保健対策、**学校保健による保健管理**を中心に、その内容を理解しておきましょう。また、**高齢者保健**や精神保健についても、目を通しておきます。

母子保健

母性と乳幼児を対象とした母子保健は、安全な妊娠・出産や安心できる子育て環境の確保などを目標にしています。母子保健対策については、母子保健法に基づき、母子の**健康診査**をはじめとする健康保持・増進に努めています。また、母子保健の取り組みの方向性や目標値については、厚生労働省による「健やか親子 21」に示されています。

「健やか親子 21（第 2 次）」による課題

基盤課題：①切れ目ない妊産婦・乳幼児への保健対策
②学童期・思春期～成人期に向けた保健対策
③子どもの健やかな成長を見守り育む地域づくり

重点課題：①育てにくさを感じる親に寄り添う支援
②妊娠期からの児童虐待防止対策

Attention　安全な妊娠・出産の確保の課題

わが国の乳幼児死亡率は世界的にも低いのに対し、妊産婦死亡率は高い傾向が見られるので、妊婦の健康管理と分娩期の管理の強化が重要な課題といえる。とくに、妊産婦死亡原因となっている妊娠高血圧症候群や分娩後出血、産褥（さんじょくき）期の合併症には注意が必要である。

また、母体の健康は妊娠満 22 週以降の死産と生後 1 週未満の早期新生児死亡とを合わせた周産期死亡にも関連し、こちらも重要な問題の一つになっている。

■母子保健対策

母子保健法では、母性の結婚前、妊娠、出産及び子どもの新生児期、乳幼児期までを一貫して、総合的な保健対策を実施しています。母子保健サービスには、妊娠届による**母子健康手帳**の交付、健康診査、保健指導、医療援護などがあり、市町村を主体に**保健所**と連携して行われています。

覚えよう！ **主な母子保健対策**

●**妊娠届・母子健康手帳の交付**

医療機関で妊娠の診断を受けた場合、市町村長に妊娠の届け出が必要。それにより、**母子健康手帳**が交付される。母子健康手帳は母子の一貫した健康記録として、母子保健サービスを受ける際の資料になる。

●**健康診査**

市町村が主体となり、妊婦に対しては妊婦健康診査を、乳幼児に対しては先天性代謝異常検査、**乳幼児・1歳6カ月児・3歳児健康診査**を実施。

●**保健指導**

結婚前学級、新婚学級、母（両）親学級、育児学級などの**集団指導**や個別指導を実施。

●**医療援護**

妊産婦に対する訪問指導、入院療養、低出生体重児（体重2,500g未満の新生児）の訪問指導、養育医療、育成医療（児童福祉法）、小児慢性特定疾患の医療費の援助などを実施。

学校保健

学校保健とは、**幼児**、**児童**、**生徒**、**学生**、**教職員**を対象に、健康生活能力の発達を目指す保健教育と、健康の保持増進を図る保健管理のことです。

■保健教育

保健教育には、学校教育法に基づいて、保健体育の教科によって科学的認識と判断力・思考力の発達を目的とする保健学習と、教科外で健康問題などに即した実践的能力の発達を目的とする保健指導とがあります。

Attention **児童・生徒の発育や疾病の傾向**

近年、児童や生徒の発育や疾病に関して、次のような傾向が見られる。

●身長、体重の伸びはピークを超えた状態で、現在は横ばいもしくは減少傾向。

●肥満傾向児は年齢層によってばらついているが、最近は横ばいもしくは増加傾向。

●小学生・中学生における被患率（有病率）の高い病気に、虫歯、裸眼視力1.0未満などがある

■保健管理

保健管理では、健康の保持・増進を図ることによって学校教育が円滑に行えるように、学校保健安全法に基づいて健康診断、健康相談、感染症予防、学校環境衛生などの保健活動が定められています。

①**健康診断**：毎学年６月30日までに行う**定期健康診断**のほか、新入生を対象に就学**４カ月前**までに行う就学時健康診断、必要に応じた臨時健康診断がある。主な診断内容は、身体測定、視力、耳鼻咽喉、皮膚、歯及び口腔、呼吸器など。

②**健康相談**：健康診断や日常の健康観察により健康に不安があったり、病気で欠席しがちだったりする児童や生徒に対して、定期または臨時で学校医や養護教諭、担任教師などが行う。

③**感染症予防**：**学校長**は、感染症にかかっている、またはその疑いがある、感染のおそれのある児童、生徒、学生らがいるときは、出席を停止することができる（出席停止）。また、**学校の設置者**は、感染症予防のために臨時に学校全部または一部の休業を行うことができる（臨時休業）。

④**学校環境衛生**：飲料水の水質検査、排水管理、照度基準の向上、学校給食の衛生管理の徹底、プールの検査項目追加など、衛生面の活動を実施する。

Attention 保健管理に関する職員

学校保健安全法と**改正学校教育法**により、校長、保健主事、養護教諭、栄養教諭、学校医、学校歯科医、学校薬剤師と規定されている。

学校給食

学校給食は、学校給食法に基づいて実施され、完全給食の実施率は近年、小学校で約**99％**、中学校で約**91％**となっている。その主な目標は次の通り。

①適切な栄養の摂取による健康の保持・増進を図る

②食事について正しく理解し、健全な食生活を営む判断力を培い、望ましい食習慣を養う

③明るい社交性及び共同の精神を養う

④食生活と自然の恩恵について理解を深め、生命や自然を尊重する精神や環境の保全に寄与する態度を養う

⑤食生活と食にかかわる人々の活動についての理解を深め、勤労を重んずる態度を養う

⑥国や地域の伝統的な食文化について理解を深める

⑦食料の生産、流通及び消費について、正しい理解に導く

高齢者保健

約4人に1人が高齢者という超高齢社会にともない、高齢者保健の健康や医療費に関する施策は大きな課題になっています。老人保健法を改正した高齢者医療確保法（高齢者の医療の確保に関する法律）により、**75歳以上**の後期高齢者の医療制度と**65～74歳**の前期高齢者の給付費にかかわる制度が創設されました。なかでも、後期高齢者医療制度は、後期高齢者医療広域連合が運営し、保険料の決定や医療の給付を行っています。

■介護保険制度

介護保険の被保険者は**40歳以上**の医療保険加入者で、**65歳以上**の第1号被保険者と、**40～64歳**の第2号被保険者とに区分されます。介護サービスなどの給付を受けるには、保険者である市区町村の窓口に申請し、介護認定審査会による審査・判定を受けます。

介護・支援には指標があり、要支援**1～2**の**2段階**、要介護**1～5**の**5段階**に区分され、必要に応じたレベルが決定されます。要介護認定は、一定期間ごとに更新されます。なお、この制度自体**3年ごと**に見直されます。

介護サービスのしくみ

Attention　認知症への国の対応

2015（平成27）年「認知症施策推進総合戦略―認知症高齢者等にやさしい地域づくり（新オレンジプラン）」が策定された。2019（令和元）年には「共生と予防」を基本とする認知症施策推進大綱がつくられ、これに伴い新オレンジプランが再編・実施された。

精神保健

精神保健福祉法（精神保健及び精神障害者福祉に関する法律）は、精神障害者に対する福祉対策、地域精神保健対策に重点を置き、精神障害者の治療方法や入院治療の内容を見直し、患者の社会復帰、自立支援対策が強化されています。入院制度については、本人の希望による同意（任意）入院と、非同意（措置または医療保護）入院などが定められています。

Section 10

労働衛生

重要度 ★☆☆

労働衛生の目的、**労働に関する法律**を理解するとともに、法によって労働者が守られていること、**職業病**や**労働災害の種類**、**発生しやすい条件**などを覚えましょう。

労働衛生の目的

労働衛生とは、労働者の健康を守り、福祉や健康の向上を図ることです。労働衛生に関する法律には、労働者が健康的な生活を営むために、労働時間や休日、安全、衛生といった労働条件を規定する**労働基準法**と、労働者の安全と健康を保ち、快適な職場環境、作業環境をつくるための**労働安全衛生法**とがあります。

労働基準法

労働基準法は、労働者の人権を守り、労働時間、賃金、休日、解雇、女性・年少者の保護、災害の補償などの労働条件を定めたものです。とくに、問題となる労働時間と賃金に対して、最低基準が示されています。

- **労働時間**……労働者の１週間または１日の労働時間について、基準が定められている。ただし、時間外労働や休日労働に関して、事業者・労働者間で取り決めを結び、労働基準監督署に届け出ればその限りではない。
- **賃金**…………事業者は、毎月１回以上、一定期間を定めて、労働者に直接、通貨で全額を支払わなければならない。

労働安全衛生法

労働安全衛生法は、衛生教育、健康診断、病人の就業禁止、衛生管理などについての事業者の責務を定めたものです。一定規模の事業における総括安全衛生管理者、安全管理者、衛生管理者の選任などの、安全衛生管理体制の確立を規定しています。

また、健康診断については、全労働者に対する雇い入れ時、定期的な一般健康診断のほか、有害な業務に従事する者に対して特殊健康診断を実施しなければなりません。さらに、職場環境管理として、職場の受動喫煙の防止も規定されるようになりました。

職業病

職業病とは、業務特有の職場の作業方法や作業環境が原因で発生する疾病のことです。発生状況を見ると、疾病を引き起こす原因としては、負傷によるものが多いことが特徴です。また、職業病を予防するには、定期的な健康診断や作業環境の整備が重要です。

主な職業病

病名	症状	職業
脊椎・関節障害、腰痛	関節の痛み、はれ	荷役作業者、介護従事者
静脈瘤	静脈のはれ	立ち仕事の多い販売員、調理師
腱鞘炎	指関節の痛み	速記者
頸肩腕症候群、VDT症候群、眼精疲労	肩や首のこり、痛み、しびれ	コンピューター作業者
熱中症	頭痛、めまい、吐き気	圧延工、ボイラー作業者
凍傷	皮膚障害	冷凍・冷蔵倉庫作業者
難聴	耳鳴り、聴覚障害	伐採工、削岩工、機械工
じん肺	咳、たん、呼吸困難	採掘作業員、研磨工、石工
職業性皮膚炎	かゆみ、発しん	化学工場従事者
中皮腫	肺・心臓・肝臓などの悪性腫瘍	アスベスト（石綿）使用従事者
振動病（白ろう病）	手のしびれ、血行障害、皮膚温低下、筋肉萎縮	チェーンソー作業者（森林伐採作業者）、削岩工

労働災害

労働災害とは、作業中の負傷、疾病、障害、死亡をいい、火災、爆発、倒壊、中毒など、事故や、個人の不注意・ミスなどが原因となって発生します。労災の認定は労働基準監督署が行い、補償については労働者災害補償保険法に基づいて決まります。

覚えよう！ 労働災害事情

労働災害の発生件数や被災者数は、減少または横ばい状態にある。発生の多い業種は、建設業、製造業、陸上貨物運送業、林業などで、気温が高い夏季や、作業開始**3時間後**くらいに起こりやすいといわれている。また、業務上疾病で多いのは**負傷**に起因する疾病で、とくに多いのが**災害性腰痛**と見られる。

Section 11

食育基本法

重要度 ★☆☆

調理師には、食の知識をもって食育を推進する役割を担うことが求められています。**食育に関する施策**について、**食育基本法の目的、基本理念と基本施策**を理解しましょう。

食育基本法の目的

食育基本法は、国民が生涯にわたって健全な心身を培い、豊かな人間性を育むため、基本理念や基本施策などを定め、健康で文化的な国民の生活と豊かで活力ある社会の実現に寄与することを目的に、2005（平成17）年に制定されました。国民一人一人が健全な食生活を実践できるよう、食についての知識と選択力を習得することを目標にしています。

食育基本法の基本理念

①国民の心身の健康の増進と豊かな人間形成を図る
②体験活動を通じて、食への感謝の念と理解を深められるようにする
③さまざまな分野で食を学ぶ機会が提供され、国民が意欲的に食育活動を実践できるようにする
④子どもの食育における、教育関係者や保護者の意識を向上させる
⑤国民の自発的思想を尊重し、多様な主体の参加と連携による活動を全国で展開する
⑥食文化の継承や環境に調和した食料生産が図られるよう、農山漁村の活性化と食料自給率の向上に貢献する
⑦食の安全性などの情報を提供し、行政、関係団体、消費者などの意見交換が積極的に行われるようにする

食育基本法の基本施策

基本施策は、それぞれの立場、環境における取り組みについて、次の7項目を示しています。

①家庭における健全な食習慣の確立
②学校・保育所での魅力ある食育の推進
③地域における食生活改善の取り組みの推進
④食育推進運動の展開を図る。食育月間（毎年6月）、食育の日（毎月19日）の設定
⑤生産者と消費者との交流促進、環境と調和のとれた農林漁業の活性化
⑥食文化継承のための活動の支援
⑦食品の安全性、栄養、食生活の調査・研究・情報の提供、国際交流の推進

PART 2

食品学

Section 1

食品の意義と用途

重要度 ★★☆

食品と食物の特性を理解して、これらの関係性を把握することが大切です。また、食品にはどんなものがあるのか、目的や用途によって多種多様に分類される**食品の種類**を覚えましょう。

食品と食物

食品とは、食用に適し、からだに役立つ栄養素を含んだものです。この食品を調整して、害を取り除き、味を付け、嗜好性を高めたものが食物で、おいしさ、楽しさ、文化的背景などを含んでいます。

食品

- **有害**なものを含むこともある
- 栄養素を**1種類**以上含む
- 食べられる

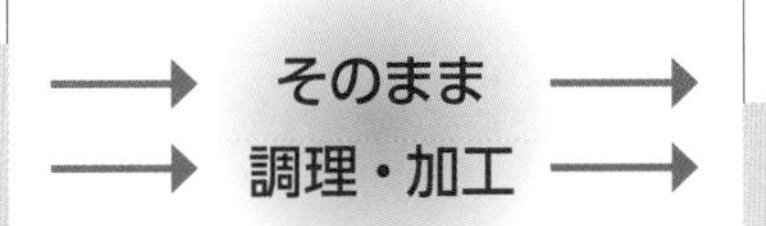

食物

その状態で食べられる

■食品の機能性

食品には、次の３つの機能があります。

①**第１次機能・栄養**……食品に含まれる栄養成分が生命を維持し、からだを成長させ、活動するためのエネルギーや栄養素となる。

②**第２次機能・嗜好**……食品の色や香りの成分、食感が、視覚、嗅覚、味覚、触覚、聴覚を刺激し、そのもののおいしさとして認識される。

③**第３次機能・生体機能調節**……からだのいろいろな機能を調節することで、生活習慣病の予防や回復など、幅広く作用する。

食品の種類と分類

食品の種類はひじょうに多く、その分類のしかたもいろいろで、主に目的や用途に応じて分けられます。なかでも、植物性食品と動物性食品とに大別されるのが、もっとも一般的です。また、食品に含まれる栄養の成分値を収載した日本食品標準成分表では、植物性食品、動物性食品、その他の食品を**18食品群**に分類しています。さらに、栄養素による分類や、生産様式による分類などもあります。

原材料による分類

	食品	栄養素の特性
植物性食品	穀類、いも類、種実類、豆類、野菜類、果実類、きのこ類、海藻類、砂糖類、大豆油など	炭水化物、ビタミン、無機質が多い。
動物性食品	肉類、魚介類、卵類、乳類、バター、ラードなど	たんぱく質、脂質が多く、炭水化物はほとんど含まない。

食品成分表（日本食品標準成分表）による分類

1	穀類	2	いも及びでん粉類	3	砂糖及び甘味類
4	豆類	5	種実類	6	野菜類
7	果実類	8	きのこ類	9	藻類
10	魚介類	11	肉類	12	卵類
13	乳類	14	油脂類	15	菓子類
16	し好飲料類	17	調味料及び香辛料類	18	調理済み流通食品類

6つの基礎食品群による分類

食品群	食品の種類	主な栄養素	
第１群	魚、肉、卵、大豆・大豆製品	たんぱく質	ビタミンB_2、脂質
第２群	牛乳、乳製品、海藻、小魚類	カルシウム	たんぱく質、ビタミンB_2、ヨウ素
第３群	緑黄色野菜	カロテン	ビタミンC、無機質
第４群	淡色野菜、果物	ビタミンC	無機質
第５群	穀類、いも類、砂糖	炭水化物	ビタミンB_1
第６群	油脂	脂質	ビタミンA・E

生産様式による分類

農産食品	穀類、豆類、果実類、野菜類など
畜産食品	肉類、乳類、卵類など
水産食品	魚介類、藻類など
林産食品	きのこ類など
その他	調味料、香辛料、油脂類、嗜好飲料、菓子類など

Section 2

食品の成分と特徴

重要度 ★★☆

栄養素をはじめ、食品の成分にはいろいろありますが、栄養素でないものもあります。**どんな食品にどんな成分が含まれているか**を覚えるとともに、**どんな働きや特徴があるか**も理解しておきましょう。

食品の成分

食品中の栄養となる成分は、大きく水分と固形物とに分けられます。固形物には有機物と無機質とがあり、さらに有機物には炭水化物、脂質、たんぱく質、ビタミンの４つの栄養素があります。

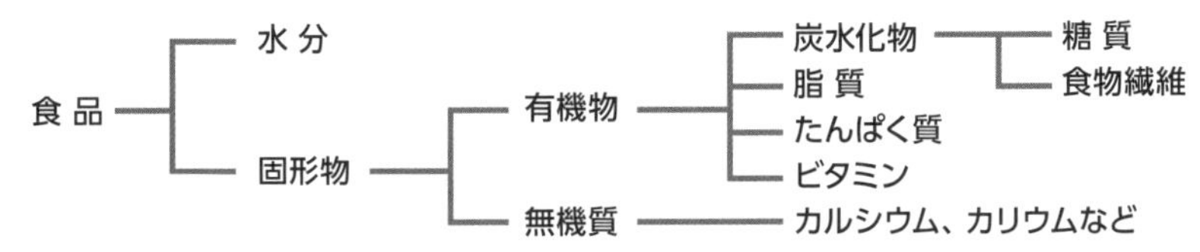

食品中の水分

食品中に存在する水分は、自由水と結合水の２つに大きく分けることができます。

- **自由水**……容易に凍結、蒸発する水。微生物が生育に利用。
- **結合水**……0℃で凍結しない、100℃でも蒸発しない水。微生物の生育に利用されない。

■水分活性（Aw）

水分活性とは、食品中の**自由水**の割合を示したものです。数値が1.00に近いほど、かびや細菌などの微生物が発生して増えやすい状態と見なされます。反対に、数値が**0.65以下**になると、ほとんどの微生物の生育が抑えられます。

食品の保存性を高めるには、水分活性を**下げる**＝自由水の割合を減らすことが有効で、その方法として、凍結や乾燥、塩漬けなどがあります。

食品中の主な栄養成分

人が生きていくためには、空気や水とともに食物を摂取し、必要な成分を体内に取り入れていかなければなりません。その成分が栄養素です。栄養素のうち、**たんぱく質**、**脂質**、**炭水化物**を**３大栄養素**といい、これに**ビタミン**、**無機質（ミネラル）**を加えたものを**５大栄養素**といいます。

食品中の特殊成分

食品には、色や香り、味などの成分も含まれていて、「おいしい」と感じる大切な要素となっています。これらのなかには、栄養成分の役目を果たしているものもあります。

色

にんじんやトマト、肉などの赤色、ほうれんそうやこまつなの緑色など、食品の色素成分にはいろいろな種類があります。しかも、それらには栄養素としての働きがあります。

カロテノイド	黄色～赤色の脂溶性の色素。緑黄色野菜の「β-カロテン」、トマトの「リコピン」、みかんの「β-クリプトキサンチン」、えびの「アスタキサンチン」などがある。光に弱く、熱に強い。
フラボノイド	淡黄色～無色の、ポリフェノールの一種。たまねぎなどの「フラボノール類」、大豆の「イソフラボン類」、緑茶の「カテキン類」などがある。酸性で色調が淡色化し、アルカリ性では濃色化する。抗酸化作用がある。
アントシアニン	赤色、青紫色、黒色の、ポリフェノールの一種。ブルーベリーやぶどう、赤じそ、なす、さつまいもの皮などに含まれ、抗酸化作用がある。アルカリ性で青色に、中性で紫色に、酸性で赤色になる。
クロロフィル	野菜や未熟果物の緑色で、「葉緑素」ともいう。脂溶性。酸性では不安定になり、黄褐色の「フェオフィチン」に変化するが、アルカリ性では安定して、弱アルカリで加熱すると鮮やかな緑色の「クロロフィリン」になる。
ヘム	肉の赤色。動物性食品に含まれ、血色素の「ヘモグロビン」、筋色素の「ミオグロビン」などがある。ミオグロビンは酸素に触れると鮮紅色の「オキシミオグロビン」に、さらに放置すると褐色の「メトミオグロビン」に変わる。

味

味には、甘味、塩味、酸味、苦味、うま味という５つの基本味があります（→ P162）。なかでも、だしの基本となるうま味成分には、**イノシン酸**（かつお節）、**グルタミン酸**（昆布）、**グアニル酸**（干ししいたけ）、**コハク酸**（しじみ）などがあります。

また、辛味、渋味、えぐ味などは、生理学的には味ではありませんが、広い意味では味に含められます。

うま味

香り

食品の香りは、食品のもつ揮発性の化学物質が嗅覚を刺激して、感知される香気成分です。オレンジのリモネン、バナナの酢酸イソアミル、魚類のトリメチルアミン、わさびのアリルイソチオシアネート、クローブのオイゲノール、バニラのバニリンなど、多種多様にあります（→ P68、162）。

覚えよう！ 有害成分

食品には、害になる成分も含まれるので、食用とする前に取り除いたり、加熱、分解したりする必要がある。

①**青酸配糖体**…………梅やあんずの未熟種子の**アミグダリン**。
②**ノルセスキテルペン**…わらびに含まれる。発がんに関与するので、あく抜きが必要。
③**有毒アルカロイド**…毒きのこのクサウラベニタケに含まれるので、誤食に注意する。また、じゃがいもの新芽などに含まれる**ソラニン**も有害なので、取り除いて調理する。
④**有害ペプチド**………大豆に含まれるプロテアーゼインヒビター、小麦やいんげん豆に含まれるアミラーゼインヒビターのほか、豆類に多く含まれるレクチンなど。十分な加熱が必要。

食品成分表

食品成分表は、食品に含まれる各種栄養素の成分量やエネルギーを示したものです。広く活用されているのは、「日本食品標準成分表」（文部科学省科学技術・学術審議会資源調査分科会）です。18食品群に分類した2,000種以上の食品が収載されているほか、食品によっては水煮やゆでなどの**調理後の成分値**も載せ、また、「し好飲料類」と「調味料及び香辛料類」には**アルコール**が追加されるなど、定期的に見直されます。

成分値については、食品の**可食部**（食べることができる部分）**100g**当たりのエネルギー量、５大栄養素量、食塩相当量などが示されています。

「日本食品標準成分表 2020 年版(八訂)」

成分項目の配置と特徴

廃棄率、エネルギー、水分、たんぱく質、脂質、炭水化物、有機酸、灰分、無機質、ビタミン、アルコール、食塩相当量

- **廃棄率：**通常の食習慣において廃棄される部分が、食品全体あるいは購入形態に対する重量の割合（%）で示されており、季節や調理法によって変化する
- **エネルギー：**原則としてアミノ酸組成によるたんぱく質、脂肪酸のトリアシルグリセロール当量、利用可能炭水化物（単糖当量）、糖アルコール、食物繊維総量、有機酸及びアルコールの量に各成分のエネルギー換算係数を乗じて算出（→ P97）
- **たんぱく質：**アミノ酸組成によるたんぱく質とともに、基準窒素量に窒素 - たんぱく質換算係数を乗じたたんぱく質も収載
- **脂質：**脂肪酸のトリアシルグリセロール当量とともに、コレステロール及び有機溶媒可溶物を分析で求めた脂質を収載
- **炭水化物：**利用可能炭水化物（単糖当量）、利用可能炭水化物（質量計）、差引法による利用可能炭水化物に分類した利用可能炭水化物に加えて、食物繊維総量、糖アルコールとともに、従来同様の炭水化物を収載
- **無機質：**栄養的に必須性が認められた 13 種に分類。ナトリウム、カリウム、カルシウム、マグネシウム、リン、鉄、亜鉛、銅、マンガン、ヨウ素、セレン、クロム及びモリブデンを収載
- **ビタミン：**13 種 22 項目に分類。脂溶性の A（レチノール、α・β-カロテン、β-クリプトキサンチン、β-カロテン当量、レチノール活性当量）、D、E（α・β・γ・θ-トコフェロール）、K の 4 種と、水溶性の B_1、B_2、ナイアシン、ナイアシン当量、B_6、B_{12}、葉酸、パントテン酸、ビオチン、C の 9 種を収載
- **アルコール：**エネルギー産生成分として、し好飲料及び調味料に含まれるエチルアルコールの量を収載
- **食塩相当量：**ナトリウム量に食塩換算係数である 2.54 を乗じて算出

成分表の単位

- **エネルギー**……**kcal**（キロカロリー）と **kJ**（キロジュール）を併記
  1kcal = 4.184kJ
- **水分**、**たんぱく質**、**脂質**（コレステロールを除く）、**炭水化物**、**有機酸**、**灰分**、**アルコール**、**食塩相当量**……**g**（グラム）
- **コレステロール**、**ナトリウム**、**カリウム**、**カルシウム**、**マグネシウム**、**リン**、**鉄**、**亜鉛**、**銅**、**マンガン**、**ビタミン E**、**B_1**、**B_2**、**ナイアシン**、**ナイアシン当量**、**ビタミン B_6**、**パントテン酸**、**ビタミン C**……**mg**（ミリグラム、1,000 分の 1g）
- **ヨウ素**、**セレン**、**クロム**、**モリブデン**、**ビタミン A**、**D**、**K**、**B_{12}**、**葉酸**、**ビオチン**……**μg**（マイクログラム・1,000 分の 1mg）
- 数値以外に、「―」は未測定を、「0」は検出されないか微量を、「Tr」は微量を表示

Section

3 植物性食品

重要度 ★★★

学習ポイント

植物は主要な食料資源です。農産物として栽培され、根や茎、花蕾、種子などを食品として利用しています。**代表的な植物性食品の特徴、その加工品、栄養特性、機能性特性**について理解しましょう。

植物性食品の種類

穀類や野菜類などの植物性食品は、一般に炭水化物（食物繊維を含む）、ビタミン、無機質（ミネラル）を多く含みます。また、植物には「**ファイトケミカル**」という色や香り、苦味、辛味などの化学成分を含むものが多く、これが体内で抗酸化物質として作用して、生活習慣病のリスクを低減します。

穀類

穀類は、収穫量が安定して長期保存に適し、簡単な調理で食用にできるなどの特性があり、世界各国で栽培されています。とくに、**米**、**小麦**、**とうもろこし**は「世界３大穀物」といわれます。炭水化物を**約70%**、たんぱく質を**約10%**含み、主要なエネルギー源として主食に用いられます。

米

米は、水分を**約15%**、炭水化物を**約75%**、たんぱく質を**6～7%**ほど含みます。炭水化物のほとんどがでんぷんで、粘性の弱い**アミロース**と粘性の強い**アミロペクチン**とがあります。

もっとも栄養価がよい状態は玄米で、そこからぬか層と胚芽を取り除いて精米（搗精（とうせい））したものが精白米です。精白米は、精米の程度を示す歩留まりを90～92％にしたもので、玄米に含まれるビタミンB群の約８割が失われます。なお、米を長期間貯蔵する場合、ビタミンB_1の減少や脂質の酸化を防ぐために、低温で保存するのがよいとされています。

覚えよう！ うるち米ともち米

	特性	加工品
うるち米	でんぷんのアミロースとアミロペクチンとの割合が約**2：8**。炊飯によって軟らかく粘りがある飯になる。色調はガラス質。	上新粉、ビーフン、きりたんぽ、米こうじ
もち米	でんぷんはほぼ100％**アミロペクチン**。加熱によって軟らかくなり、つくと餅になる。色調は白色。	餅、白玉粉、道明寺粉

小麦

小麦の主な成分は炭水化物で、ほとんどがでんぷんで穀粒の約70％を占めます。たんぱく質の大部分を占めるのがグリアジンとグルテニンで、これらに水を加えて練ると、粘性と弾力性の高い**グルテン**になります。

小麦粉には、グルテンの質と量によって、強力粉、中力粉、薄力粉の3種類があります。

覚えよう！ 小麦粉の種類と特性

	グルテン		たんぱく質量	原料の種類	主な用途
	量	質			
強力粉	多い	強い	約12％	硬質小麦	パスタ、パン、餃子の皮、中華まん、ピッツァ、ちくわぶ
中力粉	中間	中間	約9～10％	中間質小麦 軟質小麦	うどん、めん類
薄力粉	少ない	弱い	約8～9％	軟質小麦	天ぷら、カステラ、ケーキ

その他の穀類

大麦	麦飯に使うのは、主に六条大麦を精白して平らにした**押し麦**や、中央の黒条線に沿って切断した**ひき割り麦**で、麦茶の原料にもなる。また、ビール麦と呼ばれる二条大麦はみそや焼酎にも利用。
とうもろこし	脂質が比較的多く、胚芽からコーン油がとれる。とうもろこし粉は、タコスに使われる**トルティーヤ**の原料。
そば	たんぱく質が約12％あり、リシンやトリプトファンの必須アミノ酸を含む。食物繊維、亜鉛、ルチンなどの含有量も多い。

豆類

豆類には、**たんぱく質**の含有が**20～30%**と比較的多く、脂質も多く含む大豆や落花生と、炭水化物を多く含むあずき、えんどうなどがあります。また、乾燥豆は水分が約**15%**と少なく、貯蔵性に富んでいます。

大豆

大豆は、グリシニンを主成分とするたんぱく質に富み、リシンやトリプトファンが多く、「**畑の肉**」とも呼ばれています。穀類といっしょに摂取するとアミノ酸の補足効果が期待でき、アミノ酸価は100と高いものです。

また、不飽和脂肪酸のオレイン酸やリノール酸、レシチン、ビタミンB_1・B_2、食物繊維も多く含んでいます。さらに、ポリフェノールの一種の**大豆イソフラボン**は女性ホルモンに似た働きをもち、**サポニン**には抗酸化作用があり、加工することで消化吸収率がよくなります。

覚えよう！ **主な大豆の加工品**

豆腐	大豆の搾り汁（豆乳）に凝固剤のにがり（塩化マグネシウム）を加えて固めたもの。たんぱく質、脂質が多い**木綿豆腐**と、ビタミンB_1が多い**絹ごし豆腐**とがある。
ゆば	**豆乳**を弱火で加熱し、表面に生じた皮膜を引き上げたもの。
納豆	蒸した大豆に**納豆菌**を作用させたもの。ビタミンKが増え、消化がよくなる。

あずき

炭水化物が主成分となり、たんぱく質、ビタミンB_1を多く含みます。あずきの一種である緑豆は、もやしやはるさめの原料となります。

野菜類

野菜は種類が多く、体内でビタミンAに変化する**カロテン**の含有量によって、**緑黄色野菜**と**淡色野菜**とに分けられるほか、利用部位によっても分類されます。

野菜類は低温で貯蔵するのが一般的ですが、長期保存の場合、5℃以下では低温障害が出やすいなす、トマト、ピーマン、きゅうりなどは7～10℃で、かぼちゃなどでは10～12℃で貯蔵するのが望ましいです。

緑黄色野菜

ほうれんそうやにんじんなどの緑黄色野菜は、原則的に可食部100g中のカロテンの含有量が**600μg**以上のものです。ただし、**600μg**未満でもよく食べられるトマトなど、一部の野菜は緑黄色野菜と見なされます。

淡色野菜

緑黄色野菜以外のものは、一般に淡色野菜に分類されます。カロテンの含有量は少ないのですが、**ビタミンC**や**カリウム**が多く含まれます。

覚えよう！ **利用部位による野菜の種類**

花菜類	花蕾（つぼみ）を食用	ブロッコリー、みょうが、カリフラワー など
葉菜類	葉を食用	ほうれんそう、レタス、はくさい、キャベツ など
茎菜類	若く軟らかい茎や、地下茎などを食用	セロリ、アスパラガス、たけのこ、ねぎ、うど など
果菜類	果実または種実を食用	トマト、なす、ピーマン、きゅうり、かぼちゃ、オクラ など
根菜類	発育肥大した根を食用	大根、にんじん、ごぼう、かぶ、しょうが など

いも類

いも類の主成分は炭水化物（**でんぷん**）で、水分を**65%以上**含みます。日本人の主食である米と比べてエネルギーは低いのですが、カルシウムやカリウムなどのミネラルは多く、さつまいもやじゃがいもに含まれる**ビタミンC**は、調理による損失が少ないという特徴があります。

いも類の種類と特徴

さつまいも	ビタミンC、食物繊維が多いほか、胃の粘膜を保護し、腸のぜん動を促進する**ヤラピン**を含み、便秘解消に役立つ。アミラーゼを含み、貯蔵や加熱により甘みが増す。8℃以下で貯蔵すると低温障害を起こす。
じゃがいも	さつまいもよりビタミンCが多い。寒さに強く長期保存が可能。粉質の男爵と粘質のメークインが代表的で、芽などに毒性のある**ソラニン**、チャコニンが含まれる。
さといも	粘性は多糖類の**ガラクタン**、えぐ味はホモゲンチジン酸、かゆみはシュウ酸カルシウムによる刺激で起こる。
やまのいも	**ムチン**を含み、生では粘りが強いが、加熱すると粘性はなくなる。アミラーゼやジアスターゼを多量に含み、生食が可能。

きのこ類

きのこは、水分が**約90%**もあり、食物繊維、ビタミンB_1・B_2・D、亜鉛、銅などを含みます。野菜に似ていますが、ビタミンCはほとんど含みません。生のきのこは、酵素が多くて変質しやすいのが特徴的です。

干したしいたけは、うま味成分の**グアニル酸**を、香り成分のレンチオニンを含みます。また、体内でビタミンDに変わる**エルゴステロール**が多く、日光にあてると増えます。

果実類

果実は、みずみずしさ、色、特有の香り、甘味とさわやかな酸味をもち、季節ごとに楽しめる食品です。ビタミンC、カリウム、**ペクチン**などを多く含み、生で食べるほか、ジュース、ジャム、ゼリー、ドライフルーツ、果実酒などにも加工されます。

果実の酸味は、リンゴ酸やクエン酸などの**有機酸**で、成熟するにつれて有機酸が減少し、でんぷんが糖化していくので甘みが増します。柿やメロン、マンゴーにはカロテンが豊富に含まれ、パイナップルに含まれるブロメラインや、キウイフルーツに含まれるアクチニジンは、**たんぱく質分解酵素**です。

果実の分類

仁果類（じんか）	花托部分が肥大したもの	りんご、梨、びわなど
準仁果類（じゅんじんか）	子房（内果皮、中果皮、外果皮）が発達したもの	柿、かんきつ類など
核果類（かくか）	内部に硬い種子のあるもの	もも、梅、すもも、あんずなど
液果類（えきか）	子房壁が多肉、多汁質になるもの	いちご、ぶどう、ブルーベリー、キウイフルーツなど

種実類

種実には、脂質とたんぱく質が豊富なごま、落花生、アーモンド、くるみをはじめ、脂質が多くたんぱく質が少ないマカデミアナッツ、ココナッツ、炭水化物が多い栗、ぎんなんなどがあります。種子の脂質は植物性油脂の原料となり、とくにごまには**リノール酸**が多く含まれています。

藻類

藻類は、主に水中で成長する海藻のことで、**アルギン酸**、**ガラクタン**、**マンニトール**などの食物繊維（難消化性多糖類）を多く含み、ヨウ素、カルシウム、マグネシウムなどの無機質や、カロテン、ビタミンＢ群などの供給源となります。

主な藻類と加工品

あまのり	**カロテン**や**たんぱく質**が豊富。干し、焼き、佃煮などに加工。干しのりは火であぶると赤色のフィコエスリンが退色して、熱に安定的な**クロロフィル**やカロテノイド系色素が浮き出て青緑色になる。
昆布	カルシウムが豊富。生育２～３年のものを干して利用。だし、佃煮、昆布茶、おぼろ昆布などに加工。表面の白い粉は**マンニトール**やグルタミン酸。
わかめ	カルシウムや鉄を多く含む。乾燥、塩蔵して出回る。
ひじき	カルシウムが豊富。渋味や色素を除去するため、水煮にした後に乾燥。
てんぐさ	不溶性の食物繊維が豊富なため、体内ではほとんど消化されない。寒天やところてんの原料。

砂糖及び甘味料類

砂糖は、甘味調味料の代表であり、エネルギー源となります。主な成分の**ショ糖**はさとうきびやてん菜などを原料とし、製法から精製糖の**分みつ糖**と、黒砂糖の**含みつ糖**とに分類されます。

甘味料には、**麦芽糖**を多く含む水あめ、ブドウ糖と果糖のはちみつ、楓（かえで）の樹液から作るメープルシロップ、ビフィズス菌や乳酸菌に利用されるオリゴ糖、低カロリーで虫歯菌の繁殖を防ぐキシリトールのほかに、非糖質系の合成甘味料として使われているアスパルテームなどもあります。

Section 4

動物性食品

重要度 ★★★

動物性食品は、食事の主役としてさまざまに調理、加工され、食生活を豊かにしています。主な**動物性食品の特徴や特性**を種類ごと、部位ごとにまとめて理解し、**加工に利用される特性**も把握しておきましょう。

動物性食品の種類

一般に、動物性食品は良質のたんぱく質の供給源であり、脂質も多いのですが、炭水化物はほとんど含まれません。魚介類、肉類、乳類、卵類に大別され、とくに魚介類や肉類では、熟成によってさまざまな成分変化が生じ、味に影響を与えます。

魚介類

魚介類は、たんぱく質が20％前後と豊富で、肉類に比べて水分を多く含みます。同じ種類であっても季節や生育年数によって成分が変動し、とりわけ**旬の時期**になると脂肪が増え、脂が乗っておいしくなります。

魚類

種類の多い魚ですが、一般に魚肉にはたんぱく質、脂質が豊富で、カルシウム（とくに小魚）、亜鉛、銅、ヨウ素も多く、ビタミンA・Dは血合肉に含まれます。魚油には、**多価不飽和**脂肪酸の**EPA・エイコサペンタエン酸**（または**IPA・イコサペンタエン酸**）や**DHA**（**ドコサヘキサエン酸**）が多く含まれます。うま味成分としては、グルタミン酸やイノシン酸があります。

なお、魚肉の硬さは**コラーゲン量**と比例し、水とともに加熱すると可溶性ゼラチンとなり、冷やすと固まって**煮こごり**になります。

貝類

貝類は、ビタミンB_2・B_{12}、タウリンを多く含み、うま味成分は**コハク酸**が中心です。かきにはグリコーゲンが約5％も含まれ、たんぱく質もあり、栄養価が高いことから「**海のミルク**」とも呼ばれます。

魚卵などの種類

- イクラ……… さけ
- キャビア…… チョウザメ
- たらこ……… すけとうだら
- かずのこ…… にしん
- からすみ…… ぼらの卵巣
- しらこ……… たらの精巣

肉類

肉の主成分は、リシンなどの**必須アミノ酸**を多く含むたんぱく質と脂質です。腱(けん)などの結合組織に多いコラーゲンは、水を加えて加熱するとゼラチンになります。解体直後は肉質も硬いのですが、**エイジング**（**熟成**）によって軟らかくなり、うま味も増します。また、脂質の溶ける温度（融点）は、口に入れたときの舌触りに影響します。

牛肉

牛肉は、良質のたんぱく質を多く含み、肝臓にはビタミンAや鉄が豊富です。部位によって脂質の含有量が異なり、脂肪が網の目状に混じっている最上肉を「**霜降り**」といいます。

豚肉

豚肉は、ほかの肉類に比べて**ビタミンB₁**が豊富で、肝臓には鉄が牛肉の約3倍も含まれます。また、**もも肉**はハムに、**ひき肉**はソーセージに、**ばら肉**はベーコンに加工されます。

鶏肉

鶏肉は、肉質と脂肪部位とがはっきりと分かれ、肉質は脂質が少なく**低カロリー**で消化がよく、味は**淡泊**です。ビタミンAが豊富で、肝臓や内臓類にはビタミンD・Kも多く含まれます。

ココ必修!! 肉の熟成

と殺後に筋肉がもっとも硬くなるのは、0～4℃で冷蔵した場合、牛は24時間、豚は12時間、鶏は2時間程度。その後、一定期間低温（2～5℃）で保存すると軟らかくなり、うま味を増す。この現象を自己消化といい、その過程を熟成という。肉によって熟成期間は異なる。

- 牛肉……**7～10日間**
- 豚肉……**3～5日間**
- 鶏肉……**半日間**

羊肉

羊肉は、1年未満の仔羊肉がラム、1年以上たった成羊肉がマトン。ラムはマトンと比べて羊特有の臭みが少なく、肉質もきめ細かく軟らかい。

卵類

代表格の鶏卵には、**ビタミンC**を除く、すべての栄養素が豊富に含まれています。卵黄、卵白、卵殻からなり、重量の割合は**3：6：1**で卵白が一番重いです。卵の鮮度は温度が高いほど早く低下し、主にハウユニット数値の低下、卵白の水様化や卵黄係数の低下などで調べることができます。

卵白には、殺菌力をもつリゾチーム酵素が存在しています。水分は**90%**あり、残りはオボアルブミンなどのたんぱく質です。撹拌による起泡性があり、この性質が**メレンゲ**やカステラに利用されています。

卵黄にはたんぱく質と脂質が豊富で、卵全体の脂質のほとんどが含まれています。卵黄の色は脂溶性カロテノイドによるもので、ルテインなどが含まれ、飼料に由来しています。卵黄の乳化力は、**レシチン（リン脂質）**と卵黄リポたんぱく質によるもので、**マヨネーズ**などに使われています。

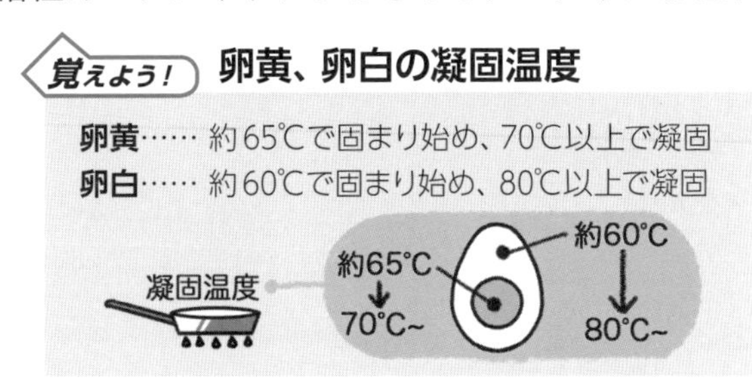

乳類

乳といっても、牛や山羊などの乳がありますが、乳類は乳等省令によって生乳、牛乳、特別牛乳、生山羊乳、殺菌山羊乳、生めん羊乳、成分調整牛乳、低脂肪牛乳、無脂肪牛乳及び加工乳のことと定められています。

主な乳の種類

生乳	搾乳したままのもの
牛乳	直接飲用に供する、または加工する目的のもの。乳脂肪分3.0％以上、無脂乳固形分8.0％以上
特別牛乳	乳脂肪分3.3%以上、無脂乳固形分8.5％以上のもの
成分調整牛乳	低脂肪牛乳と無脂肪牛乳とがある。低脂肪は乳脂肪分0.5％以上1.5％以下、無脂乳固形分8.0％以上のもの。無脂肪は乳脂肪分0.5％未満、無脂乳固形分8.0％以上のもの
加工乳	生乳、牛乳もしくは特別牛乳、またはこれらを原料として加工したもの。無脂乳固形分8.0％以上

牛乳

代表格の牛乳は消化がよく、良質のたんぱく質、脂質、カルシウム、リンなど、成長に必要な栄養成分が豊富です。たんぱく質の約80％は**カゼイン**で、残りは乳清たんぱく質（ホエー）などです。

カゼインは消化管内で分解されると、リン酸と結合してカゼインホスホペプチド（CPP）を形成します。その作用によって、牛乳のカルシウムは**吸収されやすく**なっています。

牛乳のカルシウムは吸収されやすい

牛乳アレルギーと乳糖不耐症

栄養が豊富な牛乳だが、牛乳を飲めない人は少なくない。その多くが、牛乳アレルギーや乳糖不耐症による。牛乳に対するアレルギー反応は、**たんぱく質**がアレルゲンとなっているからで、カゼインやラクトグロブリンなどが引き起こす。

また、乳糖不耐症は、牛乳を飲むと下痢を起こすもの。これは、乳糖（**ラクトース**）の消化酵素であるラクターゼ活性が低いことが原因で、日本人の場合、離乳後にラクターゼ活性が低下する。

覚えよう！ 牛乳の主な殺菌方法

殺菌方法	条件
低温殺菌（LTLT）	63～65℃で30分間の加熱殺菌
高温短時間殺菌（HTST）	72～85℃で15秒間の加熱殺菌
超高温瞬間殺菌（UHT）	120～130℃で1～4秒間の加熱殺菌
超高温滅菌殺菌（UHL）	135～150℃で2～4秒間の加熱殺菌

Attention LL牛乳

LL牛乳は、超高温滅菌法によって加熱処理して、さらに無菌充塡したもので、90日間の常温保存ができる。

乳製品

乳製品とは、クリーム、バター、チーズ、アイスクリーム類、練乳、乳酸菌飲料などのことで、乳等省令によって規格が定められています。

覚えよう！ 主な乳製品

クリーム	生乳または牛乳から乳脂肪分以外の成分を除去したもの。バターやアイスクリームの原料となるほか、生クリームとして市販されている。
バター	クリームから水分を除去したもので、有塩と無塩とがある。発酵バターはクリームを乳酸発酵させたもの。脂肪分は乳化されているので、**消化がよい**。
チーズ	牛乳のカゼインに、凝乳酵素の**レンネット**とスターター（乳酸菌）を加えて凝固発酵させたもの。ナチュラルチーズと、それを原料にした**プロセスチーズ**とがある。
ヨーグルト	発酵乳の一種で、乳原料をヨーグルト用乳酸菌で発酵させたもの。牛乳と同様の栄養価があり、牛乳より**消化がよい**。プレーンヨーグルトには添加物が加えられていない。
アイスクリーム類	アイスクリームは乳固形分が15.0％以上（乳脂肪分8.0％以上）のもので、乳固形分10.0％以上（乳脂肪分3.0％以上）はアイスミルク、乳固形分3.0％以上はラクトアイスとして区分する。
練乳	牛乳を煮詰めて濃縮したもので、無糖練乳（エバミルク）や加糖練乳（コンデンスミルク）、また無脂肪乳を原料とした脱脂練乳や加糖脱脂練乳もある。
粉乳	全粉乳は牛乳から水分を除去し、脱脂粉乳（スキムミルクパウダー）は牛乳から**乳脂肪分**、水分を除去し、それぞれ噴霧乾燥させたもの。
発酵乳	無脂乳固形分が8.0％以上あり、生きた乳酸菌（または酵母）を1ml中1,000万個以上含むもの。
乳酸菌飲料	ヨーグルトを希釈して加工したもの。一般には、無脂乳固形分を3.0％以上含む。
乳飲料	生乳や牛乳を原料に乳製品以外のものを加えて、嗜好性や栄養性を高めたもの。

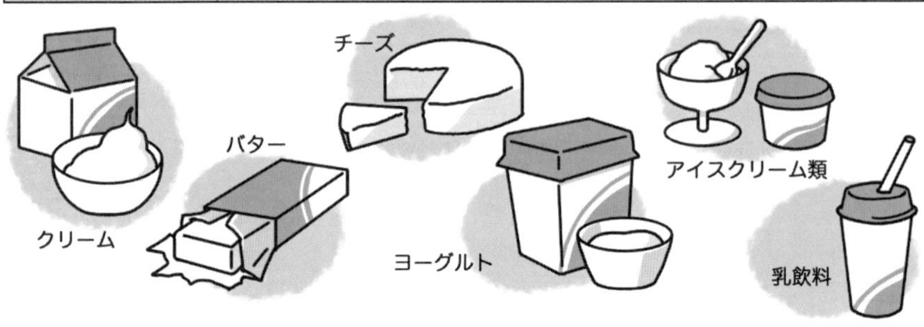

Section 5

その他の食品

重要度 ★☆☆

学習ポイント

油脂類、調味料、香辛料、調理加工食品を中心に、**食用油脂の分類別特徴や種類、調味料、香辛料の成分の種類やその役割、調理加工食品類の種類と特徴**などについて、整理しましょう。

油脂類

油脂類は、植物性油脂と動物性油脂とに大別されます。1g当たり9kcalとエネルギー量が高く、脂溶性ビタミンの吸収を助けます。

① **植物性油脂**……リノール酸などの**不飽和脂肪酸**を多く含み、常温では主に**液体**を保つ。大豆油、なたね油、ごま油、オリーブ油など。

② **動物性油脂**……ステアリン酸などの**飽和脂肪酸**を多く含み（魚油を除く）、常温では主に**固体**を保つ。牛脂、豚脂、バターなど。

植物性油脂と動物性油脂の種類と特徴

植物性油脂	●**大豆油**………ビタミンKが多く、加熱すると酸化されやすい。生産量は第２位。 ●**なたね油**……キャノーラ油ともいう。世界ではパーム油、大豆油についで生産量が多い。 ●**ごま油**………セサミンなどの抗酸化物質を含む。 ●**オリーブ油**…果肉から搾取され、**オレイン酸**が多い。 ●**パーム油**……アブラヤシの果実から搾取され、β-カロテンが含まれる。生産量はトップ。 ●**米ぬか油**……γ-オリザノールという特有の成分を含み、ビタミンEが多く、保存性がよい。 ●**調合油**………大豆油となたね油を調合したものが代表的。生食もできるサラダ油、加熱用の天ぷら油など、用途に合わせて調合。
動物性油脂	●**牛脂**……ヘットともいう。融点が**40～50℃**と高いので、冷たい料理には不向き。 ●**豚脂**……ラードともいう。融点が**36～48℃**と牛脂より低く、口の中でも溶けやすいので、料理用、製菓用に広く利用。

マーガリン類

植物性油脂、動物性油脂を原料に、乳化剤を使って作る。ソフトマーガリンは油脂含有率が80%以上、ファットスプレッドは油脂含有率が80%未満のもの。ショートニングは、精製した植物性、動物性油脂を練り合わせたもので、菓子類のサクサク感を出すために使われる。

嗜好飲料類

アルコール飲料

アルコール飲料は、アルコールを**1%以上**含むものと、酒税法で定められています。酒の製法によって、次の3つに分類されます。

- **醸造酒**……原料をアルコール発酵させ、ろ過したもの。**清酒**、**ビール**、ワイン、紹興酒など
- **蒸留酒**……醸造酒を蒸留して、アルコール濃度を高めたもの。**焼酎**、**ウイスキー**、**ブランデー**、**ウオッカ**、ジンなど
- **混成酒**……醸造酒と蒸留酒に着色料や香料、甘味料などを加えたもの。梅酒、**合成清酒**、薬味酒、キュラソー、ベルモットなど

主なアルコール飲料

種類	特徴
清酒（日本酒）	米を原料に、米こうじ、水を加えてアルコール発酵させる。
ビール	麦芽（大麦）を原料に、ホップ、水を加えて作る。
発泡酒	麦芽または麦を原料の一部とした、ビール様の発泡性のもの。
ワイン	ぶどうの果汁を発酵させたもの。

非アルコール飲料

アルコールを含まない、いわゆるソフトドリンクといわれるもので、茶類、コーヒー、ココアなどがあります。

- **茶類**………茶葉を発酵させずに作る**緑茶**、発酵させて作る**ウーロン茶**や**紅茶**がある。玉露、抹茶、煎茶などにはビタミンA・C・Kが豊富で、茶カテキンには抗酸化作用が見込める。
- **コーヒー**…苦味は**カフェイン**、渋味は**タンニン**（クロロゲン酸の一種）による。また、独特の香りは焙煎によるアミノカルボニル反応によって生じる。
- **ココア**……苦味は**テオブロミン**による。食物繊維、マグネシウム、鉄、銅なども多く含む。

菓子類

菓子類には和菓子、洋菓子、中華菓子などがあります。食品成分表では、和菓子類のうちで水分含有量が20%以上のものを和生菓子、和半生菓子としています。

調味料

調味料は、食品に塩味や酸味などを与えて嗜好を満足させ、食欲を増進させます。

主な調味料

食塩	主成分は塩化ナトリウム。海水から食塩を作る過程で出てくる塩化ナトリウム以外の成分を「にがり」という。同様の塩味をもつ塩化カリウムは、食塩の代替品として使用され、減塩効果がある。
食酢	穀物や果汁などを醸造したもの。酢酸やクエン酸などの有機酸が酸味成分。
みそ	大豆や米、麦などの主原料にこうじと塩を加えて発酵・熟成させたもの。糖やアミノ酸のうま味成分、アルコールの香気成分が風味となる。
しょうゆ	大豆、小麦、塩、こうじを混ぜ合わせ、「もろみ」を作って発酵・熟成させる。濃口、薄口、たまり、白、甘露、減塩、生と種類が豊富。
ウスターソース	野菜、果物をベースに、調味料、香辛料を加えて作る。
その他	「豆板醤」はそら豆に唐辛子、塩を加えて熟成させた辛みそ。「甜麺醤」は小麦粉、こうじ、塩を発酵させた甘みそ。唐辛子をごま油で加熱した「ラー油」。魚醤の「ナンプラー」など。

香辛料

香辛料は、摂取量がごく少量で栄養機能はほとんど望めませんが、材料特有の辛味、抗菌、色素などの成分を利用して、嗜好性（**第2次機能**）を高めるとともに生体機能調節（**第3次機能**）を併せもつことが知られています。多くは単独で使用するほか、カレー粉やガラムマサラ、七味唐辛子などの調合香辛料もあります。

香辛料の機能

- **賦香作用**…………香りをつける
- **消臭作用**…………生臭みを消す
- **矯臭作用**…………マスキングする
- **辛味付与作用**……辛味をつける
- **着色作用**…………色をつける

覚えよう！ 主な香辛料の成分

刺激性香辛料	唐辛子	カプサイシン
	こしょう	ピペリン
	しょうが	ジンゲオール
	わさび、からし	アリルイソチオシアネート
	さんしょう	サンショオール
芳香性香辛料	クローブ（丁子）	オイゲノール
	ナツメグ	ピネン
	にんにく	アリシン、ジアリルジスルフィド
	バニラ	バニリン
着色香辛料	サフラン	クロシン
	ターメリック（ウコン）	クルクミン

覚えよう！ 香辛料と使用例

- **さんしょう** … 若葉は汁物やあえ物、実は粉にしてうなぎ、みそ汁
- **クローブ** …… スープやソースなどの洋風料理、菓子類
- **シナモン** …… カプチーノ、クッキーやアップルパイなどの洋菓子
- **ナツメグ** …… ひき肉料理、ハム、菓子類
- **サフラン** …… ブイヤベース、魚の煮込み料理
- **バニラ** ……… クッキー、アイスクリームなどの洋菓子

調理加工食品

調理加工食品には、簡単なひと手間で食べられる冷凍食品やレトルト食品、インスタント食品など、いろいろな種類があります。当初は保存目的が主でしたが、現在は、家庭での調理の手間が省けるように半調理されたものが、大部分を占めるようになってきています。

主な調理加工品の種類

冷凍食品	素材、半調理、調理済みの３種がある。－18℃以下なら**1年**ほどの保存が可能。乾燥や酸化によって色が変わることを冷凍やけという。
レトルト食品	レトルトパウチという特殊な包装容器に入れ、密閉後に**加圧加熱殺菌釜**で高温加熱殺菌したもの。
インスタント食品	熱湯を注ぐなど、簡単に食べることができるように調理加工されたもの。
真空調理食品	フィルムに食材と調味液を入れて真空状態で密閉し、**低温加熱調理**して急速に冷却保存したもの。風味やうま味を逃がさず、栄養素の損失も少ない。
缶詰	缶に詰めて**加圧加熱殺菌**したもの。レトルト食品より保存性が高い。

Section 6

重要度 ★★☆

食品の加工・貯蔵

食品を加工することにより、栄養性や機能性の高い食品が生産されて、私たちの生活の質の向上に役立っています。**加工の目的、加工処理の方法、貯蔵方法**をまとめて理解しましょう。

食品の加工の目的

食品の加工は、安全性や衛生を確保して、栄養性、保存性、嗜好性などを高めることが目的です。また、調理の迅速化や合理化などを図るためにも行われます。

食品別の主な加工品

穀類	精白米	玄米からぬか層や胚芽を除いて搗精したもの。玄米100に対する精米の量（**歩留まり**）は90～92％。
	α化米	米のでんぷんに水と熱を加えて素早く乾燥させ、でんぷんの**α化**を保ったもの。水を加えるだけで食べられる。
	オートミール	**えん麦**を精白し、押しつぶして粉砕したもの。
	中華めん	中力粉に**かんすい**、水を加えてこねたもの。
	ふ（麸）	小麦粉の**グルテン**の性質を利用したもの。
魚類	練り製品	魚肉に食塩などを混ぜてすりつぶし、蒸すなどして加熱凝固させたもの。ちくわやさつま揚げなど。
	はんぺん	さめのすり身にやまのいも、卵白を混ぜ、気泡を抱き込ませてゆでたもの。
肉類	ソーセージ	ひき肉を原料に、牛、豚、羊などの**腸管**（**ケーシング**）に詰め、燻煙、湯煮、乾燥させたもの。
	ゼラチン	動物の結合組織にある**コラーゲン**を熱処理して分離したもの。
卵類	ピータン	**あひる**の卵に生石灰、木灰、塩などを混ぜたものを塗り、アルカリ性の作用で熟成させたもの。卵白はゼリー状になる。
果実類	ジャム	果物に含まれる**ペクチン**（多糖類）のゲル化を利用して、果実に酸と砂糖を加えて煮詰めたもの。

加工の方法

食品の加工方法には、物理的・化学的・生物的加工があります。

- **物理的加工法**……原料を粉砕、洗浄、混合、分離、乾燥、成形などといった機械的、物理的に変化させる方法。主な加工品には、精白米、小麦粉、でんぷん、バター、食用油、練乳などがある。
- **化学的加工法**……原料に化学的変化を起こさせる方法。主な加工品には、こんにゃく、ジャム、缶詰のみかんなどがある。
- **生物的加工法**……かび、酵母、細菌などの食用微生物の作用を利用した方法。主な加工品には、かつお節、清酒、しょうゆなどがある。

ココ必修!! **主な生物的加工品**

かび	かつお節、甘酒など
酵母	ビール、ワイン、パンなど
細菌	納豆（納豆菌）、ヨーグルト（乳酸菌）、食酢（酢酸菌）など
かび＋酵母	清酒、焼酎
かび＋細菌	ブルーチーズ（かび・乳酸菌）
細菌＋酵母	漬物（乳酸菌ほか）
かび＋酵母＋細菌	みそ、しょうゆなど

食品の貯蔵法

食品の貯蔵は、微生物の増殖を抑え、栄養価、味、色、香りなどを失わないように一定期間保存し、必要に応じて安定した食品の供給を目的としています。貯蔵法には、冷蔵や乾燥、塩漬け（塩蔵）などがあります。

冷蔵・冷凍法

食品の温度を下げることにより、細菌の増殖や活動を抑える方法です。冷蔵の場合は一般に**10～－2℃程度**で、冷凍の場合は食品衛生法により**－15℃以下**で貯蔵します。冷蔵のなかでも、より低温の氷温やチルド、パーシャルフリージングでの貯蔵は、食品の鮮度が維持できます。

なお､冷蔵庫内に食品を隙間なく詰めすぎると、庫内の冷気の流れが悪くなるので注意します。

単語帳

- **氷温冷蔵**…0℃から氷結点直前までの未凍結の温度帯（－1℃前後）で貯蔵する。
- **チルド**……２～－2℃で貯蔵する。
- **パーシャルフリージング（PF貯蔵）**…－3℃で貯蔵する。自己消化も抑制できるので、魚や肉に最適。

塩蔵・糖蔵法

塩分濃度や糖分濃度を高くすることにより、浸透圧による脱水作用を生かし、微生物の増殖に必要な水分活性を抑える貯蔵法です。

塩蔵法として、直接塩をかける「**ふり塩**」や、3％程度の塩水につける「**立て塩**」があります。なお、塩蔵品の塩を抜くために薄い塩水につけることを「**よび（むかえ）塩**」といいます。

乾燥法

干し魚や乾物類など、食品を乾燥させて水分や水分活性を低くすることで、微生物の増殖を防ぐ貯蔵法です。天日乾燥させるほか、機械乾燥として、加熱、真空、凍結による乾燥もあります。

ガス（CA）貯蔵法

酸素濃度を低くして、**二酸化炭素**（炭酸ガス）濃度を高くした人工空気の中で密閉する貯蔵法です。果物などの呼吸作用を抑制できるので、**青果物**の貯蔵に多く用いられます。低温貯蔵と併用されることもあります。

その他の貯蔵法

燻煙法	食品を煙でいぶすことで保存性を高める。
燻製法	塩漬けに加えて燻煙することで、乾燥や防腐効果を高める。
放射線照射法	γ線を照射して殺菌する。日本では、**じゃがいもの発芽**防止にのみ許可されている。
紫外線照射法	紫外線を照射して殺菌し、保存性を高める。
空気遮断法	空気を遮断して、食品を加熱殺菌する。この方法を利用したものが缶詰やびん詰で、ほかにレトルトパウチという袋に入れて密封後、レトルト（高温高圧調理殺菌装置）で加熱殺菌、加圧調理するレトルト食品などがあり、長期保存ができる。
MA 貯蔵法	野菜を**ポリエチレン**などの袋に入れ、野菜自体の呼吸によって袋内をガス貯蔵と似た状態にして貯蔵する。保存性が高まる。

Section 7 重要度★★★

食品の表示

「食品表示法」が施行され、表示が一元化されるようになりました。**期限表示や成分表示、健康危害を防止するための情報提供**などを整理して理解しましょう。

食品表示法による食品の表示

食品の表示は、食品の安全性や消費者の選択機会を確保することを目的にしています。2015（平成27）年、**消費者庁**は、それまでのJAS法、食品衛生法、健康増進法の食品表示に関する規定を統合、一元化して、食品表示基準（**食品表示法**）を施行しました。それにより、名称、アレルゲン、保存方法、消費期限･賞味期限、原材料、添加物、栄養成分の量及び熱量、原産地などの表記が定められています。

■アレルゲンの表示

アレルゲン（アレルギーを起こしやすい物質）のなかで注意が必要な原材料を、特定原材料（**8品目**）と特定原材料に準ずるもの（**20品目**）とに分けて指定し、それを含むものに表示を義務づけています。

ココ必修!! 表示義務のある食品

特定原材料	えび、かに、くるみ、小麦、そば、卵、乳、落花生
特定原材料に準ずるもの	アーモンド、あわび、いか、イクラ、オレンジ、カシューナッツ、キウイフルーツ、牛肉、ごま、さけ、さば、大豆、鶏肉、バナナ、豚肉、まつたけ、もも、やまいも、りんご、ゼラチン

■遺伝子組換え食品の表示

遺伝子組換え食品とは、遺伝子操作の技術を使って品種改良した農作物とその加工食品の両方をいいます。組換え食品を使用した場合、表示が義務づけられています。

覚えよう! 消費期限と賞味期限との違い

- **消費期限**……品質が劣化しやすく速やかに消費すべき食品を対象に、安全に食べられる期限のこと。
- **賞味期限**……品質が劣化しにくい食品を対象に、品質を十分保っていると認められ、おいしく食べられる期限のこと。

特別用途食品と表示

特別用途食品とは、病者、妊産婦、乳児、えん下困難者の健康の保持・回復、発育など、特別の用途に適する食品のことで、表示するには消費者庁の認可を受けなければなりません。食品には許可マークをつけます。

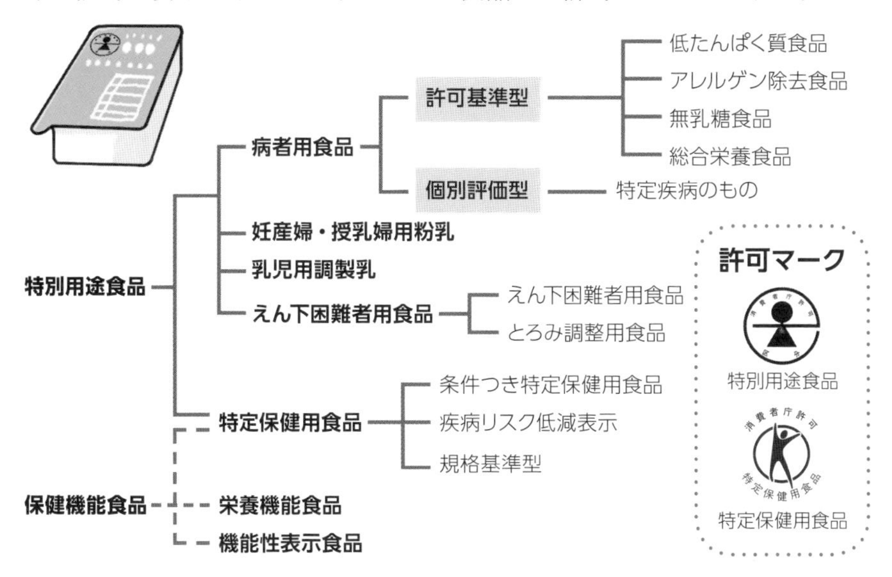

保健機能食品と表示

保健機能食品には、特定保健用食品、栄養機能食品、機能性表示食品の3種類があり、それらについて機能性を表示できます。

- **特定保健用食品**……「トクホ」と呼ばれる食品で、摂取により当該保健の目的が期待できる旨の表示をする食品。表示には許可が必要で、健康増進法により有効性と安全性の審査は**消費者庁**が行う。許可マークをつけられる。
- **栄養機能食品**………1日に必要な栄養成分（脂肪酸、ビタミン、ミネラルなど）の補給のために利用される食品で、栄養成分の機能を表示して、販売される。国による規格基準が定められている。
- **機能性表示食品**……**事業者**の責任で機能性を表示する食品で、定められた一定の要件を満たしているもの。商品の安全性や機能性の根拠に関する情報を販売前に**消費者庁長官**に届け出る必要はあるが、個別の許可を受けたものではない。

Section 8

食品の流通と安全

食品は、生産方法、加工技術、流通・保管方法の開発、発達・発展、輸入食品の拡大によって、多様化してきています。**食品の安心・安全供給のための流通のしくみ**を理解しましょう。

食品の流通システム

食品の流通は、安全で良質な食品を生産者から消費者まで、安定的にかつ効率よく供給する役割を担っています。とくに、生鮮食料品の流通においては、**卸売市場**が基幹的な役割を果たしていますが、最近では、「道の駅」やインターネットなどを利用して生産者から消費者が直接購入する、市場外流通が増えています。このように、社会経済的な条件や技術革新の変化を受けて、流通経路は複雑多岐にわたっています。

卸売市場の役割

卸売市場は、生鮮食料品などを国内外から集荷して、適正な価格をつけ、荷分けを行い、消費者に送る役割を担っている。また、情報を集約するなどの機能ももっている。

生鮮食品の流通経路

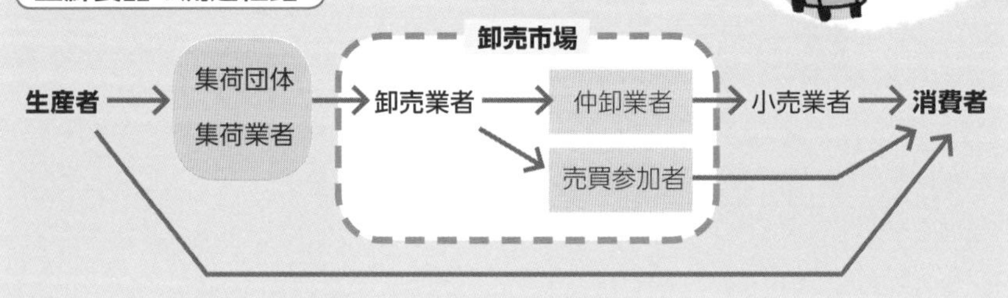

食品の流通に関連する事項

フード・マイレージ	食料の輸送にともなう二酸化炭素排出が、環境に与える負荷を示す指標のこと。食品の輸送量（t）に生産地から消費地までの距離（km）を乗じて算出する。食料の多くを輸入に頼る日本のフード・マイレージは、先進国でもっとも高く、環境の負荷を下げる取り組みが大切。
トレーサビリティ	食品が、いつ、どこで作られ、どのような経路で食卓に届いたかという生産履歴を明らかにする制度のこと。これを契機に、産地・流通経路といった、食に対する消費者の安心・安全への関心が高まった。

PART 3

栄養学

Section 1

栄養と健康

重要度 ★★★

学習ポイント

私たちは生きていくために、空気や水とともに食物を摂取し、必要な栄養素を体内に取り入れています。**栄養素の働きとそれぞれのバランス、含まれる食物**を関連づけて理解しましょう。

栄養と栄養素

栄養とは、食物を摂取することで必要な成分を体内に取り入れ、消化・吸収、代謝によって生命活動を維持する現象をいいます。そして、そのための成分が栄養素です。

■栄養素の種類とその働き

心身の成長や健康の維持・増進など、生理機能を正常に営むために、毎日摂取しなければいけない栄養素には、**５大栄養素**と呼ばれる**炭水化物**（糖質）、**たんぱく質**、**脂質**、**ビタミン**、**無機質**（**ミネラル**）があります。これらのうち、身体活動に必要なエネルギーを産生する熱量素である、**炭水化物**、**たんぱく質**、**脂質**を**３大栄養素**といいます。

ココ必修!!　栄養素の分類と主な役割

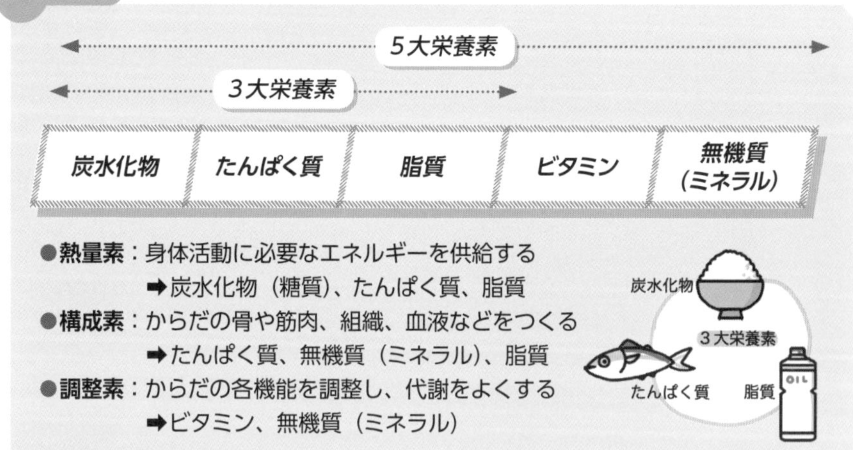

ココ必修!!　エネルギー源の栄養素バランス

１日の総エネルギーのうち、50～65％を炭水化物から、13～20％をたんぱく質から、20～30％を脂質からとるのが一般に望ましいとされている。

からだの構成成分

私たちのからだは、5つの栄養素に水分を加えた6つの成分で構成されています。このうち、もっとも多いのは水分で、成人では体重の約**60%**を満たしていますが、新生児では約**75%**、高齢者では50～55%と、年齢によって差があります。また、脂質は体格などによって個人差が大きいものですが、一般に男性より女性のほうが多くあります。

人体を構成する成分の割合

（成人の平均値）

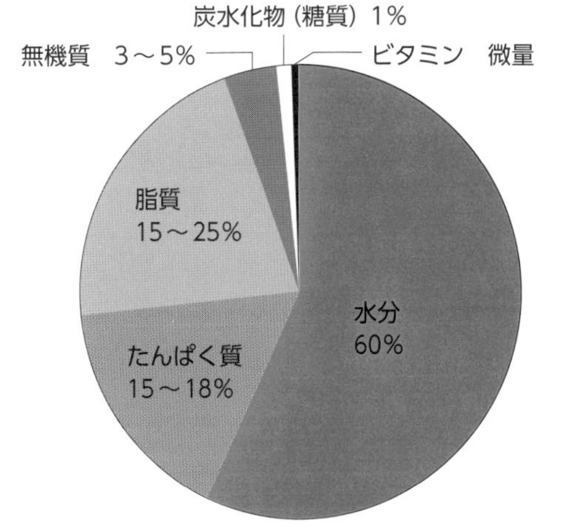

Attention 人体の水分

水分は栄養素ではないが、細胞内液や血液、リンパ液などにも含まれ、大切な働きをしている。そのため、10%を失うと脱水症状を起こし、20%を失うと生命が危険な状態になる。尿や汗などで失われる水分を補給するためには、1日2～3Lの補給が必要。

からだの構成元素

からだは、**約30種**の元素で構成されています。含有率がもっとも多い元素は、約60%の**酸素**で、ついで炭素、水素、窒素の順になります。また、無機質で見ると、多いものは1.9%のカルシウム、1.0%のリンのほか、カリウム、イオウ、ナトリウムなどがあります。

人体の構成元素

元素	含有率	元素	含有率	元素	含有率
酸素（O）	62.4	カリウム（K）	0.2	ヨウ素（I）	0.01
炭素（C）	21.2	イオウ（S）	0.2	フッ素（F）	0.01
水素（H）	9.9	ナトリウム（Na）	0.08	鉄（Fe）	0.005
窒素（N）	3.1	塩素（Cl）	0.08	銅（Cu）	微量
カルシウム（Ca）	1.9	マグネシウム（Mg）	0.03	その他	微量
リン（P）	1.0				

（　）内は元素記号、数字は含有率（%）

食生活指針

食生活指針とは、厚生省（現：厚生労働省）、文部省（現：文部科学省）、農林水産省によって2000（平成12）年に策定された、健康で豊かな食生活を実現するための手引きです。その後、食育基本法の制定や「健康日本21（第2次）」の開始、食育基本法に基づく第3次食育推進基本計画などにより、食生活に関する動きが大きく広がったことを受けて、それまでの10項目の内容の一部が見直され、2016（平成28）年に改定されました。

覚えよう！ 食生活指針

①食事を楽しみましょう
②1日の食事のリズムから、健やかな生活リズムを
③適度な運動とバランスのよい食事で、適正体重の維持を
④主食、主菜、副菜を基本に、食事のバランスを
⑤ご飯などの穀類をしっかりと
⑥野菜・果物、牛乳・乳製品、豆類、魚なども組み合わせて
⑦食塩は控えめに、脂肪は質と量を考えて
⑧日本の食文化や地域の産物を生かし、郷土の味の継承を
⑨食料資源を大切に、無駄や廃棄の少ない食生活を
⑩「食」に関する理解を深め、食生活を見直してみましょう

食事バランスガイド

食事バランスガイドとは、1日に「何を」「どれだけ」食べるとよいかという目安を、**コマ**のイラストを使ってわかりやすく示したものです。食生活指針を具体的に行動に結びつけるものとして、厚生労働省と農林水産省との共同により2005（平成17）年に策定されました。

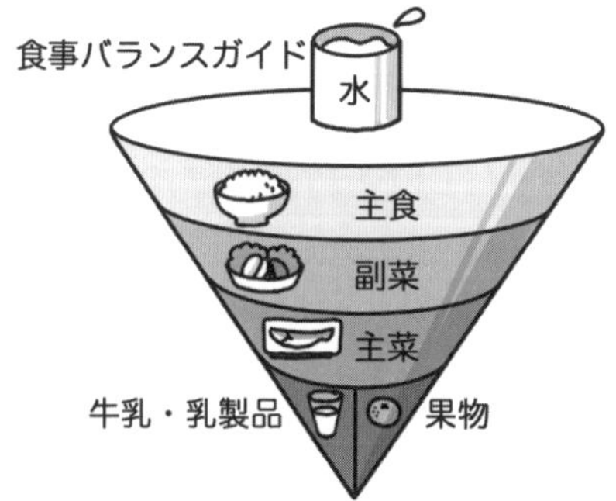

食事バランスガイドでは、毎日の食事を、主食、副菜、主菜、牛乳・乳製品、果物の**5つ**に区分し、料理の量を「**つ**」または「サービングサイズ（SV）」という単位で表示しています。さらに、欠かすことのできない水・お茶、菓子・嗜好飲料、運動についてもイラストで表現しています。

Section 2
重要度 ★★★

炭水化物

炭水化物とは、**消化・吸収される「糖質」**と、**消化されない「食物繊維」**の総称です。**糖類の種類と働き、食物繊維の種類と働き**についてまとめて理解しましょう。

炭水化物の成分と働き

炭水化物とは、炭素（C）、酸素（O）、水素（H）の3元素からなる有機化合物です。体内で消化・吸収される糖類と、消化・吸収されない食物繊維の総称でもあります。

炭水化物は、穀類やいも類、砂糖類に多く含まれ、エネルギーを発生します。しかも、脳や神経系に対する唯一のエネルギー源となります。

米が主食ということもあり、「日本人の食事摂取基準（2020年版）」では、総エネルギーの**50～65%**を炭水化物からとることが望ましいとしています。ただし、過剰に摂取すると、中性脂肪（皮下脂肪など）の形で貯蔵されて肥満の原因になるため、注意が必要です。

炭水化物の分類と種類

炭水化物は、消化酵素などによって最小限に分解される**単糖**の数によって、**単糖類**、少糖類（主に**二糖類**）、**多糖類**に分類されます。

- **単糖類**……これ以上小さくならない、糖の最小分子。血液中に血糖として0.1%存在するブドウ糖をはじめ、果糖、ガラクトースがある。
- **少糖類**……単糖が2～10個ほど結合したもので、ショ糖や麦芽糖などの**二糖類**がもっとも多い。オリゴ糖ともいう。
- **多糖類**……単糖が多数結合したもの。甘みはないが、分解されて二糖あるいは単糖になると甘みが出る。ブドウ糖で構成されるでんぷん、肝臓や筋肉に貯蔵される**グリコーゲン**のほか、食物繊維も含まれる。

糖類の種類

分類		種類	構造	主な食品
単糖類		ブドウ糖（グルコース）		果物
		果糖（フルクトース）		果物
		ガラクトース		乳汁（乳糖）
少糖類（オリゴ糖）	二糖類	ショ糖（スクロース）	ブドウ糖＋果糖	砂糖（さとうきび、てん菜）
		麦芽糖	ブドウ糖＋ブドウ糖	大麦
		乳糖	ブドウ糖＋ガラクトース	牛乳
	三糖類	ラフィノース	ブドウ糖＋果糖＋ガラクトース	てん菜、キャベツ、ブロッコリー
	四糖類	スタキオース	ブドウ糖＋果糖＋ガラクトース（２種）	大豆
多糖類		でんぷん（スターチ）	ブドウ糖が多数結合	穀類、いも類
		デキストリン	でんぷんの途中分解産物	あめ
		グリコーゲン	貯蔵糖質	肝臓、筋肉

食物繊維

ヒトの消化酵素では分解されない食物繊維は、**難消化性多糖類**、ダイエタリーファイバー（Dietary Fiber）とも呼ばれます。多糖類に多く含まれ、不溶性食物繊維と水溶性食物繊維とに分けられます。エネルギーとしてはわずかですが、生活習慣病などの予防に効果があります。成人の1日の摂取量として、男性は21g以上、女性は18g以上を目標量としています。

- **不溶性食物繊維**：整腸作用があるとともに、消化管通過時間を短縮して便通を促すため、**便秘**の予防、改善に効果がある。また、満腹感を与え、エネルギーなどの過剰摂取も予防する。
- **水溶性食物繊維**：胆汁酸の吸着、排泄につなげ、血中コレステロール**低下作用**がある。また、**糖**の吸収速度を抑え、血圧の**上昇**も抑制し、動脈硬化などを予防する。また、腸内環境を改善する。

覚えよう！ 食物繊維の種類

分類	種類	主な食品
不溶性	セルロース	野菜、穀類、豆類、ふすまなど
	ヘミセルロース	ふすま、シリアル、穀類、豆類など
	ペクチン（不溶性）	未熟な果物、野菜など
	リグニン	ふすま、ココア、果物など
	キチン・キトサン	かに、えびなどの殻
水溶性	アガロース	海藻など
	ペクチン（水溶性）	熟した果物、野菜など
	グルコマンナン	こんにゃくいも、海藻など
	アルギン酸	海藻
	フコダイン	海藻
	コンドロイチン	魚、軟骨など

Section 3

たんぱく質

重要度 ★★★

学習ポイント　からだの構成素でもある**たんぱく質**は、わずか**20種類ほどのアミノ酸**が数十個から数百個以上結合したものからできています。**アミノ酸の特徴や種類**、**食品に含まれるたんぱく質の種類**について理解しましょう。

たんぱく質の成分と働き

たんぱく質とは、炭素（C）、酸素（O）、水素（H）、窒素（N）、少量のイオウ（S）などの元素で構成される有機化合物で、必ず**窒素**を約16%有しています。体重の約5分の1を占め、血液や筋肉、臓器などの組織をつくる主要な成分であるとともに、酵素やホルモン、免疫細胞など生命維持に欠かせない多くの成分を含む、ひじょうに重要な栄養素です。

たんぱく質は肉や魚、卵類、乳類の動物性食品のほか、大豆などの植物性食品にも含まれ、エネルギーの供給源としてアミノ酸組成によるたんぱく質1g当たり**4kcal**のエネルギーを発生します。そこで、「日本人の食事摂取基準（2020年版）」では、総エネルギーの**13～20%**（ただし50～64歳では14～20%、65歳以上では15～20%）をたんぱく質からとることを目標にしています。推奨量としては、男性の場合、15～64歳で1日当たり65g、65歳以上で60gを、女性の場合は18歳以上で50gとしています。

このうち、動物性たんぱく質は必須アミノ酸を多く含むことから、総たんぱく質摂取量の40～50%を目安にするのが理想です。

たんぱく質の分類と種類

たんぱく質は、多数のアミノ酸がペプチド結合によってつながった高分子化合物（ポリペプチド）で、約20種類のアミノ酸によって構成されています。その組成から、単純たんぱく質、複合たんぱく質、誘導たんぱく質の3つに分類されます。

- **単純たんぱく質**……アミノ酸だけから構成される。アルブミン、グロブリン、グルテリンなど。
- **複合たんぱく質**……単純たんぱく質に糖質、脂質、リンなどの成分が結合したもの。糖たんぱく質、リンたんぱく質など。
- **誘導たんぱく質**……たんぱく質が熱、酸、アルカリ、酵素などの作用により変化して生じたもの。ゼラチンなど。

主なたんぱく質の種類

分類	種類	名称(含有されるもの)	特性
単純たんぱく質	アルブミン	オボアルブミン（卵白） ラクトアルブミン（乳） 血清アルブミン（血液）	水に溶ける。 加熱で凝固する。
	グロブリン	グロブリン（卵白、血液） グリシニン（大豆） ミオシン（筋肉）	水に不溶。塩溶液に溶ける。 加熱で凝固する。
	グルテリン	オリゼニン（米） グルテニン（小麦）	水や塩溶液に不溶。酸やアルカリに溶ける。加熱で凝固しない。
	プロラミン	グリアジン（小麦） ツェイン（とうもろこし）	水に不溶。アルコールに溶ける。
	硬たんぱく質	コラーゲン（骨、皮） エラスチン（腱） ケラチン（爪、毛髪）	水、塩溶液、酸、アルカリなどに不溶。
複合たんぱく質	核たんぱく質	ヒストン（細胞核）	DNAとともに染色体を構成する。
	糖たんぱく質	オボムコイド（卵白） ムチン（血清）	たんぱく質に糖が結合したもの。
	リンたんぱく質	カゼイン（乳） ビテリン（卵黄）	たんぱく質にリン酸が結合したもの。
	色素たんぱく質	ヘモグロビン（血液） ミオグロビン（筋肉）	たんぱく質に色素が結合したもの。
	リポたんぱく質	リポビテリン（卵黄）	たんぱく質にリン脂質が結合したもの。
誘導たんぱく質	ゼラチン	コラーゲン（皮、骨）	たんぱく質が物理的、化学的作用により変化したもの。

■必須アミノ酸

私たちのからだは、アミノ酸をもとに必要なたんぱく質をつくり出していますが、**9種類**のアミノ酸だけは必要な量を体内でつくることができません。あるいは、つくられてもごくわずかな量しか得られないので、食品からとる必要があります。このアミノ酸を**必須（不可欠）アミノ酸**といいます。また、その他のアミノ酸を非必須アミノ酸といいます。

ココ必修!! 必須アミノ酸

●トリプトファン　●ロイシン　●リシン　●バリン　●トレオニン（スレオニン）
●フェニルアラニン　●メチオニン　●イソロイシン　●ヒスチジン

＊メチオニンは非必須アミノ酸のシステインと合わせて含硫アミノ酸とし、フェニルアラニンは非必須アミノ酸のチロシンとともに芳香族アミノ酸（AAA）に分類される。バリン、ロイシン、イソロイシンをBCAAといい、筋肉のエネルギー代謝に関係する。

たんぱく質の栄養価

たんぱく質の質は、たんぱく質の栄養価で判断することができます。とくに、必須アミノ酸をバランスよく含んでいる食品は、たんぱく質の栄養価が高い食品ということになります。

各食品に含まれるたんぱく質の栄養価を示す方法に、**アミノ酸価**（**アミノ酸スコア**）があります。これは、人体にとって理想的な必須アミノ酸組成と比較できるように、食品中のたんぱく質1g当たりの必須アミノ酸の理想的な量を「アミノ酸評点パターン」という基準値に設定して、その数値と比較して何％にあたるかを算出する方法です。

アミノ酸価の数値が高ければ良質のたんぱく質と見なされる一方、基準に満たないものを**制限アミノ酸**といい、もっとも不足しているものを第1制限アミノ酸といいます。

一般に、動物性食品や大豆などのたんぱく質はアミノ酸価が高く、良質のたんぱく質です。一方、野菜や穀類のたんぱく質はアミノ酸価が低く、体たんぱく質としての利用効率も低くなります。

Attention アミノ酸評点パターン

アミノ酸の評点パターンは、各必須アミノ酸によって異なるうえ、からだの成長に合わせて年代ごとにも異なる。そのため、成人より数値が高い1～2歳児の必須アミノ酸の推定平均必要量を用いて、それを基準値に評価することが多い。

覚えよう！ アミノ酸の補足効果

必須アミノ酸は、1種類でも必要量に満たないものがあると、ほかの必須アミノ酸の利用効率が下がり、栄養価が低く評価されてしまう。そこで、食品を組み合わせてアミノ酸を補えば、アミノ酸のバランスを改善して栄養価を高められる。これを、アミノ酸の補足効果という。

たとえば、アミノ酸価が低い穀類は動物性食品や大豆製品と組み合わせると、アミノ酸の補足効果が得られるので、ご飯に納豆や豆腐、焼き魚などと組み合わせるとよい。

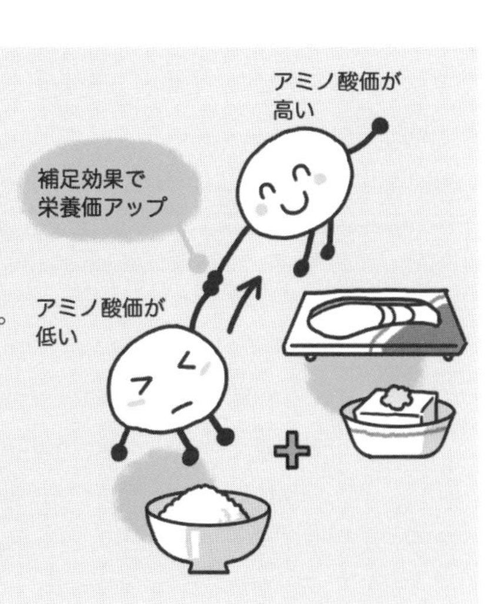

Section 4

脂質

食生活の変化にともなって、脂質の摂取量は増え、健康にも影響を及ぼしています。しかし、**脂質**は糖質よりも**効率的なエネルギー**であるため、**いろいろな機能**、**役割**を整理して理解しましょう。

脂質の成分と働き

脂質とは、炭水化物と同様、炭素（C）、酸素（O）、水素（H）の3元素からなり、水には難溶性で、エーテルなどの有機溶媒には可溶性の有機化合物です。生体膜やホルモンなどの材料になるほか、体脂肪の構成素として一般に脂肪とも呼ばれます。

脂質は、エネルギーの供給源として、脂肪酸のトリアシルグリセロール当量1g当たり**9kcal**のエネルギーを発生し、「日本人の食事摂取基準（2020年版）」では総エネルギーの**20～30％**とするのが望ましいとしています。また、次のような特徴があります。

①ビタミンA・D・Eなどの脂溶性ビタミンの吸収を**助ける**作用がある。
②代謝の際に**ビタミンB_1**を必要としないので、節約作用がある。
③胃の中にとどまる時間が**長く**、腹持ちが**よい**。
④とりすぎると、体脂肪などとなって体内に貯蔵される。

脂質の分類と種類

脂質は、脂肪酸とアルコールとが結合した単純脂質、単純脂質にリン酸や糖が結合した複合脂質、単純脂質や複合脂質を加水分解してできる誘導脂質に分類されます。

主な脂質の種類

分類	種類	構造	主な食品
単純脂質	中性脂肪	脂肪酸＋グリセリン	食用油
	ろう	脂肪酸＋高級アルコール	蜜ろう
複合脂質	リン脂質	脂肪酸＋グリセリン＋リン酸＋コリンなど	卵黄
	糖脂質	脂肪酸＋グリセリン＋単糖類	牛乳
誘導脂質	脂肪酸	脂肪を構成する脂肪酸	バター、食用油
	ステロール	コレステロール	卵黄
	カロテノイド	カロテン	緑黄色野菜

コレステロール

胆汁酸や細胞膜、ステロイドホルモンの材料として体内に広く存在しているコレステロールは、食事から摂取するよりも主に**肝臓**で合成される。悪玉といわれる**LDLコレステロール**と、善玉といわれる**HDLコレステロール**とがある。肝臓が血中に送り出すLDLコレステロールは動物性油脂に多く含まれ、とりすぎると動脈硬化の原因となる。反対にHDLコレステロールは、血中に多くなったLDLコレステロールを肝臓に運んで処理を促す。

脂肪酸と必須脂肪酸

脂肪酸は、炭素の結合のしかたで、二重結合をもつ**不飽和脂肪酸**と二重結合をもたない**飽和脂肪酸**とに分けられます。

不飽和脂肪酸のうち、二重結合数が1個のものを一価不飽和脂肪酸、2個以上のものを多価不飽和脂肪酸といいます。また、多価不飽和脂肪酸は、二重結合の位置によって**n-6系**脂肪酸、**n-3系**脂肪酸に分けられます。

■必須脂肪酸

多価不飽和脂肪酸のなかで、体内では合成されずに食品からとらなければならないものを必須脂肪酸といい、n-6系の**リノール酸**、**アラキドン酸**や、n-3系の**α-リノレン酸**、**DHA**、**EPA**（**IPA**）などがあります。

なお、アラキドン酸はリノール酸をもとに、DHA、IPAはα-リノレン酸をもとに、微量ですが体内で合成されます。

単語帳

- リノール酸……………ごま油や大豆油に多い。
- アラキドン酸…………肝油や米ぬか油に多い。
- α-リノレン酸……… 菜種油、しそ油、えごま油に多い。
- DHA、EPA………… 魚油に多い。

ココ必修!! 不飽和脂肪酸と飽和脂肪酸

不飽和脂肪酸の特徴	飽和脂肪酸の特徴
●オリーブ油やごま油などの植物油のほか、魚油に多く含まれる ●血中コレステロールを下げる作用がある ●常温では主に液体 ●酸化されやすい	●バターや肉の脂身などに多く含まれる ●血中コレステロールを上げる作用がある ●常温では主に固体 ●酸化されにくい

Section 5 重要度 ★★★

ビタミン

からだの**発育や活動を正常に機能させる**ために、ごく微量ですが必要とされる重要な成分です。現在、**13種類のビタミン**が知られており、**それぞれの生理機能、欠乏症や過剰症**を整理して理解しましょう。

ビタミンの働きと種類

ビタミンは、からだの発育や活動、栄養素の代謝を正常に機能させるために、必要不可欠な有機化合物です。必要量はごく微量ですが、体内では合成できないため、食品から摂取しなければなりません。ただし、ほかの栄養素に比べて性質が不安定で、調理、加工による損失が大きいという特徴があります。

ビタミンは、現在、13種類が知られており、油に溶ける脂溶性ビタミンと水に溶ける水溶性ビタミンとに分けられます。**水溶性ビタミン**はとりすぎても体外に排泄されやすいのですが、**脂溶性ビタミン**は過剰に摂取すると健康に影響します。

なお、体内でビタミンに変換されるものをプロビタミンといい、代表的なものにビタミンAに変化するβ-カロテンがあります。

- **脂溶性ビタミン**……ビタミンA・D・E・K
- **水溶性ビタミン**……ビタミンB_1・B_2・B_6・B_{12}・C、葉酸、ナイアシン、パントテン酸、ビオチン

ココ必修!! ビタミンの主な特徴

- **ビタミンA**は上皮細胞、器官の成長などに関与し、とくに**妊婦**の過剰摂取は先天奇形の増加を招くことが報告されている。
- **ビタミンD**は、小腸や腎臓でカルシウムとリンの吸収を促進し、血液中のカルシウム濃度を保って骨や歯の成長を助け、骨粗しょう症や老化を防ぐなどの働きがある。
- **ビタミンB_1・B_2**は、**エネルギー代謝**に関与している。
- **ビタミンC**は、コラーゲンの生成や鉄の吸収にかかわり、水に溶けやすく、熱に弱い。
- **葉酸**は、妊娠前後の3カ月間以上の摂取において、胎児の神経管閉鎖障害のリスクを低減させる働きが認められている。

ビタミンの主な種類

分類	種類（化学名）	欠乏症状	過剰症状	主な食品
脂溶性ビタミン	ビタミンA（レチノール）	夜盲症、成長障害、皮膚や粘膜の乾燥	頭痛、吐き気、肝障害、胎児の奇形	鶏・豚レバー、うなぎ、ぎんだら、緑黄色野菜
	ビタミンD（カルシフェロール）	くる病、骨粗しょう症、骨軟化症	高カルシウム血症、腎障害	肝油、あん肝、黒かじき、きくらげ、干ししいたけ
	ビタミンE（トコフェロール）	溶血、神経機能低下、筋無力症	―	アーモンド、植物油、落花生
	ビタミンK（フィロキノン）	血液凝固遅延、新生児出血傾向、新生児消化管異常	―	緑黄色野菜、納豆、海藻類
水溶性ビタミン	ビタミンB_1（チアミン）	脚気、ウェルニッケ脳症	―	豚肉、うなぎ、ごま、穀類の胚芽やぬか、ふすま
	ビタミンB_2（リボフラビン）	口内炎、皮膚炎、眼球炎、成長障害	―	豚レバー、牛レバー、アーモンド、干しのり、干ししいたけ
	ナイアシン（ニコチン酸）	ペラグラ（皮膚病、消化管障害、神経障害）、口内炎	皮膚が赤くなる	たらこ、びんながまぐろ、落花生、かつお節
	ビタミンB_6（ピリドキシン）	貧血、皮膚炎、湿疹、食欲不振	神経障害、不眠	緑黄色野菜、みなみまぐろ、牛レバー、かつお、にんにく
	ビタミンB_{12}（シアノコバラミン）	悪性貧血、神経障害	―	牛レバー、鶏レバー、しじみ、あさり、干しのり
	ビタミンC（アスコルビン酸）	壊血病（組織出血）	―	緑黄色野菜、アセロラ、キウイフルーツ、かんきつ類
	葉酸（ホラシン）	悪性貧血、口内炎	―	緑黄色野菜、鶏レバー、牛レバー、焼きのり
	パントテン酸	皮膚炎、副腎障害、神経障害	―	鶏レバー、納豆、鶏卵、干ししいたけ
	ビオチン	皮膚炎、脱毛	―	鶏レバー、落花生、鶏卵、あおのり

Section
6 無機質（ミネラル）

重要度
★★★

学習ポイント

無機質もまた、微量ながらからだの調子を整える大切な栄養素の一つです。**各種無機質の生理機能、上手なとり方、欠乏症、過剰症**を整理し、理解しましょう。

無機質の働き

ミネラルとも呼ばれる無機質は、人体を構成する酸素、水素、炭素、窒素を除いた残りの元素のことで、**約40種類**あります。その多くは燃えない成分ということもあり、灰分ともいいます。体内の含有量は**3～5%**と微量ですが、骨や歯、生体膜といったからだの構成成分となり、生体機能を調整する働きがあります。体内では合成できないので、食品から摂取する必要があり、不足するとさまざまな症状や病気を引き起こします。

無機質の分類と種類

無機質のなかでもっとも多いのは**カルシウム**で、ほかにリン、カリウム、ナトリウムなど比較的多い多量ミネラル（マクロミネラル）と、鉄や亜鉛などの微量ミネラル（ミクロミネラル）とに分類されます。

覚えよう！ 主な無機質の特徴

- **カルシウム**は、**ビタミンD**、乳糖、たんぱく質などと組み合わせると吸収が高まるが、ほうれんそうのシュウ酸やリンを過剰に摂取すると吸収が妨げられる
- **リン**は多くの食品に含まれるほか、食品添加物として使用されているため、不足することはなく、過剰摂取に注意が必要
- **カリウム**や**ナトリウム**は多くの食品に含まれているので、通常の食生活を送っていれば不足することはほとんどない
- **ナトリウム**は細胞内液よりも細胞外液に多く存在し、反対に98%が細胞内に存在する**カリウム**とバランスを保って、体液の浸透圧を調整している
- **マグネシウム**は、カルシウムやリンとともに**骨**の構成成分となる
- **鉄**の吸収を高めるには、**ビタミンC**や**たんぱく質**をいっしょにとるとよい
- **亜鉛**は、食物繊維や鉄、銅などの過剰摂取によって吸収が**妨げられる**
- **銅**は、鉄から**ヘモグロビン**をつくるときに必要なので、鉄の摂取が十分であっても、銅が不足すると**貧血**になる

無機質の主な種類

分類	種類	構成成分と働き	欠乏・過剰症状	主な食品
多量ミネラル	カルシウム (Ca)	骨や歯の形成物質で、99％は骨と歯に含まれ、残りは血液や筋肉内に存在する。神経伝達に関与	**欠乏**：くる病、骨粗しょう症、骨軟化症 **過剰**：ミルクアルカリ症候群、腎結石	牛乳、乳製品、小魚、海藻類など
	リン (P)	骨や歯の形成物質で約80％が骨と歯に、残りは筋肉や神経などの組織に含まれる。エネルギー産生物質の成分	**欠乏**：骨や歯がもろくなる **過剰**：カルシウムの吸収低下など	穀類、豆類、海藻類、魚介類、肉類など
	カリウム (K)	細胞体液の浸透圧調整、ナトリウム排泄作用、血圧降下作用	**欠乏**：筋無力症、不整脈	海藻類、野菜類、果物、豆類など
	ナトリウム (Na)	細胞体液の浸透圧の調整、水分調節のほか、神経の刺激伝達や筋肉の収縮に関与	**欠乏**：食欲不振、倦怠感など **過剰**：高血圧、胃がん、脳卒中など	食塩、みそ、しょうゆなどの調味料
	マグネシウム (Mg)	骨の形成物質で、約60％は骨に貯蔵。酵素活性に関与	**欠乏**：神経過敏症、筋肉のけいれんなど	海藻類、落花生、大豆製品など
微量ミネラル	鉄 (Fe)	赤血球のヘモグロビンの主要成分で、からだの各組織に酸素を運ぶ	**欠乏**：鉄欠乏性貧血、食欲不振など	肉類（とくにレバー）、卵黄など
	亜鉛 (Zn)	たんぱく質合成、糖代謝やインスリンの合成、酵素活性に関与	**欠乏**：味覚障害、皮膚障害、慢性下痢のほか、高齢者には褥瘡（じょくそう）を発生	魚介類、肉類など
	銅 (Cu)	赤血球のヘモグロビン合成に関与。肝臓、腎臓、脳に多く分布	**欠乏**：貧血、骨の異常など	たこ、かきなどの魚介類
	マンガン (Mn)	骨、皮膚の形成やエネルギー代謝などで酵素活性に関与	**欠乏**：骨の異常	穀類、種実類、野菜類
	ヨウ素 (I)	甲状腺ホルモンの構成成分	**欠乏**：クレチン症、甲状腺機能低下	海藻類、魚介類
	セレン (Se)	抗酸化作用があり、胃や肝臓に多く含まれる	**欠乏**：克山病、カシン・ベック病	魚介類、レバーなど
	クロム (Cr)	糖質、脂質の代謝に関与	**欠乏**：耐糖能低下	穀類、肉類など
	モリブデン (Mo)	尿酸の代謝に関与	**欠乏**：成長障害、頻脈	穀類、種実類、豆類

Section 7

栄養素の摂取

重要度 ★☆☆

食べ物を食べて「おいしい」と思うことには、いろいろな要素、要因がかかわり合っています。**「食欲」という欲求**と、**「食べる」という動機や行動**とを関連づけて理解しましょう。

食物の摂食行動

私たちの「食べたい」という日常の食物の摂取は、「食欲」によって左右されます。食欲は、間脳の視床下部というところにある**空腹（摂食）中枢**、**満腹（飽食）中枢**でコントロールされています。つまり、食欲は「胃」ではなく、「脳」が調節しているというわけです。

血液中のブドウ糖濃度を示す「血糖値」が**低下**すると、空腹中枢は刺激を受けて「おなかがすいた、食べ物をとりなさい」という信号を送り、空腹を認識させます。反対に、食事をして血糖値が**上昇**すると、満腹中枢が食欲を止める信号を送ります。

覚えよう！ 空腹中枢と満腹中枢

空腹中枢も満腹中枢も正常に働けば問題はないが、空腹中枢が鈍くなると食欲がわかず、食べたくなくなり体重が減少する。反対に、満腹中枢が破壊されると、満腹感が満たされず、食べすぎて肥満になる。

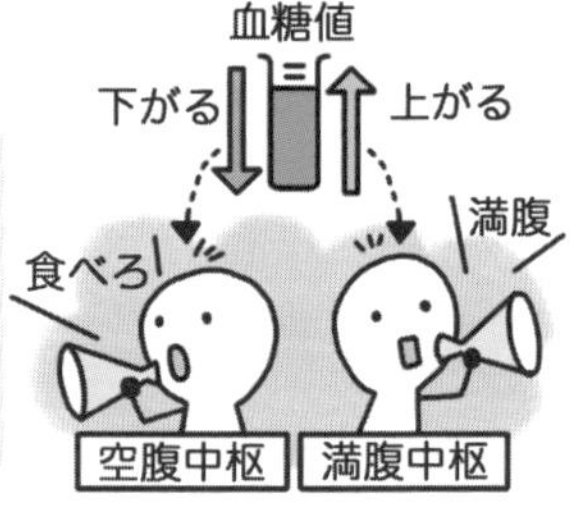

食欲を刺激する２つの欲求

空腹中枢も満腹中枢も、血糖値だけではなく、血中の脂肪酸量やインスリンの分泌、胃の収縮や拡張、からだの欲求など、さまざまな要因によって機能します。「食べる」という「動機」は、空腹だけではなく、おいしそうな食べ物に対しても反応します。

食欲は、次の２通りの刺激によって起こります。

①からだに必要な栄養を満たそうとする欲求

②栄養とは無関係な「嗜好」を満たそうとする欲求

おいしさの特性

食べ物をおいしく感じる基本的な要素は、味覚である。味覚には、甘味、酸味、塩味、苦味、うま味の基本味があり、ほかに香り、テクスチャー、外観、音といった五感に関連する特性に加えて、心身の状態や習慣、文化、時刻といった環境に関連する特性もある。

Section 8

消化・吸収とホルモン

重要度 ★☆☆

学習ポイント　食べ物が消化管を通って消化され、栄養素として吸収されていく過程で働く**消化酵素**について、**その働きを調節するホルモン**と関連づけて理解しましょう。

消化器官と消化作用

消化とは、食べたものを吸収されやすい形にするため、消化器官内で分解することです。消化は、口腔から食道、胃、小腸（十二指腸、空腸、回腸）、大腸（盲腸、上行・横行・下行・S状結腸、直腸）、肛門までの各消化管を通過する際に行われます。また、食物は通りませんが、消化に必要な消化液などを分泌する肝臓、膵臓、胆のうを付属器官といいます。

消化には、次の作用があります。

①**物理的消化作用**……そしゃくや胃腸のぜん動運動など、機械的運動による作用

②**化学的消化作用**……各消化器官から分泌される消化液に含まれる消化酵素による作用

③**生物的消化作用**……大腸内に存在する腸内細菌による作用

主な消化酵素の種類

消化器官	消化液	酵素名	作用
口腔	唾液	唾液アミラーゼ（プチアリン）	でんぷんを麦芽糖に分解
胃	胃液	ペプシン	たんぱく質をペプトン、プロテオースに分解
十二指腸	膵液	膵液アミラーゼ（アミロプシン）	でんぷんを麦芽糖に分解
		リパーゼ	脂質を脂肪酸、グリセロールに分解
		トリプシン、キモトリプシン	たんぱく質をポリペプチドに分解
		カルボキシペプチダーゼ	ポリペプチドをアミノ酸に分解
小腸	腸液	マルターゼ	麦芽糖をブドウ糖に分解
		スクラーゼ	ショ糖をブドウ糖と果糖に分解
		ラクターゼ	乳糖をブドウ糖とガラクトースに分解
		ジペプチダーゼ	ジペプチドをアミノ酸に分解

消化器官と吸収作用

小腸で最小まで消化された各栄養素は、腸粘膜から毛細血管やリンパ管に取り入れられ、必要な組織に運ばれます。これを吸収といいます。ほとんどの栄養素は、小腸粘膜の絨毛から吸収されます。なお、栄養素ではありませんが、胃はアルコールを、大腸は水分を吸収します。

3大栄養素の消化・吸収

栄養素	消化・吸収の特徴
炭水化物（糖類）	**ブドウ糖**や**果糖**などの単糖類に分解され、**小腸**で取り込まれる。その後、門脈系から肝臓に至り、血糖として各組織に運ばれてエネルギーとなる。余った血糖は**グリコーゲン**として、**肝臓**や筋肉などに蓄えられる。
たんぱく質	ペプチドから**アミノ酸**に分解。アミノ酸は、ブドウ糖と同様に**小腸**で取り込まれる。吸収されたアミノ酸は門脈系から肝臓に運ばれ、そのまま蓄えられるか、各組織に運ばれて必要なたんぱく質に合成される。
脂質	**モノグリセリド**と脂肪酸に分解され、**小腸**で取り込まれる。小腸の細胞内に入ると、中性脂肪に合成され、コレステロール、リン脂質、たんぱく質と結合してキロミクロンとなり、**リンパ管**を経由して血液中に入る。モノグリセリドは**門脈**経由で肝臓に運ばれる。エネルギーが過剰の場合、脂肪組織で中性脂肪となって貯蔵される。

Attention 消化吸収率

消化吸収率は、栄養成分がどれだけ体内に吸収されたかを表したもので、糞便などで損失した分を差し引いた吸収量を摂取量で割って求める。消化吸収率は糖類、動物性たんぱく質、脂質の順に高い。

$$消化吸収率 = \frac{摂取量 - (排泄量 - 内因性損失量)}{摂取量} \times 100$$

ホルモンの働き

ホルモンとは、内分泌腺でつくられ、血液中に直接分泌されて全身の組織や器官に運ばれ、特有の働きを担う物質です。分泌量はわずかながら、からだの機能を促進したり、抑制したりするなど、複雑に調整します。

ホルモンには、新陳代謝を活発にする**甲状腺ホルモン**、カルシウムとリンの代謝に関係する**副甲状腺ホルモン**、血糖値に関係する**インスリン**などのほか、消化管ホルモンなどもあります。

■消化管ホルモン

ホルモンのうち、消化管から分泌されるものを消化管ホルモンといいます。胃や腸の消化管から分泌され、消化液の分泌を促進したり、消化運動を活発にしたりします。

主なホルモンの特徴

ホルモン名	分泌部位	特徴
サイロキシン	甲状腺	過剰では**バセドウ病** 不足では**クレチン症**
パラソルモン	副甲状腺	不足では**テタニー**
インスリン	膵臓ランゲルハンス島β細胞	血糖値を**下げる**
グルカゴン	膵臓ランゲルハンス島α細胞	血糖値を**上げる**
アルドステロン	副腎皮質	コレステロールから合成
コルチゾール	副腎皮質	糖質、たんぱく質の代謝を促進
アドレナリン、ノルアドレナリン	副腎髄質	血圧を上げる

覚えよう！ 消化管ホルモンの種類

- **ガストリン**…………胃や十二指腸から分泌。胃酸やペプシノーゲンの分泌を促す。
- **セクレチン**…………十二指腸や空腸から分泌。膵液や胆汁の分泌を促す。
- **コレシストキニン**…十二指腸や空腸から分泌。胆のうを収縮させて胆汁の分泌を促す。
- **ソマトスタチン**……膵臓ランゲルハンス島や胃、小腸から分泌。消化管ホルモンや膵液の分泌を抑制し、消化管の運動を抑える。

Section 9 重要度★★☆

食事摂取基準

学習ポイント

何をどれだけ食べるべきか、**食事摂取基準**について、**策定の目的**、**各指標の意味**、**エネルギー量の算定基準となる基礎代謝**とは何かなど、項目ごとに整理して理解しましょう。

日本人の食事摂取基準

健康的な個人及び集団を対象に、国民の健康の保持・増進、欠乏症、生活習慣病、過剰摂取による健康障害などの予防を目的に、厚生労働省は、健康増進法に基づき、食事によってとりたいエネルギー量や各種栄養素の摂取量の基準を定めています。それが「日本人の食事摂取基準」で、**5年ごと**に改定されます。

食事摂取基準の設定指標は、1日当たりの数値になっています。エネルギーについては「**推定エネルギー必要量**」を、各種栄養素については「**推定平均必要量**」「**推奨量**」を中心に、必要に応じて「**目安量**」「**耐容上限量**」「**目標量**」を加えた5つの指標を定めています。また、年齢別、性別、身体活動レベル別、妊婦・授乳婦別に算出されています。

単語帳

- **推定平均必要量**……特定集団の50%の人が必要量を満たすと推定される摂取量。
- **推奨量**……特定集団のほとんど（97～98%）の人が1日の必要量を満たすと推定される摂取量。
- **目安量**……推定平均必要量と推奨量が算定できない場合に算定する摂取量。
- **耐容上限量**……健康上の悪影響を及ぼす危険のない最大限の摂取量。
- **目標量**……生活習慣病の発症予防として、当面の目標とすべき摂取量。

Attention 「日本人の食事摂取基準（2020年版）」

2020（令和2）年に日本人の食事摂取基準が改定され、2024（令和6）年までの5年間使用される。最新版では、高齢者を65～74歳、75歳以上の2つに区分している。また、生活習慣病の発症予防の観点から、成人の1日のナトリウム（食塩相当量）の目標量を、男性で**7.5g未満**、女性で**6.5g未満**に引き下げているほか、重症化予防を目的に、ナトリウム量、コレステロール量を新たに記載している。

エネルギー代謝

エネルギー代謝とは、食物から摂取した栄養素を体内で必要なエネルギーに変換し、利用することです。エネルギー産生栄養素である炭水化物（糖類）、たんぱく質、脂質を酸化分解してつくり出したエネルギーを、体温調整・保持、臓器や組織の作用、神経の伝達、身体活動、労働などに利用して消費します。

１日のエネルギー消費量は、以下の式で求めます。

エネルギー消費量＝基礎代謝量＋食後の熱産生＋身体活動

エネルギー消費量は、年齢や活動量などによって個人差があります。また、乳児、小児、妊婦、授乳婦では、これに成長や妊娠継続、授乳に必要なエネルギー量を付加量として加えます。

Attention 食後の熱産生

食物を摂取すると、エネルギー代謝が高まる。これを食事誘発性熱産生（DIT）といい、食物の消化、栄養素の吸収、代謝などにともなって消費エネルギーが増加する。日本人の日常の食事では、摂取エネルギーの10％とされる。

■基礎代謝

基礎代謝とは、身体的、精神的に安静な状態で生命を維持するための必要最小の**エネルギー代謝**のことです。たとえば、心臓の活動、体温の保持、血液の循環、呼吸などのためにエネルギーは消費されるわけで、そのためのエネルギー量が基礎代謝量です。

１日の基礎代謝量は、**基礎代謝基準値**に参照体重を乗じて求めるため、性別や年齢、体格によって異なるだけでなく、季節や栄養状態などにも左右されます。

ココ必修!! 基礎代謝量の比較

- 年齢が若いほど基礎代謝量は**大きい**
- 体重が同じなら、女性より男性のほうが**大きい**
- 体重が重いほど、あるいは体表面積が広いほど**大きい**
- 脂肪質より筋肉質の人のほうが**大きい**
- 体温が低いときより高いときのほうが**大きい**
- 肉体労働などの活動量が多いときのほうが**大きい**
- 夏よりも冬のほうが**大きい**

身体活動と身体活動レベル

身体活動とは、１日の身体活動に必要な消費エネルギー量が基礎代謝量の何倍に当たるかを表したものです。身体活動レベルとして、活動の内容を「低い」「ふつう」「高い」の３段階に区分しています。

活動レベル別に見た活動内容と活動時間の代表例（18 ～ 64 歳）

	低い（Ⅰ）	ふつう（Ⅱ）	高い（Ⅲ）
身体活動レベル※	**1.50** (1.40 ～ 1.60)	**1.75** (1.60 ～ 1.90)	**2.00** (1.90 ～ 2.20)
日常生活の内容	生活の大部分が座位で、静的な活動が中心の場合	座位中心の仕事だが、職場内での移動や立位での作業・接客等、通勤・買い物での歩行、家事、軽いスポーツのいずれかを含む場合	移動や立位の多い仕事への従事者、あるいは、スポーツ等余暇における活発な運動習慣を持っている場合
中程度の強度 （3.0 ～ 5.9 メッツ） **の身体活動の１日当たりの合計時間** （時間 / 日）	1.65	2.06	2.53
仕事での１日当たりの合計歩行時間 （時間 / 日）	0.25	0.54	1.00

※代表値、（　）内はおおよその範囲。

メッツ値と消費エネルギー量

メッツ値とは、活動時の酸素消費量を、安静座位時の酸素消費量で割った数値で、活動の強さの指標となる。メッツ値を用いて、その活動時に消費されるエネルギー量を、次の計算式で算出する。

身体活動における消費エネルギー量 ＝1.05※ × メッツ値 × 活動時間（h）× 体重（kg）

※成人の体重１kg、１時間当たりの安静時のエネルギー消費量

推定エネルギー必要量

エネルギーの指標として「日本人の食事摂取基準（2020年版）」で示されている推定エネルギー必要量は、1日の基礎代謝量に身体活動レベルを乗じて算出されています。基礎代謝量を求めるときに用いられる参照体重は、体格の指標であるBMI（Body Mass Index）をもとにします。

BMIの求め方と目標範囲

BMI＝体重（kg）÷［身長（m）×身長（m）］

年齢（歳）	目標とするBMI（kg/㎡）
18～49	18.5～24.9
50～64	20.0～24.9
65～74	21.5～24.9
75以上	21.5～24.9

■エネルギーの収支バランス

推定エネルギー必要量は、消費に必要な量をとることが重要で、摂取量と消費量との比較を**エネルギー収支バランス**といいます。体重が変わらない状態であれば、理想は摂取量と消費量とが同量になることですが、摂取量が消費量を上回れば体重は**増加**し、下回ると**減少**します。

食品のエネルギー量

食品に含まれるエネルギー量は、これまでたんぱく質、脂質、炭水化物などを基に食品ごとのエネルギー換算係数（アトウォーター係数）を乗じて算出されてきました。これを実際の摂取エネルギー量に近づけるために見直され、「日本食品標準成分表2020年版（八訂）」からは組成ごとのエネルギー換算係数に乗じて求めます。

エネルギー量の新算出方法

アミノ酸組成によるたんぱく質（g）× 4.0kcal/g
＋
脂肪酸のトリアシルグリセロール当量（g）× 9.0kcal/g
＋
利用可能炭水化物（単糖当量）（g）× 3.75kcal/g
＋
糖アルコール（g）× 2.4kcal/g*
＋
食物繊維総量（g）× 2.0kcal/g
＋
有機酸（g）× 3.0kcal/g*
＋
アルコール（g）× 7.0kcal/g

＝エネルギー（kcal）

＊糖アルコールおよび有機酸のうち個別のエネルギー換算係数を適用する化合物等はその係数を用いる。

Section 10

ライフステージと栄養

重要度 ★☆☆

栄養のとり方は、**各年齢に適したもの**でなければなりません。それには、**各ライフステージの身体的特徴**を理解し、**必要な栄養**を考えたうえで**食生活のあり方**についてもまとめて覚えましょう。

妊娠期・授乳期の栄養

女性は妊娠すると、胎盤の形成、妊娠の保持、胎児の成長促進など、母体と胎児のための栄養が必要になります。また、出産後も母乳分泌や母体の回復にも栄養補給は重要です。

■妊娠期の栄養

出産までの妊娠期は、通常、最終月経日の初日から満280日、妊娠40週の出産予定日までをいいます。この期間を妊娠初期、中期、後期の3期に分けて、胎児の成長にともなう栄養量を付加して考えます。

妊娠中は、すべての栄養素をバランスよくとることが大切です。なかでも、良質なたんぱく質、ビタミン、鉄、カルシウムなどを十分にとり、低脂肪、減塩を心がけます。また、妊娠期には、肥満から妊娠高血圧症候群、妊娠糖尿病、難産などになりやすいため、塩分を控え、エネルギーや糖分の過剰摂取をさけることも大切です。

単語帳

- **妊娠初期**……0～13週
- **妊娠中期**……14週～27週
- **妊娠後期**……28週～出産

覚えよう! **妊娠期の食事の注意点**

- 妊娠初期のつわりの期間は、食べられるものを**食べたい**ときに食べる
- **貧血**を防ぐため、良質のたんぱく質、鉄、ビタミンを十分にとる
- 便秘ぎみのときは、**食物繊維**の多い食品の摂取を心がける
- **下痢**を防ぐため、冷たいもの、鮮度の落ちたものはさける
- 後期は、消化のよいものを**少量**ずつ、数回に分けて食べる
- 肥満や**妊娠高血圧症候群**を防ぐため、エネルギー、塩分、糖分のとりすぎはさける

たんぱく質、
鉄、ビタミン…

■授乳期の栄養

授乳期は、母乳の分泌を促進するとともに、母体を回復させるための健康管理と栄養補給が必要です。体力が落ちているうえに栄養状態が低下すると母乳の分泌量にも影響するので、十分に配慮しなければなりません。ただし、妊娠中に増加した体重の減量を考慮しながら、必要な栄養素を必要量とるように心がけます。

妊婦・授乳婦の主な食事摂取基準　身体活動レベルⅡの女性の場合

18～29歳		妊娠期			授乳期
		初期	中期	後期	
2,000	エネルギー（kcal）	＋50	＋250	＋450	＋350
50	たんぱく質（g）	0	＋5	＋25	＋20
650	ビタミンA（μgRAE）	0	0	＋80	＋450
1.1	ビタミンB_1（mg）	＋0.2	＋0.2	＋0.2	＋0.2
1.2	ビタミンB_2（mg）	＋0.3	＋0.3	＋0.3	＋0.6
240	葉酸※（μg）	＋240	＋240	＋240	＋100
100	ビタミンC（mg）	＋10	＋10	＋10	＋45
6.5	鉄（mg）	＋2.5	＋9.5	＋9.5	＋2.5

数値はすべて推奨量を表す。

※妊娠を計画している、または妊娠の可能性のある女性並びに妊娠初期の女性は、付加的に400μg/日の摂取が望まれる。

新生児期・乳児期の栄養

出生28日未満を**新生児期**、それ以後で生後1年未満を**乳児期**といいます。この1年で身長は約1.5倍、体重は約3倍と急速に成長する時期であり、その間の栄養の与え方は、乳汁を栄養源とする時期と幼児食へと移行する離乳の時期とで大きく異なります。

■母乳栄養・人工栄養・混合栄養

母乳は、乳児に必要な栄養成分を含んでいるうえ、スキンシップも図れるので、母乳で育てるのがもっともよい方法とされています。とくに、出産後数日間に分泌される初乳には、感染抑制作用をもつ**免疫グロブリン**などが含まれています。

母乳不足などの理由で母乳栄養だけでは栄養が不足する場合、母乳以外の乳汁を用いることになります。母乳の代替品としては、育児用の全粉乳、脱脂粉乳、牛乳などがあります。母乳栄養を断念して、いわゆる育児ミルクで育てることを**人工栄養**といい、母乳栄養と人工栄養とを併用する場合を**混合栄養**といいます。

Attention　初乳・移行乳・成乳

初乳には、免疫グロブリンAやラクトフェリンなどの免疫物質のほか、たんぱく質やナトリウムなども多く含み、**乳糖**は少ないのが特徴である。1週間くらいたつと、移行乳といってたんぱく質や無機質は減少して、**乳糖**が増え、さらに10日目くらいには乳糖や脂肪の含量が多くなる成乳へと変わる。

■**離乳**

離乳は、乳汁による栄養補給から固形の幼児食に移行していく過程をいいます。乳汁だけでは不足する栄養素を補い、食べ物やスプーンなどに慣れさせる目的で、生後**5～6カ月ごろ**から始めます。最初は、アレルギーの心配が小さい米がゆなどを1日1回1さじから与えます。1カ月後には1日2回食に進め、食材の種類を増やしながら3回食へと食事のリズムをつけて、生後**12～18カ月ごろ**に完了します。

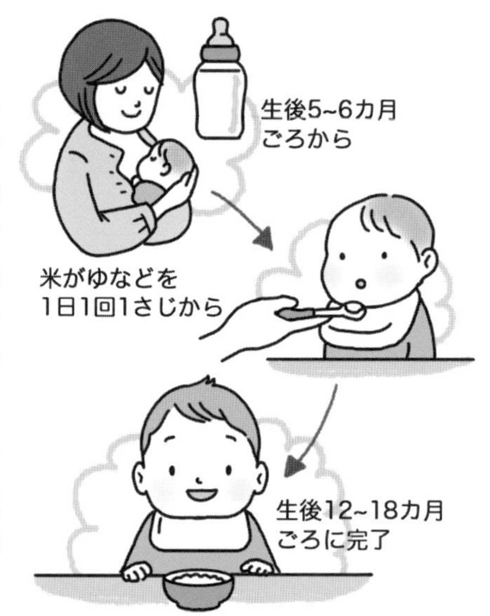

覚えよう！ 離乳の進め方のポイント

- 最初は**米がゆ**、すりつぶしたじゃがいも、緑黄色野菜、果物などに慣れさせ、卵、豆腐、魚、脂身の少ない肉などと食材を増やしていく
- 調理は、裏ごし、すりつぶし、すりおろし、軟らか煮など、**消化のよい状態**から与え、様子を見ながら徐々に硬さを調整していく
- 生後**9カ月ごろ**から鉄が不足ぎみになるので、肉やレバー、赤身魚を取り入れる
- はちみつは、ボツリヌス菌による食中毒の危険から、**満1歳**までは与えない

幼児期の栄養

幼児期は、満1歳から小学校入学までの期間をいいます。乳児期に比べて成長がゆるやかな半面、運動機能、精神面の発達が目覚ましい時期となります。そのため、体重当たりの摂取基準として、水分、エネルギー、たんぱく質、カルシウム、鉄などは成人に比べて**多く**必要です。また、食生活の基礎ができる時期でもあり、適切な味覚を形成すること、偏食をしないこと、規則正しい食生活を身につけることが大切です。

覚えよう！ 幼児食のポイント

- 1日3食の食生活の基本を身につけさせる
- **間食**は、食事だけでは不足する栄養を補うものとして、栄養バランスを考え、塩味や甘味を控える

学童期・思春期の栄養

義務教育の学童期から第2次性徴といわれる思春期までは、食べ物の**嗜好**が確立されていく期間だけに、バランスのよい食事摂取を心がける必要があります。しかし、生活のリズムや食環境の変化によって、欠食、不適切な間食、孤食、個食などが広がっています。また、女子には不適切なダイエットによるやせが増加しており、摂食障害との関連性も指摘されています。

成人期の栄養

成人期は年齢の幅が広く、20歳前後にからだの成長が止まり、加齢とともに生理的にも機能的にも、成熟から徐々に衰えに向かうという変化が見られる時期です。精神的・社会的に自立し、生活環境も変化しやすいなかで、ストレスや運動不足、外食する機会の増加など、生活習慣の乱れによる**生活習慣病**が40歳ごろから多くなってきます。

生活習慣病を予防するためには、食生活を含めた規則正しい生活習慣、適度な運動、節酒、禁煙などを心がけましょう。

高齢期の栄養

高齢期は、内臓などの器官が老化して、身体的機能、生理的機能などが低下していく時期で、加齢にともなってからだが十分に機能しなくなっていきます。味覚や嗅覚も低下して**濃い味付け**を好むようになるほか、歯を失うことによるそしゃく機能の低下、えん下障害、老眼、記憶障害、認知機能の低下など、日常生活を営むうえでの障害が出てきます。

からだの老化現象は個人差が大きいため、その人の状態に合わせたかかわり方や支援が必要となってきます。

Attention 高齢期の栄養の注意点

- 1日に必要な摂取エネルギー量には個人差があるものの、若いころより少なめにして、体重の増減に気をつける
- 体重や食欲が減退するので、たんぱく質は量よりも質を重視する
- カルシウムや鉄が不足しないように、十分にとる
- 薄味を心がけ、高血圧や動脈硬化に気をつける
- 食べやすく飲み込みやすいように、大きさに気をつける
- 消化のよいものを摂取する

Section 11

病態と栄養

重要度 ★★☆

学習ポイント

病気の原因や経過、また、体内での代謝の変化に応じて**適切な食事療法**が必要となります。**病気の本質**を理解し、**栄養素の消化・吸収・代謝・排泄のしくみ**を整理しましょう。

栄養補給の種類

病気の治療効果を上げるには、食事全般を見直す必要があります。医療の場では、栄養状態を改善してよい治療が受けられるように、または病気からの回復が図られるように、栄養経路を見極めた食事療法を行います。その判断基準として、消化管が機能するかどうかがポイントになります。

いろいろな栄養補給法

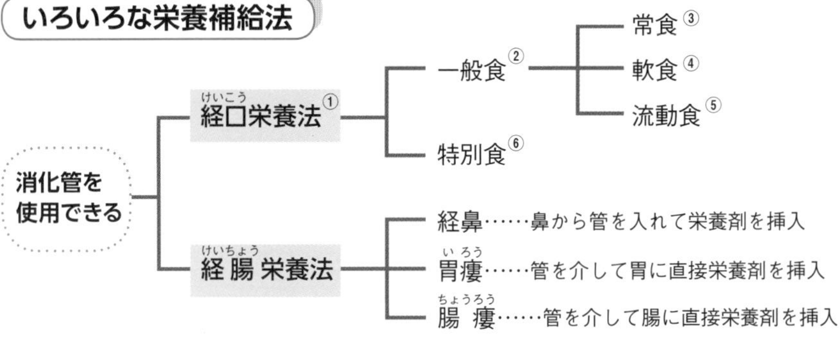

消化管を使用できない
- 末梢静脈栄養法
- 中心静脈栄養法

単語帳

①**経口栄養法**…そしゃく、えん下ができ、食べ物を口からとること。
②**一般食**………とくに栄養素制限がない食事。
③**常食**…………消化器官に問題がなく食欲がある、または回復期などの患者の食事で、ふつう食、固形食ともいう。
④**軟食**…………かゆを主食に、副食も消化のよいものを組み合わせた食事。
⑤**流動食**………刺激物や不消化物を含まない重湯、くず湯、野菜スープなどの液状の食事。
⑥**特別食**………医師の食事箋に基づいた治療食や検査食など。

Attention　かゆの種類

軟食で用いられる主食のかゆは、硬さによっておまじり（一分がゆ）、三分、五分、七分、全がゆに分けられる。

肥満と食事療法

肥満は脂肪組織が過剰に蓄積した状態のことで、その多くは過食による摂取エネルギーの過剰と、運動不足による消費エネルギーの不足が原因です。日本肥満学会では肥満の判定基準を、体重を身長の2乗で割って求める**BMI**を用い、BMI 25以上を肥満としています（→P97）。

なかでも、内臓脂肪が蓄積しているタイプは、糖尿病、脂質異常症、高血圧などさまざまな生活習慣病の要因となり、脳や心臓の血管障害を起こす動脈硬化性疾患の発症を加速します。

肥満治療は、原則として食事療法と運動療法とを並行して行います。

肥満の食事の注意点

- 目標体重から1日の総エネルギー量を決め、とりすぎないように管理する
- たんぱく質、脂質、炭水化物をバランスよくとる
- ビタミン、無機質、食物繊維を十分にとる
- **低カロリー食品**を上手に利用して、満腹感を刺激する

Attention BMIの肥満度レベル

BMI（kg/㎡）	肥満
25≦～＜30	1度
30≦～＜35	2度
35≦～＜40	3度
40≦	4度

Attention 栄養過剰症・栄養欠乏症

どの栄養素もバランスよく、適量を摂取してこそ健康は維持できる。過剰な摂取により炭水化物や脂質が蓄積されると、肥満や脂質異常症の原因になるほか、脂溶性ビタミンの過剰症にも注意が必要である。

一方、栄養素の不足は低栄養や栄養失調などの原因となる。とくに、乳幼児では発育や成長への影響は深刻で、欠乏症として、エネルギー欠乏による**マラスムス**、たんぱく質欠乏による**クワシオルコル**などが挙げられる。また、女性の鉄欠乏性貧血にも注意が必要である。

糖尿病と食事療法

糖尿病は、膵臓から分泌される**インスリン**の量や作用に問題があり、慢性の高血糖状態が引き起こす代謝性疾患です。日本人の糖尿病患者の多くは２型糖尿病で、インスリンの分泌低下とインスリン感受性（抵抗性）の低下とが発症にかかわっています。病状が進行すると、糖尿病性神経障害、糖尿病性網膜症、糖尿病性腎症などの合併症を起こし、QOL（生活の質）の低下につながります。

治療には、「糖尿病食事療法のための食品交換表」を用いた食事療法を中心に、運動療法、薬物療法を組み合わせて、血糖コントロールを行います。

糖尿病の食事の注意点

- １日の**総エネルギー摂取量**を決め、適正に保つ
- 炭水化物、たんぱく質、脂質をバランスよくとる
- ビタミン、無機質、食物繊維を十分にとる
- 食材は計量する

覚えよう！ **糖尿病食事療法のための食品交換表**

食品交換表は、１単位80kcalを基準に１単位で食べられる食品の量を示し、食事のエネルギー量をわかりやすく計算できるように工夫されている。

高血圧症と食事療法

生活習慣病の代表格である高血圧症は、脳血管障害（脳卒中）や虚血性心疾患の重大なリスクとなります。原因としては、**塩分の過剰摂取**、肥満、ストレス、運動不足、喫煙など、食生活を含めた生活習慣が関係するほか、遺伝因子や腎臓病などでも起こります。

血圧の改善には食生活の見直しが重要で、塩分の摂取量を控え、適正な体重の維持などに努めることが大切です。

高血圧症の食事の注意点

- 塩分は１日**6g未満**に制限する
- 適正なエネルギー摂取量を守り、とりすぎない
- 飽和脂肪酸の多い肉類を控え、魚中心の食事を心がける
- カリウム、カルシウムを十分にとる

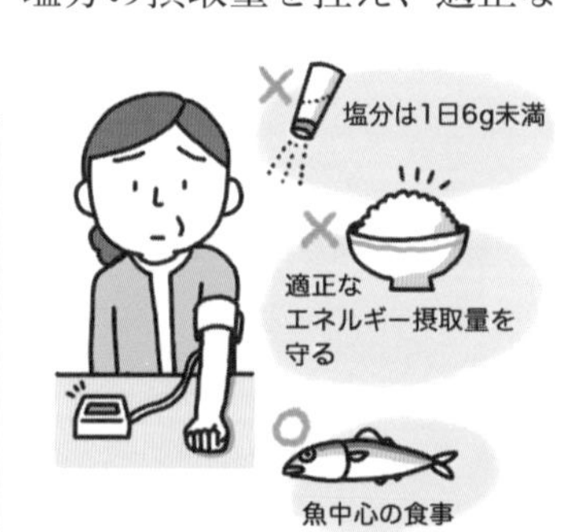

脂質異常症と食事療法

脂質異常症は、血中の**LDLコレステロール**、**中性脂肪**（トリグリセリド）の数値が高い状態や、HDLコレステロール値が低い状態です。コレステロールや中性脂肪の数値が高いほど、動脈硬化症をはじめ、虚血性心疾患といった冠動脈疾患の発症率が高いことがわかっています。

食事では、過食をさけ、適正な体重を維持することが大切です。また、コレステロールを多く含む食品にも注意が必要です。

脂質異常症の食事の注意点

- ●エネルギーの過剰摂取をさけ、バランスのよい食事を規則正しくとる
- ●飽和脂肪酸が多い**動物性脂肪**を控える
- ●コレステロールの多い卵黄、レバー、魚卵を控える
- ●食物繊維、ビタミン、無機質を積極的にとる

動脈硬化症と食事療法

動脈血管の壁が部分的に硬くもろくなっている状態で、虚血性心疾患や狭心症、心筋梗塞を引き起こす原因となります。多くは、**メタボリックシンドローム**をはじめ、肥満、脂質異常症、高血圧、喫煙習慣、ストレスなどの生活習慣が原因と考えられています。

治療には、原因となる肥満や脂質異常症などと同様の点に気をつけ、**禁煙**に努めます。

胃腸病と食事療法

胃腸病と一口にいっても、胃炎、胃潰瘍、便秘、下痢など、いろいろとあります。これらの消化管障害は、長期治療が必要なうえ、再発が多く、規則正しい食生活が必要となります。

いろいろな胃腸病と食事の注意点

急性胃炎	1食ないし1日ほど**絶食**し、流動食、軟食、ふつう食へと徐々に戻す。
慢性胃炎	胃に負担のかからない消化のよいもの、栄養価の高い食事をとる。
胃・十二指腸潰瘍	消化のよいものを中心にして、胃酸分泌を促進する刺激物の多い食事やアルコール、コーヒーなどをさける。
便秘	**食物繊維**の多い食品、果物、牛乳、ヨーグルトなどを積極的にとる。適度な運動も効果的。
下痢	食物繊維の多い食品や刺激物、砂糖など発酵しやすいものをさけ、消化のよいものをとる。脱水しないように、水分補給にも気をつける。

肝臓病と食事療法

肝臓病には、急性・慢性肝炎や肝硬変などがあり、多くはウイルス性によるものです。病態によって食事面の注意も異なりますが、全般に**アルコール**を控える必要があります。

肝臓病の食事の注意点

- アルコールの多飲はさける
- 急性肝炎の場合、症状に応じて軟食から始める。内容は糖質を主体にし、脂質は1日**10～30g**、良質のたんぱく質を十分にとる
- 慢性肝炎・肝硬変の場合、脂質を1日**50g**前後とし、肥満に注意してエネルギーを十分に摂取する

腎臓病と食事療法

腎臓病のなかでも、腎臓が炎症を起こした状態が続く慢性腎炎、たんぱく尿が出て全身がむくむネフローゼ症候群などは、食事に注意しなければなりません。重症化して腎不全を起こすと、透析療法が必要になってきます。**減塩**、**低たんぱく質食**を基本とした食事療法が必要です。

腎臓病の食事の注意点

- 塩分摂取は1日**6g未満**に制限する
- ネフローゼ症候群では適正な**たんぱく質量**を維持する
- むくみがあるときは水分を制限する

痛風と食事療法

痛風は、「高尿酸血症」といって血液中の**尿酸値**が異常に高くなり、関節に針状結晶が沈着して関節痛発作をともなう、**プリン体**の代謝異常疾患です。とくに、足の指のつけ根に激痛が起こります。食生活の欧米化、アルコール摂取量の増加とともに増えており、虚血性心疾患や脳血管障害の危険因子となります。アルコールの摂取を少なくし、肉類や内臓、あじの干物、油漬けいわしなど、プリン体の多い食品の摂取を控えます。

Attention その他の病気と食事の注意点

貧血	多くは赤血球のヘモグロビンが不足する鉄欠乏性貧血。レバーや緑黄色野菜など、鉄の多い食品や良質のたんぱく質を十分にとり、鉄の吸収率を高めるビタミンＣを補うことが大切。
骨粗しょう症	加齢などにより骨密度が低下して骨がもろくなる病気で、**女性**に多い。小魚や牛乳など、カルシウムの多い食品を十分にとり、カルシウムの吸収率を高めるビタミンＤの摂取も大切。

PART 4

食品衛生学

Section 1

食の安全と衛生

重要度 ★★☆

学習ポイント 国民の健康を守るために制定されている、**食の安全に関する法律**について覚えましょう。さらに、その法律を**所管する省庁**や**地方組織の役割**についても、理解しましょう。

食の安全を守る法律

私たちは、食べることによって日常的な活動力を得るとともに、健康を保持・増進し、生命を維持しています。食べ物から摂取する栄養も大切ですが、それが安全なものでなければなりません。食べたものに有害なものが含まれていれば、健康障害を生じるだけでなく、ときに死に至ることもあるからです。食の安全は、絶対条件として守らなければならない課題の一つで、それを扱うのが食品衛生です。

食品衛生は、WHO（世界保健機関）によると「食品の生育、生産、製造から消費されるまでのすべての段階において、食品の**安全性**と**完全性**、**健全性**を保持するために必要なあらゆる手段を意味する」と定められています。わが国では、その基本となる法律が２つあります。食品の清潔と衛生を確保するために制定された**食品衛生法**と、食の安全の確保のために制定された**食品安全基本法**です。

食品安全行政

食品衛生法や食品安全基本法以外にも、食品の安全を守るための法律はいろいろあり、所轄する機関もさまざまです。国としては、主に**厚生労働省**が中心となり、食品衛生に関する**リスク管理**を、**農林水産省**は農林、畜産、水産物に関する**リスク管理**を担当し、また**消費者庁**も食品表示の違反取り締まりを行い、**リスク管理**の役割をになっています。そして、これらと密接に連携して、**リスク評価**をする**食品安全委員会**を設置しているのは内閣府です。

■地方公共団体による食品安全行政

食品安全行政機関の地方組織としては、都道府県や政令指定都市・特別区が挙げられます。厚生労働省の指導のもと、食品衛生を担当するのは衛生主管部であり、その下には食品安全や衛生の部署、**保健所**、地方衛生研究所などが設置されています。

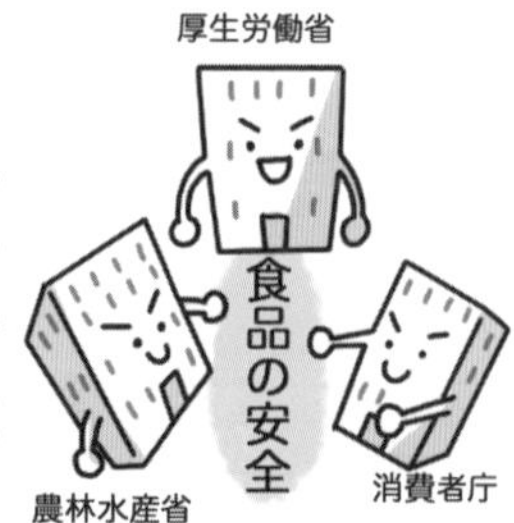

食品安全行政の主な動向

①**遺伝子組換え安全審査、表示の義務化**……遺伝子を組み換えた大豆などの農作物を原料にした食品には、消費者の選択を資するために表示が義務づけられた。

②**アレルゲンを含む食品の表示の義務化**……アレルギーを起こしやすい原材料を含む食品には、表示が義務づけられた。

③**輸入食品に対する監視指導体制の強化**……食の国際化や食料供給などにより増え続ける輸入食品の安全確保のため、残留農薬や食品添加物の使用などについては、食品衛生法に基づいて強化されている。

④**生食用食肉の規格基準の策定**……牛肉の生食が原因の食中毒の発生により、生食用食肉の成分規格、加工・保存基準などを設定。また、生食用の牛肝臓や豚内臓などの販売、提供が禁止されている。

⑤**食中毒対策の強化**……近年、腸管出血性大腸菌などにより、死亡者をともなう広域の食中毒の発生が多く報告され、実質的な衛生管理の監督や指導などの対策が強化されている。

⑥**HACCPに基づいた衛生管理**……ノロウイルスなどによる大規模食中毒が急増したり、異物混入などによる食品事故が発生したりしたことから、食品衛生法が改正されて、HACCPに沿った衛生管理が制度化されている。

食の安全を守るための主な法律と所管庁

法律	所管庁
食品衛生法	厚生労働省・消費者庁
食品安全基本法	内閣府・消費者庁
食品表示法	内閣府・消費者庁
健康増進法	厚生労働省・消費者庁
家畜伝染病予防法	農林水産省
食鳥処理などに関する法律	厚生労働省
と畜場法	厚生労働省
牛海綿状脳症（BSE）対策特別措置法	厚生労働省
日本農林規格等に関する法律	農林水産省・消費者庁
検疫法	厚生労働省
食品循環資源の再生利用等の促進に関する法律（食品リサイクル法）	環境省・農林水産省・厚生労働省・経済産業省・財務省
廃棄物の処理及び清掃に関する法律	環境省
調理師法	厚生労働省

食品衛生法

学習ポイント
食にかかわる仕事をする人にとって、必ず知っていなければならない法律が**食品衛生法**です。**食品や添加物に関すること、食品衛生責任者などの規定**のほかに、**目的**や**言葉の定義**までしっかり理解しましょう。

食品衛生法の目的

食品衛生法は、食品の安全性確保のために公衆衛生の見地から必要な規制その他の措置を講ずることにより、飲食に起因する衛生上の危害の発生を防止し、国民の健康の保護を図ることを目的に、1947（昭和22）年の制定以来、改正を重ねてきました。

食品衛生法の対象は、**医薬品・医薬部外品、再生医療等製品以外**のすべての**飲食物**、**添加物**、**器具**、**容器包装**などです。そのなかには、直接的または間接的に口に触れることで衛生上の危害が発生するおそれのあるものを含むので、乳幼児用おもちゃや食器用洗剤なども対象と見なされます。

食品衛生法での用語の定義

- **食品**………すべての飲食物。ただし、医薬品及び医薬部外品は除く。
- **添加物**……食品の製造過程において、または食品の加工・保存の目的で、食品に添加、混和、浸潤、その他の方法によって使用するもの。
- **天然香料**…動植物から得られたものや混合物で、香りづけの添加物。
- **器具**………飲食器、割烹具のほか、製造や加工、調理などのときに食品や添加物と直接触れる機械、器具など。
- **容器包装**…食品などを入れ、包んでいるもの。
- **営業**………業として食品や添加物を採取、製造、輸入、加工、調理、貯蔵、販売すること、または器具や容器包装を製造、輸入販売すること。
- **営業者**……営業を営む人または法人。
- **登録検査機関**……検査機関として厚生労働大臣の登録を受けた法人。

責務の明確化

食品衛生法の目的を遂行するため、国、都道府県、保健所を設置する市、特別区に加えて、食品、添加物、器具、容器包装などの製造や販売にかかわる事業者に対しても、さまざまな規定を設けて責務を明確に定めている。

食品・添加物の取り扱い原則と販売禁止

販売したり、不特定あるいは多数の人にあげたりする食品や添加物は、**採取**、**製造**、**輸入**、**加工**、**使用**、**調理**、**貯蔵**、**運搬**、**陳列**、及び**授受**のすべての段階で、原則として清潔で衛生的に取り扱わなければなりません。

また、腐敗・変敗しているもの、有毒・有害なもの、安全の確証がない新開発食品、病原微生物に汚染されているもの、不潔・異物混入、病気にかかっている家畜の肉、厚生労働大臣が定めていない添加物など、健康を損なうおそれのある不衛生なものの販売を**禁止**しています。

食品・添加物の規格基準

厚生労働大臣は、公衆衛生の見地から、食品や添加物の製造、加工、使用、調理、保存の方法についての基準、規格を定めています。この基準や規格に合わないものについては、使用や販売を禁じています。

覚えよう！ 食品添加物の規制

■食品添加物の指定

厚生労働大臣が使用してよい添加物のみを指定する、**ポジティブリスト制**を採用している。指定されている添加物以外の添加物は使用が禁じられている（→ P140）。なお、指定を受ける際に、内閣府に設置された**食品安全委員会**によって安全性の評価（**リスク評価**）が行われる。

■食品添加物公定書

内閣総理大臣と**厚生労働大臣**によって、添加物の製造基準、成分規格、保存、検査、表示基準を記載した食品添加物公定書を作成する。添加物を使用する際には、この公定書に従わなければならない。

■食品添加物の表示

食品添加物はすべて、原則的に表示しなければならない。ただし、表示免除規定がある（→ P141）。

食品・添加物の規格基準

食品一般	成分規格、製造・加工及び調理基準、保存基準などを設定。なお、穀類、豆類、果実類、野菜類、種実類、茶、ホップには農薬の残留基準を設定。残留基準の定まっていない農薬が一定量以上残留している場合は、ポジティブリスト制により、その食品の流通を禁止する。
添加物	通則、一般試験法、試薬、試液など、添加物ごとの成分規格、保存基準などを設定。
乳・乳製品	「乳及び乳製品の成分規格等に関する省令」に、牛乳、無脂肪乳、加工乳、乳製品などの定義、加熱処理に関する基準などを設定。

HACCPに沿った食品衛生管理の制度化

HACCP（ハサップ：危害分析重要管理点）に沿った食品衛生管理とは、食品の製造・加工方法や衛生管理方法において、安全性を確保しようとするものです。以前は総合衛生管理製造過程の承認制度を行っていましたが、2020（令和2）年6月、食品衛生法を一部改正してHACCPを制度化しました。

HACCPとは、事業者自らが食中毒菌汚染や異物混入などの食品への危害要因の把握と分析（ハザード・アナリシス／HA）をしたうえで、食品製造の全工程のなかでとくに重要な部分を管理（クリティカル・コントロール・ポイント／CCP）し、食品の安全性を確保するというシステムをいいます（→P147）。

厚生労働省は、この制度化によって原則、小規模事業者も含めて食品の製造・加工・調理・販売等を行うすべての食品事業者を対象に、HACCPの考え方を取り入れることを求めています。そして、わが国の食品事業者の食品衛生管理が、国際標準に対応することを目標としています。

表示及び広告

内閣総理大臣は、**器具**や**容器包装**に関する表示について、必要な基準を定めています。その基準に合う表示がなければ、販売したり、使用したりすることはできません。

食品や添加物に関する表示については、食品衛生法から**食品表示法**に移りましたが、広告に関しては、食品、添加物、器具、容器包装を対象に、虚偽や誇大な広告、表示を禁じています。

検査と監視指導

都道府県知事は、食品、添加物、器具、容器包装に、不衛生なものや健康を損なうおそれのあるもの、規格に合わないものを発見した場合、そのものの検査を命令することができます。

また、内閣総理大臣、厚生労働大臣、都道府県知事、保健所設置市長・特別区長は、必要に応じて営業者に報告を求め、営業施設の臨検、食品、添加物などの検査、無償収去を**食品衛生監視員**に命じることができます。**食品衛生監視員**は、厚生労働大臣、都道府県知事らが定めた食品衛生関連の監視指導計画に基づいて監視指導を行う、国家または地方公務員です。

食品衛生管理者の設置

乳製品、食肉製品、マーガリン、添加物など、とくに衛生上の配慮を必要とするものの製造・加工を行う営業者は、製造・加工を衛生的に管理するために、その施設ごとに専任の**食品衛生管理者**を設置することが義務づけられています。

Attention 食品衛生管理者の資格

①医師、歯科医師、薬剤師、獣医師
②大学、専門学校で医学、歯学、薬学、獣医学、畜産学、水産学、農芸化学の課程を学んで卒業した者
③厚生労働大臣指定の養成施設で所定の課程を修了した者
④中学卒業以上の者で、衛生管理業務に3年以上従事し、厚生労働大臣の指定した講習会の課程を修了した者

食品衛生責任者の設置

多くの都道府県では、食品衛生条例により、飲食店などの営業許可施設には食品衛生管理を行うための**食品衛生責任者**を置くことが定められています。**1営業施設**に**1名**の必置義務があります。この食品衛生責任者には、調理師、栄養士、製菓衛生師の免許保有者、食品衛生管理者などが、その業務につく資格をもっています。

なお、資格を有している者がいない場合、都道府県が実施する講習会を受講すれば、食品衛生責任者となることができます。

Attention 食品衛生推進員制度

食品関係の事業者からの相談に応じて助言、指導、援助を行う者。都道府県らは、食品衛生の向上に熱意と識見を有する者から、食品衛生推進員を委託することができる。

食品衛生指導員制度

食品衛生法の規定にはないが、食品関係営業者の自主的な衛生管理を目的とした、公益社団法人日本食品衛生協会が実施している制度。食品衛生指導員は定期的に会員の営業施設を巡回して、指導や相談などを行っている。

営業に関する規制

都道府県は、飲食店などの公衆衛生に与える影響が著しい一定の営業に対し、業種別に施設の基準を定め、営業を行おうとする者は**都道府県知事**から営業許可を受ける必要があります。改正食品衛生法（2019 ~ 2021 年施行）では、次のような営業許可制度の見直しと営業届出制度が設定されました。

① 営業許可制度が見直され、営業許可が必要な業種を 34 種から 32 業に変更。一部は届出業種に移行し、新たな許可業種が追加された。

② 営業届出制度が導入され、野菜・果物販売などの 5 業種を除き、32 業種以外の業種が営業を行う場合は保健所への届出が義務づけられた。

③ HACCP に沿った衛生管理が制度化されて、営業許可・届出の対象業者は HACCP に沿った衛生管理の実施が義務となった。

食品衛生法の改正

食品衛生法が、次の 7 つのポイントで改正された。
①広域におよぶ食中毒への対策を強化
②すべての事業者に HACCP に沿った衛生管理を制度化
③特定成分等を含む食品の健康被害情報の届出を義務化
④食品用器具・容器包装にポジティブリスト制度を導入
⑤輸出入食品の安全証明の充実
⑥営業届出制度の創設・営業許可制度の見直し
⑦事業者が食品等を自主回収（リコール）する場合は、行政への報告を義務化

食中毒患者の届け出・調査

食品、添加物、器具、容器包装が原因と思われる食中毒が発生した場合、食中毒の患者やその疑いのある患者を診断した**医師**、または死体を検案した医師は、ただちに最寄りの**保健所長**にその旨を届け出なければならないことが規定されています。

届け出を受けた**保健所長**は、食中毒患者が発生しているかを調査し、速やかに都道府県知事らに報告します。報告を受けた都道府県知事らは、食中毒患者が厚生労働省令で定める数以上に発生している、または発生するおそれがあるかなどを調べ、ただちに**厚生労働大臣**に報告しなければならないことが定められています。

Section 3

食品安全基本法

重要度 ★★★

食の安全性を守るために、**国、地方、事業者、消費者や食品安全委員会にどのような責務が課せられているか**、また、**リスク評価とリスク管理の内容**について理解しましょう。

食品安全基本法の目的

食品安全基本法は、食の安全性と国民の健康を守るために2003（平成15）年に制定された法律です。

その目的は、「食品の安全性の確保に関し、基本理念を定め、並びに国、地方公共団体及び食品関連事業者の責務並びに消費者の役割を明らかにするとともに、施策の策定にかかる基本的な方針を定めることにより、食品の安全性の確保に関する施策を総合的に推進すること」としています。所管は、**内閣府**の**食品安全委員会**やその外局の**消費者庁**が担当しています。

覚えよう！ 安全確保のための３つの基本理念

①国民の健康保護を基本的認識とすること

健康の保護を最重要と認識して、食品の安全性確保のために行動する。

②生産から販売までの全行程で適切な措置を講ずること

農林、畜産、水産物の生産から販売までの行程には、食品の安全性に影響を及ぼすさまざまなおそれがあるので、各段階で必要な措置をとる。

③国民の健康への悪影響を未然に防止すること

食品摂取による国民の健康への悪影響を未然に防ぐため、国際的動向や科学的知見に基づいて必要な措置をとる。

安全確保のための４者の責務と役割

- **国の責務**……国は、食品の安全性確保に関する施策を総合的に定めて実施する。
- **地方公共団体の責務**……都道府県、市町村、特別区などの地方公共団体は、食品の安全性確保に関してその区域の自然的条件、経済的条件、社会的条件などに応じた施策を定めて実施する。
- **食品関連事業者の責務**……食品関連事業者は、食品の安全性に関する第一義的責任を認識し、供給までの行程全体を見通しながら、食品の安全確保の責任の認識、必要な措置の実施、正確かつ適切な情報の提供、国などへの協力を行う。
- **消費者の役割**……消費者は、行政と施策についての情報や意見を交換するために、食品の安全性の確保に関する知識と理解を深めるよう努める。

基本方針と施策の実施

食品安全基本法には、食品の安全性の確保に関する施策を定める際の基本方針として、**リスク評価**、**リスク管理**、**リスクコミュニケーション**の3要素が盛り込まれています。

■食品健康影響評価の実施（リスク評価）

食品健康影響評価とは、科学的知見に基づいて健康に対する食品のリスクを評価するものです。このリスク評価は客観的かつ中立・公正に行う必要があり、**内閣府**の**食品安全委員会**が行います。

■食品健康影響評価に基づいた施策の実施（リスク管理）

リスク評価の結果に基づいて、健康への悪影響を未然に防ぎ、影響を最小限にするための施策を決定、実施するのが、リスク管理です。食品安全委員会と連携を密にとりながら、**厚生労働省**、**農林水産省**、**環境省**、**消費者庁**などが担当します。

■情報及び意見の交換の促進（リスクコミュニケーション）

関係省庁だけでなく、消費者や事業者も交えて、相互間の幅広い情報共有や意見交換を行います。

リスク評価・リスク管理・リスクコミュニケーション

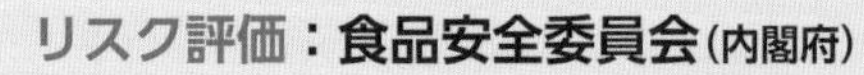

リスク評価：食品安全委員会（内閣府）
●科学的知見に基づき、食品の健康への影響を評価する

リスク管理：
厚生労働省、農林水産省、環境省、消費者庁など
●リスク評価の結果を受け、食品衛生、農林水産物、環境汚染、食品表示などのリスクを管理する

リスクコミュニケーション：
関係機関、消費者、事業者
●関係者相互の情報の共有や意見交換を行う

食品安全委員会

食品安全委員会は、**内閣府**に置かれた機関で、主に食品健康影響評価（**リスク評価**）を担当しています。食品安全委員会を構成する委員は、**内閣総理大臣**から任命された7名の専門家たちで、任期は**3年**です。

Section 4 重要度 ★☆☆

その他の法律

食品や添加物以外にも食に関連しているものはいろいろあり、食の安全を守るために、それぞれに法律を設けています。**食品衛生法や食品安全基本法以外の法律**にも、目を通しておきましょう。

食品に関するその他の法律の種類

食品衛生法や食品安全基本法のほかにも、食に関する法律はいろいろあります。たとえば、外国からの感染症病原体の侵入を防ぐための**検疫法**、家畜の伝染性疾病の発生やまん延を防ぐ**家畜伝染病予防法**などの公衆衛生に属するもののほか、廃棄される食品を再生利用する**食品リサイクル法**などがあります。

食に関するいろいろな法律

検疫法	未確認の感染症の病原体が、船舶や航空機を介して国内に侵入することを防止するための法律。港湾などの検疫所では、食品衛生監視員による審査や検査など、輸入食品の監視指導を実施している。
家畜伝染病予防法	家畜の伝染性疾病の発生予防とまん延防止を目的とする法律。診察した獣医師には、都道府県知事への届け出が義務づけられている。
BSE対策特別措置法	BSEの発生・まん延を防止して、安全な牛肉の供給を目的とする法律。飼料としての牛骨粉は輸入・販売を禁止。なお、国産牛肉については牛肉トレーサビリティ法が施行されている。
食鳥処理などに関する法律	食鳥などに起因する衛生上の危害を防止するための法律。食鳥の処理は、食肉処理業・販売業の許可を受けた者が行う。
と畜場法	と畜場（食用に供する目的で獣畜をと殺・解体する施設）経営と、食用獣畜の処理の適正化について定めた法律。
廃棄物の処理及び清掃に関する法律	廃棄物の排出の抑制、適正な分別・保管・収集・運搬・再生・処分をして、生活環境を清潔に保つための法律。
食品リサイクル法	正式には「食品循環資源の再利用等の促進に関する法律」という。食品廃棄物の発生の抑制、食品再生利用による減量化を目的として、食品関連事業者には具体的な再利用の実施を求めている。

Section 5

食品の腐敗

重要度 ★★☆

微生物などによって、食品が腐ったり、風味が悪くなったりすると、食用に適さない状態になります。**食品の腐敗、変敗、変質、酸敗といった用語の意味**をきちんと整理します。

腐敗、変敗と変質

腐敗とは、一般に、食品が、その含有する**酵素**や付着した**微生物**により分解され、色調の変化や悪臭の発生によって可食性を失うことをいいます。さらに専門的にいえば、食品中の**たんぱく質**や窒素化合物が微生物によって**分解**され、アンモニア、硫化水素、アミン類が生成されて、悪臭やガスなどが発生することです。

一方、**変敗**とは、食品中の炭水化物や脂肪が分解されて風味が悪化し、食品が可食性を失うことをいいます。また、**変質**とは、食品が鮮度を失って乾いたり、色調が悪化したりして食用に適さなくなることをいいます。

なお、食品中の炭水化物が微生物や酵素により分解され、アルコールなどを生成する場合は人の生活にプラスになるので、**発酵**あるいは醸造と呼んでいます。

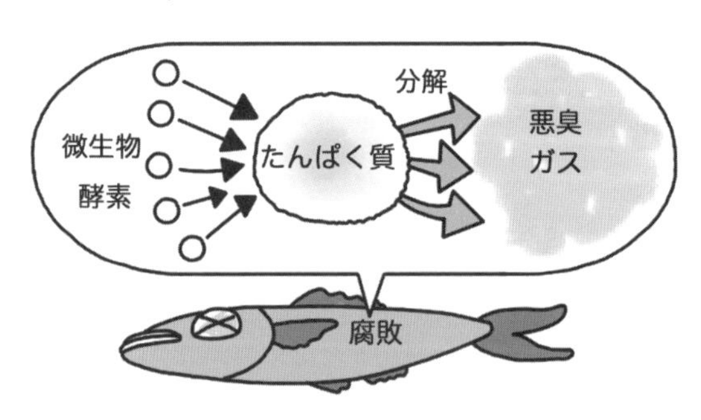

Attention 酸敗

食用油などの油脂が、酸素などによって分解されて、酢酸、アセトン、イソプロパノールなど、不快な刺激物質を生じて品質が低下することをいう。

食品の保存方法

食品の保存は、原則として、腐敗の原因となる微生物の活動を制御することです。とくに、水分が60％以上ある食品は腐りやすいですし、保存の状態、温度などによっても微生物の増殖度合いは左右されます。

腐敗、変敗を防いで食品を保存する方法には、冷蔵・冷凍する低温貯蔵法をはじめ、乾燥法、塩漬け・砂糖漬け・酢漬け、缶詰・びん詰、加圧加熱殺菌法、真空包装、放射線・紫外線照射などがあります（→ P70）。

Section 6

病原微生物

重要度 ★★★

食品の安全性を脅かす微生物の存在は、食品衛生を考えるうえで重要なポイントです。**微生物の種類**や**働き**、**増殖条件**など、基本となる知識を覚えましょう。

微生物の種類

微生物とは、自然界のどこにでもいる、肉眼では見えないほど小さな生物群のことです。微生物には、食用や発酵作用のある有用なもの、食品を腐らせる有害なもの、感染症や食中毒を起こす病原性のものもあります。

病原微生物は、大きさの順に**原虫類**、**真菌類**（**かび**、**酵母**）、**細菌**、**リケッチア**、**ウイルス**に分類することができます。

単語帳
● **微生物**……病原微生物のように、人体に有害な微生物を総称して「衛生微生物」という。

原虫類

単細胞の生物。赤痢アメーバ、マラリア原虫、クリプトスポリジウム、トキソプラズマなど。

真菌類

かびや酵母のこと。かびは菌糸を作って増殖するが、かび毒を産生するものがあり、なかでもアフラトキシンは強い発がん性をもつ。酵母は発芽によって増殖する。どちらも食品の劣化原因となる一方で、酒、調味料、パンなどの製造では発酵微生物として有用。

ウイルス

細菌よりもはるかに小さく、ろ過器も通過するので、ろ過性病原体ともいう。生きた細胞内でしか増殖できない。ノロウイルスなど。

細菌

細胞分裂しながら増殖し、さまざまな病原性微生物になる。外形によって球菌類、桿菌（かんきん）類、らせん菌類などに分類。サルモネラ属菌、腸炎ビブリオ、大腸菌、黄色ブドウ球菌など、食中毒の原因の多くを占める。

リケッチア

リケッチア目に属する細菌で、生きた細胞内のみで増殖する。発しん熱などを起こす病原体。

微生物の増殖条件

微生物が発育、増殖するためには、**栄養素**、**水分**、**温度**の３つの条件が欠かせません。このほか、**水分活性**や、酸性・アルカリ性を表す**pH**、**酸素の有無**なども関係しています。しかも、微生物の種類によって必要な条件は異なり、複雑といえます。

Attention 細菌が好むpH

pHとは水素イオン濃度のことで、pH7.0が中性で、それより数値が小さいと酸性を、数値が大きいとアルカリ性を示す。一般に、細菌は中性から弱アルカリ性を好み 、酸性では菌の増殖が阻害される。酢の利用は微生物の増殖抑制に効果がある。

ココ必修!! 微生物が増殖するための３大条件

栄養素

炭素源（グルコース）、窒素源（アミノ酸）、無機塩類（ナトリウム、カリウム、マグネシウムなど）、ビタミンを必要とする。

水分

水分が多い食品ほど増殖しやすい。食品中の水分活性（→P50）が0.80～0.99のときに細菌や真菌の増殖はもっとも活発になり、0.60以下ではすべての微生物が増殖不能になる。

温度

低温菌、中温菌、高温菌がある。人に健康危害を及ぼすのは中温菌が多く、その至適発育温度は30～40℃。また、低温菌は20～30℃、高温菌は55～60℃の温度で増殖しやすい。

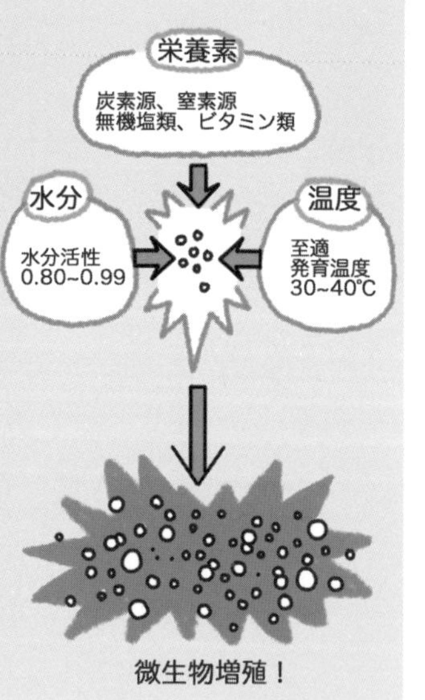

Attention 微生物と酸素

微生物にとって酸素の存在は重要で、微生物の種類によっては、増殖に酸素が必要だったり、不要だったりする。酸素との関連については、次の４種類に分かれる。

①**好気性菌**（こうきせいきん）…………酸素を絶対に必要とする菌 ➡ かび
②**微好気性菌**（びこうきせいきん）………少量（5～15％）の酸素を必要とする菌 ➡ カンピロバクター
③**通性嫌気性菌**（つうせいけんきせいきん）……酸素があってもなくてもよい菌 ➡ 大腸菌など多くの微生物
④**偏性嫌気性菌**（へんせいけんきせいきん）……酸素を必要としない菌 ➡ ボツリヌス菌、ウエルシュ菌

Section 7

重要度 ★★★

食中毒

食中毒は、食品衛生のなかでも最重要項目です。原因となる**微生物や物質別の分類**や、**発生しやすい時期**などの特徴、**最近の発生状況**なども把握しておきましょう。

食中毒の分類

食中毒とは、汚染された食品を食べることで、病原微生物に感染、またはそれが産生する毒素や有害物質などにより、一定の**潜伏期間**を経て嘔吐、腹痛、下痢、神経症状といった**健康障害**を起こすことです。重篤に陥るケースも少なくなく、ときに死に至ることもあります。

食中毒にはいろいろな種類があり、その原因物質によって、細菌性食中毒、ウイルス性食中毒、自然毒食中毒、化学性食中毒、寄生虫食中毒に大別できます。

食中毒の分類

細菌性食中毒	感染型※	サルモネラ属菌、カンピロバクター、腸炎ビブリオ、腸管病原性大腸菌、ウエルシュ菌、エルシニア菌など
	毒素型	ボツリヌス菌、黄色ブドウ球菌、セレウス菌（嘔吐型）
ウイルス性食中毒	ノロウイルスなど	
自然毒食中毒	動物性	フグ毒、シガテラ毒、イシナギ、貝毒など
	植物性	毒きのこ、じゃがいもの芽、青梅など
化学性食中毒	ヒスタミン、ヒ素、水銀、カドミウム、農薬、銅、鉛、亜鉛などの有害化学物質、食品添加物の誤使用	
寄生虫食中毒	アニサキス、クドア、サルコシスティスなど	

※感染型を「感染侵入型」「感染毒素型」に分けることもある（→ P124）。

食中毒として扱われる経口感染症

近年、経口感染症と食中毒との区別が明確でなくなり、感染症のなかで飲食によって起こるものを食中毒と見なすようになった。食品衛生法施行規則の改正により、主に次の感染症のうち、経口感染症は食中毒の病原物質に加えられた。

- **2類感染症**……結核、鳥インフルエンザ（H5N1、H7N9）
- **3類感染症**……コレラ、細菌性赤痢、腸チフス、パラチフスなど
- **4類感染症**……A・E 型肝炎、鳥インフルエンザ（2 類を除く）など

食中毒の発生状況

食中毒が発生した場合、患者を診察した医師は**24時間以内**に保健所へ届け出る義務があり、それを受けた保健所はただちに調査を行い、その結果は都道府県知事を経て厚生労働省に報告されます。これを全国的に集計、分析したものが**食中毒統計**で、食中毒の発生状況を知ることができます。

発生する食中毒の件数は年によって異なり、2022（令和4）年では、年間約**960件程度**で、患者数は**約6,900人**となっています。

■食中毒の発生しやすい時期

食中毒統計によると、食中毒の発生件数は年間を通じて多少の差があり、流動的です。そのなかでも、**夏から秋**に多く発生するのは、カンピロバクター、サルモネラ属菌、ブドウ球菌などの細菌性食中毒です。これは、高温多湿の気候が細菌の増殖に適するためと、**夏の暑さ**によって体力や抵抗力の低下が関係していると考えられます。

また、ウイルス性食中毒は**寒い**季節に多く発生します。毒きのこやふぐなどの自然毒による食中毒は、それぞれの食品の出回る時期が要注意ですが、化学性食中毒の場合、季節による傾向は見られません。

月別病因物質別発生状況（件数）

	総数	1月	2月	3月	4月	5月	6月	7月	8月	9月	10月	11月	12月
総数	962	59	51	80	75	88	128	95	61	72	120	77	56
細菌性	258	12	7	4	16	21	41	31	19	23	42	26	16
ウイルス性	63	18	9	12	5	3	1	3	−	−	2	3	7
自然毒	50	−	2	1	12	4	6	2	1	7	8	5	2
化学性	2	1	−	−	−	−	−	−	−	1	−	−	−
寄生虫	577	28	32	63	42	59	78	57	40	40	66	41	31
その他・不明	12	−	1	−	−	1	2	2	1	1	2	2	−

（厚生労働省：食中毒統計　2022年）

■食中毒の病因物質

2022（令和4）年の食中毒統計を原因物質別で見ると、発生件数でもっとも多いのが寄生虫で、そのほとんどが近年トップを続けている**アニサキス**です。次いで細菌のカンピロバクター、ウイルスのノロウイルスと続きます。また、患者数による順位は、1位がノロウイルス、2位がウエルシュ菌、3位がカンピロバクターとなっています。

主な病因物質別発生状況

種類		発生件数	患者数	死者数
細菌性食中毒		258	3,545	1
	カンピロバクター	185	822	−
	サルモネラ属菌	22	698	−
	ブドウ球菌	15	231	−
	ウエルシュ菌	22	1,467	−
	腸管出血性大腸菌	8	78	1
	その他の病原大腸菌	2	200	−
	セレウス菌	3	48	−
ウイルス性食中毒		63	2,175	−
	ノロウイルス	63	2,175	−
	その他	−	−	−
自然毒食中毒		50	172	4
化学性食中毒		2	148	−
寄生虫食中毒		577	669	−
その他・不明		12	147	−

食中毒の原因食品

	発生件数	患者数
第1位	魚介類	複合調理食品
第2位	複合調理食品※	魚介類
第3位	野菜・加工品	肉類・加工品

※複合調理食品とは、弁当、調理パン、そうざいなど。

食中毒の原因施設

	発生件数	患者数
第1位	飲食店	飲食店
第2位	家庭	仕出屋
第3位	販売店	老人ホーム

（上表すべて厚生労働省：食中毒統計　2022年）

調理師が行う食中毒の対応

①食中毒が発生した場合、調理師は軽い場合でも24時間以内に保健所に届け出て、医師の診察を受ける
②食中毒の原因と思われる食品の残りを保存し、感染者の嘔吐物や便なども捨てずに残しておき、医師の指示に従う
③保健所の食品衛生監視員の調査等に協力する

覚えよう！ 大量調理施設を対象にした検食の保存方法

①検食（食中毒発生時の検査用）は、原材料及び調理済み食品を、食品ごとに50g程度ずつ清潔な容器に入れて密封する
②検食は、−20℃以下で**2週間以上**保存する
③原材料は、洗浄・消毒などを行わず、購入した状態で保存する

Section 8

重要度★★★

細菌性食中毒

学習ポイント

細菌性食中毒には、いろいろな種類があります。代表的なものについては、**原因食品や症状、予防法などの特徴**をしっかり覚えます。さらに、**予防の3大原則**についても整理しておきましょう。

感染型食中毒と主な種類

細菌性の感染型食中毒は、腸管内に入った病原菌が増殖して健康障害を起こすタイプです。感染型は、細菌が増殖して細胞や組織に侵入して発症する「**感染侵入型**」のほかに、細菌が体内で増殖するときに産生した毒素によって発症する「**感染毒素型**」に分類することがあります。ただし、同じ細菌でも、増殖状態によって感染毒素型になるものが多くあるため、どちらに分類するかは明確に決まっていません。

サルモネラ属菌

酸素があってもなくても発育可能な**通性嫌気性菌**で、芽胞は**形成しません**。サルモネラ食中毒の多くは、大量に増殖した菌を摂取して発症します。**ネズミ**による食品汚染が原因となることが多いのですが、最近は**鶏卵**が媒介するサルモネラ・エンテリティディス（SE）菌による食中毒が問題になっています。

少量でも感染し、発熱（高熱）、腹痛、下痢、吐き気、嘔吐などの症状が出ます。しかも、ほかの食中毒に比べて経過が長く、症状は重く、ときに死亡することがあります。原因食品は、鶏卵やその加工品、牛乳・乳製品、肉などです。ただし、熱に弱く、**60℃・20分間**、または**75℃・1分間以上**の加熱で死滅するので、十分な加熱で予防できます。

感染源	家畜やネズミ、ハエ、ゴキブリなどの保菌動物、保菌者など
原因食品	鶏卵、鶏肉、牛肉、牛乳・乳製品など
潜伏期間	6～72時間（**12～24時間**が多い）
症状	発熱（高熱）、下痢（水様便）、腹痛、吐き気など
特徴・予防	●十分に加熱する ●ネズミ、ハエ、ゴキブリなどを駆除する

カンピロバクター

酸素が**5～15%**ないと発育しない**微好気性菌**で、芽胞は**形成しません。**菌量が少なくても感染し、潜伏期間は**2～7日間**と長く、症状は下痢、腹痛、発熱など。1～3日で快方に向かうことが多いのですが、まれに運動神経系障害のギランバレー症候群を発症することがあります。

鶏の保菌率が高く、原因は**鶏肉**の生食や加熱不足、飲料水などです。4℃以下の低温でも死滅せず、予防には十分な加熱が重要です。

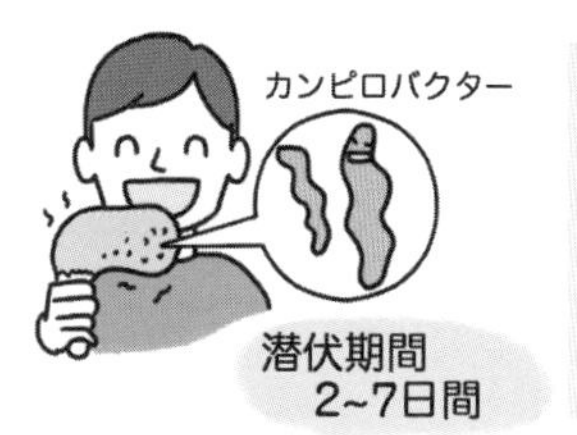

感染源：鶏、牛などの家畜、ペットの犬、猫、野鳥など
原因食品：鶏肉、水、糞便による汚染食品
潜伏期間：2～7日間（**2～4日間**が多い）
症　状：下痢、腹痛、発熱、まれにギランバレー症候群
特徴・予防：●熱、塩、乾燥に**弱い**

腸炎ビブリオ

通性嫌気性菌。海水域に生息し、**3%前後の食塩濃度**の環境で活発に増殖する病原性好塩菌で、**真水**を嫌います。**20℃以上**になると大量に増殖し、しかも増殖速度が極めて速く、ほかの細菌に比べて短時間で発症可能な量に増えるので、早めに食べることが大切です。

原因食品はあじ、いかなどの近海産魚介類で、生食するほか、**調理器具**などからの**2次汚染**も多く見られます。予防には十分な加熱が有効ですが、生食する場合、**真水**でよく洗い、4℃以下の低温で保存し、使用したまな板や容器の洗浄、消毒が必要です。

感染源：近海海水、海底泥土
原因食品：生食用近海産魚介類及び加工品、浅漬け
潜伏期間：8～20時間（**12時間程度**が多い）
症　状：上腹部痛、水様性下痢、嘔吐、発熱、頭痛
特徴・予防：●**真水**による流水洗浄、加熱後の低温保存
●酸に弱い

真水で洗う

腸炎ビブリオ

Attention グラム染色法

細菌の鑑別法の一つで、細菌を特有の色で染めて判別する。濃い**紫色**に染まったら**グラム陽性菌**で、芽胞を形成するものが多い。**薄ピンク色**の場合は**グラム陰性菌**で、芽胞を形成しないものが多い。

- **グラム陽性菌**……ボツリヌス菌、ブドウ球菌、セレウス菌など
- **グラム陰性菌**……大腸菌、サルモネラ属菌、赤痢菌など

病原性大腸菌

大腸菌は本来、人の腸管内に生息する菌なので、大部分は病原性をもっていません。しかし、一部に激しい下痢や胃腸炎、臓器障害などを起こす大腸菌がいます。それが病原性大腸菌で、下痢原性大腸菌とも呼ばれます。

通性嫌気性菌で、家畜、ペット、人、自然環境に多く分布し、**井戸水**や貯水槽の水からも感染します。熱に弱く、**75℃・1分間以上**の加熱で死滅しますが、低温に強く、冷蔵庫内でも死滅しない菌がいます。

なお、病原性大腸菌には、このほかに腸管侵入性（ちょうかんしんにゅうせい）大腸菌、腸管病原性（ちょうかんびょうげんせい）大腸菌、腸管毒素原性（ちょうかんどくそげんせい）大腸菌、腸管出血性（ちょうかんしゅっけつせい）大腸菌などがあります。

感 染 源：鶏、人や動物の腸内、土壌、下水
原因食品：牛肉、水、生野菜、水産食品
潜伏期間：8～30時間（**10～15時間**が多い）
症　　状：種類によって異なるが、一般には頭痛、発熱（高熱）、嘔吐、下痢、腹痛、血便など
特徴・予防：●乳幼児や高齢者では重症化しやすい
●十分な加熱

病原性大腸菌の種類

腸管侵入性大腸菌 (EIEC)	感染侵入型。腹痛、発熱、血便など赤痢菌と似た症状が見られる。潜伏期間は**1～5日間**で、人から人への2次感染を起こす。
腸管病原性大腸菌 (EPEC)	感染侵入型。下痢や腹痛などをともなう急性胃腸炎を起こす。潜伏期間は**12～72時間**で、比較的軽症。乳幼児によく見られる。
腸管毒素原性大腸菌 (ETEC)	体内で毒素を産生する。最近は感染毒素型ではなく、生体内毒素型に分類される。人の腸管内で増殖して**エンテロトキシン**という毒素を産出する。原因食品は給食や仕出し弁当が多く、潜伏期間は**1～3日間**。水様性下痢が特徴で、熱帯や亜熱帯地方でよく見られる「旅行者下痢症」の原因といわれる。
腸管出血性大腸菌 (VTEC)	腸管毒素原性と同様、最近は生体内毒素型に分類される。菌量が**100個程度**でも、感染すると腸管内で増殖した菌が赤痢様毒素である**ベロ毒素**（VT）を産生する。代表的なものが**O157**。原因食品は食肉や井戸水、サラダなど多種ある。潜伏期間は平均**4～8日間**。激しい腹痛と水様性下痢を発症後、1～2日間で出血性下痢を起こす。乳幼児や高齢者が感染すると腎臓障害（溶血性尿毒症症候群：HUS）を起こし、死亡するケースも少なくない。

ウエルシュ菌

感染毒素型ですが、毒素型に分類されることがあります。酸素を嫌う**偏性嫌気性菌**。A～Eの5つのタイプがあり、食中毒の原因となるのは、主に耐熱性が強い**A型**（**100℃・1～6時間**の加熱に耐える）です。そのため、加熱調理後も耐熱性菌が生存している食品を鍋に入れたまま蓋をして常温放置すると、**嫌気性**なので芽胞を形成して増殖しやすくなります。

カレーやシチュー、煮物類、そうめんつゆなど、大量調理をする集団給食施設で多発していることから、「**給食病**」とも呼ばれます。予防には、調理済み食品を**10℃以下**に急速冷却し、低温保存します。

感染源：土壌、下水、人や動物の腸内
原因食品：肉を使用した大量調理食品（カレー、シチュー）、めんつゆ
潜伏期間：8～22時間（**12時間前後**が多い）
症状：下痢、腹痛（A型の場合）
特徴・予防：●耐熱性のA型が多い
●加熱調理後の低温保存

エルシニア菌

もとは人畜共通感染症の原因菌で、芽胞は形成しません。発生すると、大規模化するおそれがあります。潜伏期間は**2～3日間**と長く、症状は発熱、腹痛、下痢、頭痛など。原因食品は、**牛乳**、飲料水のほか、豚が保有していることから加熱不十分な豚肉などがあります。0～4℃の低温でも増殖可能ですが、十分な加熱で予防できます。

感染源：豚などの動物の腸内、ネズミ
原因食品：豚肉、牛乳・乳製品、水
潜伏期間：2～3日間
症状：発熱、腹痛、下痢、頭痛など
特徴・予防：●十分に加熱する

リステリア菌

土壌に存在する環境汚染菌で、エルシニア菌同様、低温に強いが、**35℃**くらいでもっとも増殖する。原因食品は、汚染された野菜のサラダ、牛乳・乳製品、肉類など。加熱に弱い。

毒素型食中毒と主な種類

細菌性の毒素型食中毒は、病原菌が増殖するときに食品中で毒素を産生し、それによって健康障害を起こすタイプです。つまり、食べる前に毒素がすでに作られていることになりますが、体内に入ってから毒素が産生される「生体内毒素型」もあります。いずれにしても、毒素型は潜伏期間が比較的短く、食後短時間のうちに発症します。

黄色ブドウ球菌

ブドウ球菌のなかで食中毒を起こすのは、**黄色ブドウ球菌**だけです。酸素があってもなくても発育する**通性嫌気性菌**で、10％の食塩濃度でも増殖力をもっています。増殖時に産生される毒素は、**エンテロトキシン**と呼ばれます。菌自体は煮沸により死滅しますが、エンテロトキシンは熱に強く、120℃で20分間加熱しても安定しています。5℃の低温、酸やアルカリ（pH 4.0 ～ 10.0）にも強い毒素です。

感染源	人間の手指の化膿巣、乳房炎の牛の乳
原因食品	**握り飯**、弁当類、シュークリーム、乳製品など
潜伏期間	1～6時間（**3時間前後**が多い）
症状	吐き気、激しい嘔吐、下痢、腹痛など
特徴・予防	●発熱はなく、数時間で回復 ●低温で保存 ●手指、顔に傷がある者は調理しない

黄色ブドウ球菌は、人の**鼻腔内**や傷口、化膿巣、皮膚、口腔、手指に存在します。調理従事者の**傷口**や**化膿巣**などから菌が食品に移ることが多く、**弁当**、**握り飯**、すし、調理パン、生菓子などが原因食品になります。

予防には、手指などに傷や化膿巣がある者には調理をさせないなど、調理従事者の衛生管理が重要です。

ボツリヌス菌

土壌や動物の排泄物に由来する菌で、**偏性嫌気性菌**、**芽胞形成菌**です。毒素はA～G型の7種類がありますが、中毒を起こすのは**A・B・E・F型**の4種類です。発生件数の多いA・E型毒素は**80℃・20～30分間**、または**100℃・5分間**の加熱で不活性化します。原因食品として、**飯鮨**（いずし）（魚を使った北海道や東北地方の冬の保存食）によりE型が、**からしれんこん**によりA型が発生しています。ヨーロッパでは、主にソーセージなどの食肉製品によるB型が多く発生しています。

どのタイプも毒性が強く、致命率はA・B型で**70%以上**と高く、E型でも**30%程度**です。神経麻痺症状が特徴で、言語障害、えん下障害、視力障害が起こります。偏性嫌気性菌なので、真空パックなど密閉する貯蔵法では、**120℃・4分間**の加熱などの芽胞菌の殺菌法に配慮する必要があります。

感染源：土壌、水底土、魚類、動物
原因食品：飯鮨、からしれんこん、ハム・ソーセージ、オリーブ缶詰・びん詰品
潜伏期間：2～8日間（**12～36時間**が多い）
症状：頭痛、めまい、吐き気、神経麻痺、呼吸困難
特徴・予防：●毒性が強く、致死率が高い
●熱には弱いので十分に加熱

Attention **乳児ボツリヌス症**

乳児に起こる乳児ボツリヌス症は、ボツリヌス菌の芽胞が体内に入り腸管で増殖して、毒素を産生する。**はちみつ**の摂取で、乳児（生後1年未満児）のみが発症するのが特徴。

セレウス菌

好気性または**通性嫌気性菌**で、芽胞を**形成します**。セレウス菌の毒素には、食品内で毒素を作る**嘔吐型**のほかに、体内で毒素を作る生体内毒素型として**下痢型**があることがわかっています。

嘔吐型の毒素は耐熱性があり、**126℃・90分間**の加熱でも安定するのに対し、下痢型毒素は易熱性で、**56℃・5分間**の加熱で不活性化します。

原因食品：［**嘔吐型**］米飯、スパゲティ、焼きそばなど穀類の加工品
［**下痢型**］肉類、スープ、弁当など
潜伏期間：［**嘔吐型**］30分間～5時間（**1～3時間**が多い）
［**下痢型**］8～16時間（**10～12時間**が多い）
特徴・予防：［**嘔吐型**］熱に**強い**
［**下痢型**］熱に**弱い**

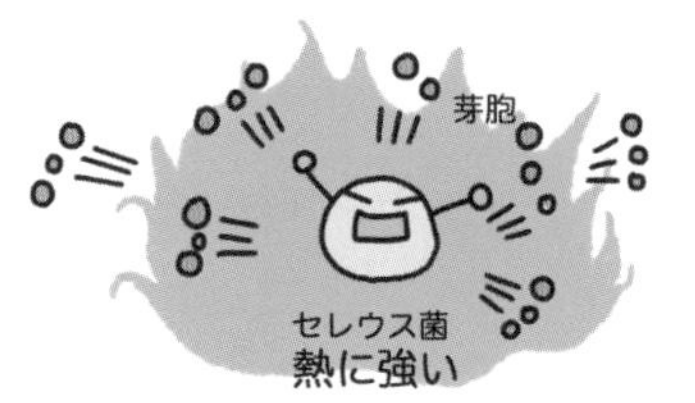

Attention **熱や乾燥に強い芽胞**

毒素型の細菌類が形成する芽胞には耐性があり、熱、乾燥、光線、薬品に強く、100℃の加熱にも耐えるものが多い。滅菌するには、乾熱滅菌法や高圧蒸気滅菌法が有効。

細菌性食中毒の予防３原則

細菌性食中毒を予防するには、「**菌をつけない**」「**菌を増やさない**」「**殺菌する**」の３原則を徹底することです。汚染食品は、腐敗と違って色や香り、味などに変化がないことが多く、気づくことがむずかしいので清潔を保ち、温度を管理し、加熱を実行することが重要です。

予防３原則による対策

菌をつけない――清潔

①新鮮な食材を選ぶ
②食品を取り扱う容器、まな板、包丁、ふきんなどの器具類は熱湯消毒などを行い、衛生的に整理整とんしておく
③下痢の症状や手指に化膿性の傷がある者は調理を行わない
④調理作業に適した清潔な服装、帽子などの着用を義務づける
⑤ネズミや害虫の駆除に努め、調理施設は食品の汚染が起こらない構造にする
⑥廃棄物容器、便所、手洗い設備を完備し、用水は飲料水を用いる

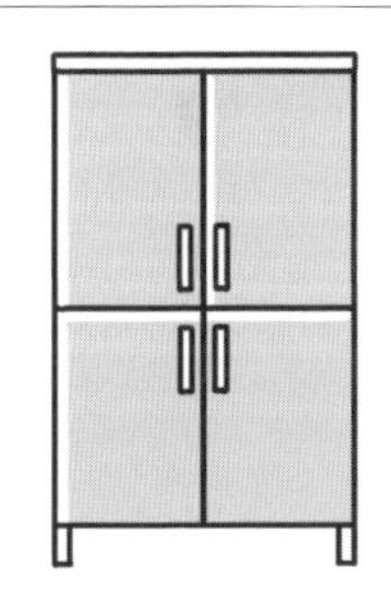

菌を増やさない――迅速な温度管理

①調理済みの食品はできるだけ早く食べて、残ったものは速やかに冷蔵庫で保管するか、処分する
② 4℃以下の低温で貯蔵すると、ほとんどの細菌の増殖を防げるので、とくに生鮮食品、生食する食品は、調理直前まで冷蔵庫に保管しておく
③細菌のなかには耐熱性のものがあるので、長時間室温で放置せず、10℃以下に急冷して保管するか、65℃以上で保温するのが望ましい

殺菌する――加熱

① 一部の細菌を除けば、多くは熱に弱いので、食べる直前に十分に加熱する
②冷蔵、冷凍した調理済み食品で再加熱が必要な場合、中心温度が 75℃以上になるようにしっかりと火を通す

Attention 調理従事者の注意点

調理従事者のうち、サルモネラ属菌などの保菌者や、手指に化膿した傷などのある者は調理業務を行ってはならない。また、体調不良や下痢のときは、医師の診断を受けて完全に治す必要がある。

Section 9

ウイルス性食中毒

重要度 ★★☆

ウイルス性食中毒のほとんどが**ノロウイルス**によるものです。最近は、ノロウイルスによる食中毒の発生件数も患者数も多いので、その**特徴**や**感染源**、**原因食品**、**症状**、**予防法**などを覚えましょう。

ウイルス性食中毒の種類

ウイルスによる食中毒は、そのほとんどがノロウイルスによるものです。ノロウイルスは、感染者との接触、飲料水やかきをはじめとする二枚貝などの経口、感染者の排泄物からの飛沫により感染します。そのほかには、A型肝炎ウイルスによるものなどがあります。

ノロウイルス

本来は、冬季が旬であるかきなどの二枚貝が原因となる食中毒です。ウイルスは、食品中では増殖しません。これは、ウイルスが**生きた細胞内**でしか増殖しないからで、人のからだに侵入、増殖して食中毒を発症するのです。感染力はひじょうに強く、**10～100個**の少量でも発症します。さらに、**人から人**への2次感染もあり、ウイルス感染者、汚染食品や器具からも感染します。

感染源・原因食品：かき、はまぐりなどの二枚貝の生食、加熱が不十分なもの、感染者の糞便・嘔吐物、感染者により汚染された食品・器具、水
潜伏期間：通常**24～48時間**
症　　状：吐き気、嘔吐、下痢、腹痛など
特徴・予防：●食材の加熱、塩素消毒、手洗いなどの衛生管理に努める

最近は、学校給食施設や老人施設などの集団給食施設で大規模のノロウイルス食中毒が多発しています。予防には**生食**をさけ、十分に加熱する必要があります。**85～90℃・90秒間以上**の加熱でウイルスは不活性化します。**塩素**消毒も有効です。手洗いの習慣、給水施設の衛生管理、調理器具などによる2次感染の予防、嘔吐物・排泄物の衛生的処理も大切です。

Section
10 自然毒食中毒

重要度
★☆☆

自然毒食中毒は身近で発生することが多く、重篤な状態になるものが少なくありません。**食中毒の原因となる食品**と**有毒成分**、**症状**などについても学びましょう。

自然毒食中毒の分類

自然毒は、動物や植物自体にとっては無毒な成分が、人の体内に入ると有毒になります。自然毒は大きく分けると、動物性自然毒と植物性自然毒とに分けられます。

動物性自然毒

動物性自然毒は、主に**魚介類**が有する毒です。毒化の原因は、食物連鎖（有毒プランクトンなどの捕食）により有毒成分が蓄積することもあれば、魚介類自身が体内で毒の成分を生成、蓄積する場合もあります。前者の毒の代表格が**フグ毒**、**シガテラ毒**、**貝毒**で、後者には**イシナギ**があります。

主な動物性自然毒

種類		原因食品	有毒成分	特徴・症状
フグ毒		ふぐ	**テトロドトキシン**	神経毒で、主に卵巣、精巣、肝臓に多く含まれる。致命率が高いので、フグ調理師制度の条例が定められている。
シガテラ毒		おにかます、ばらふえだい	**シガトキシン**、スカリトキシン、マイトトキシン	症状は口唇や手足のしびれ、下痢、腹痛に加え、**ドライアイス・センセーション**という温度感覚の異常が特徴。
イシナギ		いしなぎ	多量の**ビタミンA**	頭痛、嘔吐、発熱のほかに、全身の皮膚がむける。**肝臓**の摂取が原因なので、1960（昭和35）年から食用禁止。
貝毒	麻痺性貝毒	むらさきいがい、あさり、まがき	サキシトキシン、ゴニオトキシン	食後30分間～3時間で口唇や手足のしびれ、神経麻痺が起こり、死亡することもある。
	下痢性貝毒	帆立貝、むらさきいがい、あさり	オカダ酸、ディノフィシストキシン	脂溶性貝毒ともいう。下痢、腹痛、嘔吐が主な症状で、発熱はない。重症でも3日間ほどで回復。
	バイガイ毒	ばいがい	スルガトキシン、ネオスルガトキシン	口渇、視力減退、瞳孔拡大、言語障害などの症状が、食後数時間以内に起こる。
	アサリ毒	あさり、かき、はまぐり	ベネルピン	食後**24～28時間**で倦怠感、腹痛、嘔吐、皮下出血斑が現れ、その後黄疸が見られる。かつて多数の死者が出た。

Attention 貝の監視体制

貝の中腸腺に含まれる貝毒は加熱しても無毒化しないので、監視体制が強化されている。とくに、毒力が規定値以上の貝の食用を禁止し、中腸腺を除去したもののみの販売が許可される。

植物性自然毒

代表格の**毒きのこ**のほか、じゃがいも、青梅などがあります。有毒成分は、主に**青酸（シアン）配糖体**や**アルカロイド類**です。きのこなどは食用かどうかの判別がむずかしく、食中毒のほとんどが誤食や知識不足によって発生しているので、疑わしいものは食べないことが大切です。

主な植物性自然毒

原因物質	有毒成分	特徴・症状
毒きのこ（ツキヨタケ、クサウラベニタケ、カキシメジなど）	ムスカリン、アマニタトキシン	**コレラ様**症状で致命率が高い「原形質毒性型」、嘔吐、腹痛、下痢などが中心の「消化器障害型」、幻覚、興奮、神経障害を起こす「神経障害型」などに分類。
じゃがいも	**ソラニン**	発芽時の芽や緑色部分に含まれるので、芽の部分はしっかりと取り除き、厚めに皮をむく。
青梅	**アミグダリン**	主に種子に含まれる青酸配糖体。未熟なものに含まれ、成熟するにつれて減少する。
毒ぜり	シクトキシン	アルカロイド系。食用のせりと類似しているが、毒ぜりは地下茎にたけのこ状の節がある。
五色豆	リナマリン	青酸配糖体で、ビルマ豆ともいう。中枢神経の麻痺が起こり、死亡する場合もある。
チョウセンアサガオ	ヒヨスチアミン、スコポラミン	アルカロイド系。種子をごまと、つぼみをオクラと、根茎をごぼうと間違えることが多い。
トリカブト	アコニチン	アルカロイド系。山菜のにりんそうと間違えて誤食する。
ぎんなん	メチルピリドキシン	イチョウの実で、肉質部は悪臭があり、触れると皮膚炎を起こすことがある。

Attention かび毒による中毒

青かびが付着した黄変米には、かびから**マイコトキシン**という毒が産生されているので、中毒を起こす。また、ピーナツなどのかび毒は**アフラトキシン**といって、強い発がん性がある。

Section 11
化学性食中毒

重要度 ★★☆

学習ポイント 化学性食中毒の発生は多くはありませんが、発生すると深刻な状態を引き起こします。**化学性食中毒の種類や有害となる物質**を把握しましょう。また、**公害病として認知されている食中毒**も知っておきましょう。

化学性食中毒の種類

化学性食中毒は、化学性の有害物質に汚染されたものによるほか、有害物質自体を誤って口に入れることによっても発生します。急性、慢性の中毒があり、慢性の場合は少量を長期間摂取することで起こり、公害病も含まれます。

原因となる有害化学物質には、ヒスタミンや添加物などがあります。

ヒスタミン中毒

化学性食中毒のほとんどは、食品中の**アミン類**の**ヒスタミン**によるものです。まぐろ、かつお、さば、あじ、いわしなどの赤身魚が腐敗すると、魚肉に多く含まれるヒスチジンがヒスタミンに変化して、それを摂取することで起こります。**食後１時間以内**に、顔面などの紅潮、じんましん、頭痛など、アレルギーによく似た症状が出ることから**アレルギー様食中毒**といわれます。

予防としては、生の魚は当然ながら、干物などの加工品も常温で放置せず、低温保存することが大切です。発症した場合、抗ヒスタミン薬の投与が効果的です。

Attention 食物アレルギー

食品に含まれる特定の原因物質（**アレルゲン**）によって起こるアレルギー疾患。アレルゲンとなるのは**たんぱく質**で、それ以外の成分では基本的にアレルギーは起きない。短時間のうちに重篤な症状を生じる**アナフィラキシーショック**を起こすと死に至ることもある。現在、アレルギー物質として特定原材料には表示義務がある（→P72）。

中毒を起こすその他の化学性物質

一般的な有害化学物質

一般に農薬や殺虫剤、殺そ剤などに使われる化学物質は、一部を除いて人畜無害とされているが、効力の強い毒物、劇薬に指定されるもの、使用が禁止されているものを故意に使ったり、誤って摂取したりする場合などに起こる。

メタノール（メチルアルコール）	アルコールの一種で、一般的に使われるエタノールと区別しにくい。
塩化第二水銀	「昇こう」とも呼ばれる。毒物として使用禁止。
有機リン剤	パラチオンなどの農薬の一部は、製造・使用が禁止されている。
有機塩素剤	DDTなどの農薬は、残留性と生体濃縮性が高く、製造・使用が禁止。

食品添加物による食中毒

着色料や甘味料、保存料などの食品添加物の使用には規制があるが、使用限度量を超えていたり、未承認のものを使ったりしている食品によって起こる。

エチレングリコール	吐き気、多尿、呼吸困難など。
ズルチン	1968年に食品添加物の指定が取り消された。
オーラミン	塩基性黄色色素で、たくあんなどに使用されたが、禁止になった。

金属類などによる食中毒

調理用器具、包装容器などから有害、有毒な物質が溶け出したり、化学変化を起こしたりすることによる。

鉛	陶器などのうわ薬や容器に使用。酸性の食品で溶け出すことがある。
亜鉛	バケツ、ひしゃくなどに使用。酸性の食品で溶け出すことがある。
すず	すずメッキの飲料缶に使用。開けて放置すると溶け出すことがある。
ホルムアルデヒド（ホルマリン）	合成樹脂製食器などの原料に使用されているが、加熱不十分など製造工程の不備により溶け出すことがある。

食中毒と見られる公害病

- **森永ヒ素ミルク事件**……調製粉乳の製造過程で乳化安定剤として使用した、第二リン酸ソーダに含まれていたヒ素による。
- **カネミ油症（ライスオイル）事件**……米ぬか油の製造過程で熱媒体として使用した、ポリ塩化ビフェニル（PCB）が製品に混入。
- **イタイイタイ病（慢性カドミウム中毒事件）**……鉱山の排水の中に混入したカドミウムによる。
- **水俣病**……化学工場の廃液に混入したメチル水銀（有機水銀）による。

Section
12 寄生虫食中毒

重要度 ★★☆

魚介類や肉類、野菜などの食品から人に感染する**寄生虫**は、多種多様です。代表的なものについて、**宿主となる食品**と関連づけて覚えます。また、**予防法**なども把握しておきましょう。

食品に寄生する寄生虫

寄生虫は、人や動物に感染して寄生先（宿主（しゅくしゅ））の栄養をとって生息する生物です。寄生虫は、魚介類を宿主にするもの、肉類を宿主にするもの、野菜類などを宿主にするもの、に大きく分類されます。いずれの場合も、予防には十分な**洗浄**、**加熱**を心がけ、**生食**をさけることのほか、生の食材を扱った**調理器具の消毒**や**手指の洗浄**も大切です。

寄生虫による健康障害は、衛生状態の改善で激減しましたが、最近は、グルメブームで魚介類や食肉の生食、海外渡航、輸入食材、有機野菜、ペットなどにより増加傾向にあります。そこで、2013（平成25）年から厚生労働省が作成する食中毒統計に寄生虫感染を加えて、情報管理や予防にあたっています。

単語帳

● **宿主**……寄生虫が寄生する相手のこと。成長中に寄生先を変えるものがあり、途中を「中間宿主」、最終寄生先を「終宿主」という。

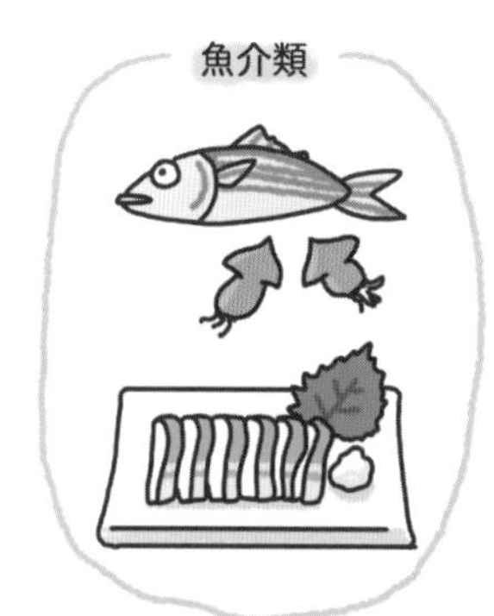

魚介類から感染する寄生虫

海、川などの淡水にいる魚類などを生で食べることで、付着していた寄生虫に感染します。主な寄生虫は、以下のように分けられます。

- **海産魚類**………アニサキス、クドア、旋尾線虫（せんびせんちゅう）など
- **淡水産魚類**……日本海裂頭条虫（にほんかいれっとうじょうちゅう）、肝吸虫（かんきゅうちゅう）、顎口虫（がっこうちゅう）など
- **その他**…………ウェステルマン肺吸虫

アニサキス

あじ、**さば**、するめいか、かつおなどを中間宿主にするアニサキスは、人が終宿主ではないので、幼虫のままで**胃壁**に寄生します。主な症状は、胃アニサキス症と呼ばれる上腹部痛や嘔吐など。幼虫は**60℃・1分間**の加熱か、**－20℃・24時間**の冷凍で死滅します。

近年、アニサキス食中毒が急増しており、食中毒統計によると2018（平成30）年より発生件数の第1位になっています。

クドア（クドア・セプテンプンクタータ）

近年、**ひらめ**の刺し身からの感染が発見された寄生虫で、目視できないほど微小な寄生虫です。人の**消化管**に入り込みますが、数時間しか生存できないので、下痢や嘔吐を起こすものの、軽症で**24時間以内**に完治します。**－20℃・4時間**以上の冷凍か、**75℃・5分間**以上の加熱で死滅します。

魚介類から感染するその他の寄生虫

種類	食品（宿主）	寄生部位	特徴・症状
旋尾線虫（スピルリナ）	ほたるいか	小腸、皮下組織	皮膚の下をはい回る幼虫移行症。生食をさけ、十分に加熱する。
日本海裂頭条虫（広節裂頭条虫）	さくらます、さけ、ます	小腸	サナダ虫ともいう。症状は軽度の消化器障害や貧血。加熱と冷凍で防げる。
肝吸虫（肝ジストマ）	ふな、こい、はやなどの淡水魚	胆管、胆のう	主な症状は肝障害。十分な加熱で防げる。
横川吸虫	あゆ、うぐいなどの淡水魚	小腸	下痢などの消化器障害を起こす。十分な加熱で防げる。
顎口虫	どじょう、こい	皮下組織	幼虫移行症が特徴的。とくに、どじょうの踊り食い（生食）には要注意。
ウェステルマン肺吸虫	もくずがに、さわがに	肺	咳、血痰、肺結核様症状。調理時のまな板から感染。加熱で防げる。

肉類から感染する寄生虫

主に、牛や豚などの食肉を生で食べることで、付着していた寄生虫に感染します。最近は、馬刺しによる**サルコシスティス**（**サルコシスティス・フェアリー**）による食中毒が発生しています。

肉類から感染する寄生虫

種類	食品（宿主）	寄生部位	特徴・症状
無鉤条虫（むこうじょうちゅう）	牛肉	小腸	腹痛、下痢、貧血を起こす。生食をさけ、加熱調理で予防する。
有鉤条虫	豚肉、イノシシ肉	小腸	消化器障害、体内で産卵されることもあり、脳に移行することもある。生食、生焼けの肉は食べないこと。
旋毛虫（トリヒナ）	豚肉	成虫は小腸 幼虫は筋肉	発熱、筋肉痛などを起こす。
トキソプラズマ	豚肉（終宿主はネコ）	脳、リンパ節	発熱、リンパ節炎などを起こす。妊婦が初感染すると、早産、死産、先天性トキソプラズマ児など、胎児に影響するので要注意。
サルコシスティス	馬刺し（ウマ）	腸管	一過性の下痢、嘔吐、腹痛だが軽症。－20℃・48時間の冷凍が有効。

野菜類・その他から感染する寄生虫

野菜類に付着する寄生虫の多くは、虫卵を産みつけている場合があり、体内でふ化して発症します。健康志向から有機野菜の人気が高いのですが、しっかりと洗浄、加熱することが大切です。

野菜類、その他から感染する寄生虫

寄生虫	食品（宿主）	寄生部位	特徴・症状
回虫	野菜類	小腸	付着した虫卵により感染し、小腸でふ化する。低温、乾燥に強いが、熱に弱いので、70℃で加熱する。
ぎょう虫	野菜類	結腸	夜間に成虫が人の肛門で産卵するため、肛門付近のかゆみが特徴。小児の集団感染。
ズビニ鉤虫	野菜類	小腸	回虫と同様、虫卵が小腸でふ化する。貧血、倦怠感のほか、紙や土を食べたくなる異味症が特徴。
赤痢アメーバ	野菜類、飲料水	大腸、肝臓	原虫。赤痢様粘血便が特徴。加熱や煮沸、ネズミなどの駆除、下水道の整備などで防ぐ。
エキノコックス	汚染食品、飲料水	肝臓、骨	汚染は感染動物（キタキツネ）の糞便。主な症状は肝障害。
クリプトスポリジウム	汚染食品、飲料水	小腸	原虫。家畜や患者の糞便による汚染水が原因で集団下痢が発生。

Section 13

食品の汚染物質

重要度 ★☆☆

食品のなかには、目に見えなくてもいろいろなものが付着しています。からだに害のあるものに汚染されているものもあります。とくに、**残留農薬**、**有機化学物質**、**放射性物質**などについて知っておきましょう。

食品汚染物質の種類

食品を介して体内に入り、健康に危害を及ぼす食品汚染物質は、感染症や食中毒の原因となる病原微生物や化学物質のほかにもいろいろあります。とくに気をつけたいのは、農産物の残留農薬をはじめ、メチル水銀、PCBなどの有機化学物質、放射性物質などです。

残留農薬

食品衛生法では、食品中の農薬の残留基準を定め、**ポジティブリスト制度**により、残留農薬が規定量を超えた食品の販売を禁止しています。また、無登録農薬についても、一律基準（**0.01ppm**）以上を含む食品の流通を原則禁止しています。

また、貯蔵や輸送中の保存のために収穫後に使用する、ポストハーベスト農薬の残留については、輸入農産物の残留量が検査されています。

Attention 放射性物質の規格基準

放射性物質については、放射性セシウムの規格基準を4種類の食品に定めている。

飲料水	10ベクレル/kg
牛乳	50ベクレル/kg
一般食品	100ベクレル/kg
乳児用食品	50ベクレル/kg

食品異物

異物には、虫、昆虫の破片、毛髪などの動物性異物、種子や紙片などの植物性異物、土、ガラス、金属片などの鉱物性異物があります。食品への異物混入は、製造工程中だけでなく、梱包や保管の際にも起こります。食品異物もまた、食品衛生法により規制の対象となります。

異物混入の予防

①原材料のチェック、ふるい分け、ろ過、水洗いなど
②調理中の帽子、マスク、手袋などの着用
③調理施設、保管設備、汚物処理設備、排水設備などの清掃
④使用後の器具、機械などの洗浄と保守、調理場の定期的な消毒
⑤容器、器具などの目視による確認

Section 14

食品添加物

重要度 ★★★

食品の品質を安定させる**食品添加物**には**いろいろな種類**があり、規制に従って正しく使用しなければなりません。**使用が認められている食品添加物**について、きちんと整理して覚えましょう。

食品添加物の種類

食品添加物は、食品の加工や保存などの目的で用いる甘味料や着色料などです。法的分類として、化学的に合成された**指定**添加物、天然由来の**既存**添加物、天然の植物などから抽出した**天然香料**、**一般飲食物**添加物に分類されています。

食品添加物は、有効性や安全性が確認できたもののみ使用できるため、さまざまな規制が設けられています（→P111）。それ以外のものは天然・合成の区別なく、製造、輸入、販売、使用などが禁止されています。

食品添加物の分類

指定添加物	475 品目	厚生労働大臣が指定した化学的合成の添加物。 アスパルテーム、サッカリン、ソルビン酸など。
既存添加物	357 品目	長年使用されており、厚生労働大臣が認め、名簿に記載されている天然添加物。 ステビア、コチニール色素など。
天然香料	約 600 品目	動植物から得た、食品の着香の目的で使用される天然添加物。 バニラ、レモンなど。
一般飲食物添加物	約 100 品目	一般に食品として供されているもので、添加物として使用される天然添加物。 果実飲料、青じそなど。

Attention 食品添加物の ADI と使用基準

食品添加物の安全性の評価として、動物実験による毒性試験が行われている。その結果、摂取しても有害な影響が見られない最大量である無毒性量から ADI（許容 1 日摂取量）を算出して、それを下回るように使用基準が決められる。

ADI とは、人がその物質を毎日、一生食べ続けても健康に影響のない 1 日の摂取量のこと。無毒性量に安全係数 1/100 を掛けて求め、数値は 1 日当たりの体重 1kg に対する量（mg/kg 体重 / 日）で表示される。

主な食品添加物の種類と用途

種類	用途	物質名
甘味料	食品に甘みを与える	**サッカリン**、**サッカリンナトリウム**、**アスパルテーム**、アセスルファムカリウム
着色料	食品に色をつける	クチナシ黄色色素、食用黄色４号
保存料	細菌の増殖を抑制し、腐敗を遅らせる	**ソルビン酸**、**デヒドロ酢酸ナトリウム**、**パラオキシ安息香酸**
酸化防止剤	油脂の酸化を防ぐ	エリソルビン酸ナトリウム、**ジブチルヒドロキシトルエン**
増粘剤、安定剤、ゲル化剤、糊料	食品の粘性や食感をよくするなど、品質の安定、向上	**アルギン酸ナトリウム**、ペクチン
発色剤	食品の色調をよくする	**亜硝酸ナトリウム**、硝酸ナトリウム
漂白剤	食品の色調を脱色、漂白する	**亜硫酸ナトリウム**、次亜硫酸ナトリウム
防ばい剤（防かび剤）	かんきつ類とバナナのかびを防ぐ	**イマザリル**、OPP（**オルトフェニルフェノール**）、DP（**ジフェニル**）
乳化剤	油と水を均一に混ぜる	グリセリン脂肪酸エステル
膨張剤	ケーキなどにふくらみを与える	**炭酸水素ナトリウム**、焼きミョウバン
調味料	食品にうま味を与える	L-グルタミン酸ナトリウム
酸味料	食品に酸味を与える	クエン酸、乳酸
着香料	食品に香りをつける	**バニリン**、アセト酢酸エチル
殺菌剤	食品に付着した細菌を殺滅する	次亜塩素酸ナトリウム
強化剤	食品の栄養素を強化する	**L-アスコルビン酸類**、β-カロテン
被膜剤	水分蒸発を防いで新鮮さを保持	オレイン酸ナトリウム

覚えよう！ 食品添加物の表示免除

基本的に、使用した添加物はすべて表示しなければならない。ただし、加工助剤や、最終食品では微量で効果がないキャリーオーバー、栄養強化の目的などで使用するものは表示が免除される。

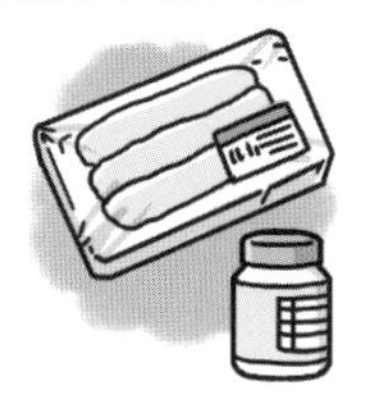

Section 15

食品の簡易鑑別法と管理

重要度 ★☆☆

学習ポイント

新鮮な食品を新鮮なうちに食べるには、品質を見分ける目が必要です。**五感を使って簡単に鑑別する方法**のポイントを覚えましょう。また、**食材の保管管理法**についても理解しましょう。

食品の簡易鑑別のしかた

食品の鮮度を鑑別するには、科学的検査が有効ですが、見た目などの五感を使って判断する簡易鑑別法は現場で役立ちます。ただし、五感に頼るだけでなく、経験と訓練を積んだ目利き力を併せもたないと、鮮度を正確に判定することはできません。

覚えよう！ 主な食品簡易鑑別法

鮮魚類	魚体が硬直中、**うろこ**がしっかり皮についている、みずみずしい光沢があるなどが鮮度良好。眼球に張りがあり**混濁がない**ものはいいが、冷凍の魚にはあてはまらない。えらは、鮮度が落ちると色調も変化する。
貝類	たたき合わせたときに、**澄んだ音**がするものは新鮮。
魚肉練り製品	表面に**ねと**がなく、焼き物の穴部分にかびが生じていないもの。
肉類	牛肉は**鮮紅色**に近く、脂肪は白っぽくつやがあるもの。 豚肉は**淡紅色**でつやがあり、よく引き締まったもの。 鶏肉は皮の毛穴がブツブツと盛り上がっていて、重みのあるもの。
卵	殻の表面が**ザラザラ**している、電光に透かすと**明るく透けて**見える、割ったときに、卵黄と卵白が盛り上がるものがよい。
牛乳	直火で加熱したときに**固まる**ものは、発酵して酸度が高くなっているので状態はよくない。
バター	香味がよく、酸味、変敗臭がない、色調や光沢が均等で斑点や波紋がないものがよく、溶かすと少し濁って見えるものは古い。
野菜類	つやがあり、**みずみずしい**ものが新鮮。
みそ	水によく溶け、煮たときに長く濁っている、豆やこうじを指先でつぶすと、たやすくつぶれるものは良品。
しょうゆ	黒褐色で、透かして見ると紅色をしていて、澄んだつやがあるものは良品。 煮ると濁りが出るものは発酵が悪い。
缶詰	缶の上下両面が平らなもの、傷や変形がないものがよい。缶が**ふくらんでいる**ものは、腐敗してガスが出ているので食べない。

Attention 鮮度判定の方法

揮発性塩基窒素量……アンモニア態窒素と揮発性アミンを合わせた値で、主に魚肉の鮮度を示す。腐敗が進行すると数値は増加する。

K値………主に魚肉に含まれる核酸関連物質の数値。鮮度が低下すると増加する。ただし、軟体動物や甲殻類には適用されない。

pH値……主に肉類の鮮度を示す。鮮度が落ちるとアルカリ性に傾くので、pHは高くなる。

低温流通（コールドチェーン）

低温流通とは、それぞれの食品をその品質保持に最適な低温帯で、生産から食卓までとぎれずに流通させることで、コールドチェーンともいいます。冷凍、氷温、冷蔵の3つの温度帯に分類され、各温度帯を一定に保持することが求められるため、庫外から温度表示が見えるようにし、また自動温度記録計の設置が望ましいとされています。

食材の保管管理

食材や食品の適切な温度管理は、品質の劣化防止と微生物の増殖抑制に重要です。以下の点に注意して、汚染防止に努めるようにします。

①冷蔵庫内は**10℃以下**に、冷凍庫内は**−15℃以下**に保つ。

②食材を入れすぎず、冷蔵・氷温庫内の容積の**70%以下**を目安にして庫内温度を安定させる。

③食材と調理済み食品とが接触しないように、分けて保管する。

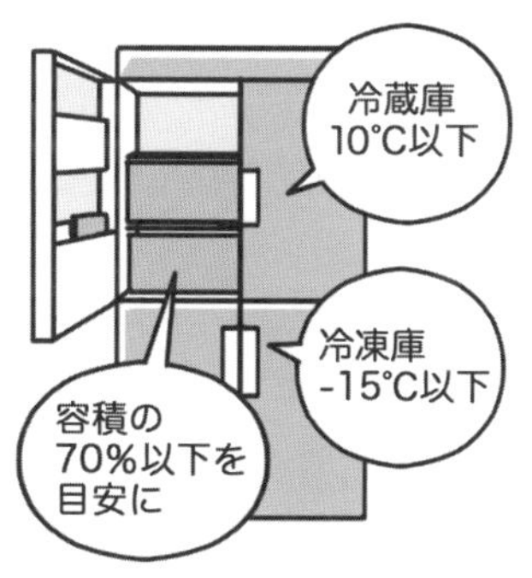

Attention 大量調理施設衛生管理マニュアルによる食材の保管管理

①原材料の納入には、調理従事者が必ず**立ち会い**、品質、鮮度などを点検、記録する

②搬入時には、時刻、室温、冷凍庫または冷蔵庫内の**温度を記録**する

③肉類、魚介類、野菜類などの生鮮食品は、**使い切れる量**を調理当日に仕入れる

④専用の保管設備を設け、肉類、魚介類、野菜類など、食材の種類ごとに分けて保管する

⑤冷凍品は、配送のダンボール箱などから別の容器に移し替えて保存する

⑥調理後すぐに供される食品以外は、病原微生物の増殖を抑制するため、**10℃以下**または**65℃以上**で管理する

Section 16

洗浄と消毒

重要度 ★☆☆

食品だけでなく、取り扱う場所や人も常に清潔であることは、食品衛生の原則です。**洗浄の種類や正しい方法、食品の滅菌法や消毒法**についても知っておきましょう。

食品、容器・器具の洗浄

洗浄とは、食品、容器・器具に付着している異物、汚れや微生物を除去することです。異物や汚れを洗い流すことで、微生物の栄養分を取り除いて増殖を防止します。洗浄には、水や温水、**中性洗剤**（陰イオン界面活性剤）、**せっけん**を使用します。洗剤の使用については食品衛生法に基づいた使用基準が規定されており、使用方法を守って行います。

洗浄剤の種類

中性洗剤

合成洗剤で、水1Lに1ml（0.1%）以下の溶液を用いる。洗浄力が高く、水にもよく溶け、**硬水**でも効果を発揮。消毒効果はない。溶液に2～3分間つけてから、流水で十分に洗い流す。

せっけん

脂肪酸系洗浄剤で、**0.5%**以下の溶液にして用いる。洗浄力は中性洗剤よりも劣る。硬水で使用すると、硬水中の無機質と結合し、洗浄力が落ちる。

洗浄方法の注意点

流水で流す場合、野菜や果物については**30秒間以上**、食器類は**5秒間以上**すすぐ。ため水を使う場合は、水を替えて**2回以上**すすがなければならない。

殺菌・滅菌と消毒の方法

殺菌とは単に微生物を**死滅**させることで、微生物を殺滅、不活性化して完全に**無菌**状態にすることが滅菌です。また、消毒は、熱や薬物で病原微生物や食中毒菌の増殖力を弱め、**感染の危険性**を除くことです。消毒の場合、処理後も一部の無害な雑菌が生き残っていることがあります。

消毒の方法には、**熱**や**光線**を利用する物理的方法と、**薬品**を利用する化学的方法とがあり、この2つを併用することが多いようです。

物理的消毒法の種類

煮沸消毒	沸騰した湯で5～30分間加熱する方法。食器、調理器具、ふきん、スポンジなどに適する。
乾熱消毒	160～180℃の高熱で乾燥させた空気を30～60分間あてる方法。ガラス、陶器に適する。
蒸気消毒	100℃以上の流通蒸気を使用する方法と、**121℃**の高圧蒸気を用いる方法とがある。客用蒸しタオルは必ず**100℃以上**で行う。
日光消毒	直射日光を、夏**1～2時間**、冬**5～6時間**あてる方法。衣類、まな板、木製品、ふきん、包丁などに適する。
低温殺菌	**63～65℃**で**30分間以上**加熱する方法で、**パスツリゼーション**ともいう。牛乳やワインなどに用いられる。
紫外線殺菌	紫外線殺菌灯を照射する方法。効果は紫外線があたった表面だけに限られる。まな板、包丁などが対象。

化学的消毒法の種類

アルコール（エタノール）	100％の純アルコールよりも濃度**70％溶液**のほうが殺菌力は強い。手指や食品にも直接噴霧できるが、対象物がぬれていると濃度が低くなって効果が弱まるため、必ず水分をふき取ってから使用する。
逆性せっけん	ふつうのせっけんとは異なり、**洗浄力**はほとんどなく、**殺菌力**が強い。無色・無臭で刺激性がなく、手指にも適するが、せっけんと併用すると殺菌力がなくなるため、せっけんを流した後に用いる。
塩素剤	次亜塩素酸ナトリウム、高度サラシ粉など。**50～100mg/L**溶液を食器、まな板、ふきん、水、床などに用いる。腐食作用があるため、金属には不向き。**ノロウイルス**の殺菌にも効果がある。
クレゾール	**3％溶液**を用いる。殺菌力は強いが、においが強いので、室内や便所などに適し、食器や器具など、調理に使うものには向かない。
オゾン水	強力な酸化力をもち、殺菌、洗浄、脱臭などの作用がある。残留性が少なく、カット野菜や調理器具に用いる。

Attention 消毒の注意点

手や指…………調理前はせっけんでよく洗い、流水でしっかりとすすいだ後に逆性せっけんで消毒する。また、爪は短く切り、指輪等はつけない。

食器・器具……80℃以上の湯に5分間以上つけるなどして消毒する。その後は清潔な台に置き、自然乾燥させる。

まな板・包丁…煮沸消毒、日光消毒、紫外線殺菌など。まな板は、木製のものより合成樹脂や合成ゴム製のものがよい。

Section 17

器具・容器包装の衛生

重要度 ★☆☆

学習ポイント 器具・容器包装は食品に直接触れるものなので、食品衛生法で規格基準などが規定されています。汚染防止のために、**器具・容器包装の原材料についての規格基準**を理解しましょう。

器具・容器包装の規格基準

直接接触する食品の汚染防止などを目的に、器具や容器包装についても、食品衛生法による規定があります。また、これらもポジティブリスト制を採用しています（→ P111）。

器具や容器の原材料として、定められた規格基準に合ったガラス、陶磁器、ほうろう、ゴム、プラスチック、金属などが使われています。これらのうち、有害物質に対して、ガラス、陶磁器、ほうろう、金属には溶出試験を、合成樹脂とゴムには材質試験と溶出試験を規定しています。

器具・容器包装に使われる主なプラスチックの種類

種類	主成分	用途
熱硬化性樹脂	フェノール樹脂	弁当箱、汁椀、漆器の素地材など
	メラミン樹脂	学校給食用食器、箸、盆など
熱可塑性樹脂	ポリエチレン	フィルム、容器、まな板など
	ポリプロピレン	容器、弁当箱、バケツ、魔法びんなど
	ポリカーボネート	哺乳びん、フィルムなど
	ポリスチレン	卵パック、ストロー、乳酸菌飲料用びんなど
	ポリ塩化ビニル	フィルム、パッケージなど
	ポリ塩化ビニリデン	フィルムなど

Attention 使用に注意の原材料

ポリ塩化ビニル……油脂や脂肪性食品に触れる器具などについて、**フタル酸ビス**を含有するポリ塩化ビニルが主成分の合成樹脂の使用が禁止されている。

メラミン樹脂………学校給食食器など、メラミン樹脂を含む食器の場合、**ホルムアルデヒド**の溶出規格に合格していれば、使用は禁止されない。

Section 18

食品の安全・衛生対策

重要度 ★☆☆

学習ポイント

食品の製造、加工、調理といった現場では、食の安全や衛生を確保しなければなりません。**調理施設での衛生管理、HACCP、衛生管理マニュアル**などについて理解しましょう。

調理施設などでの衛生対策

食品衛生法施行規則では、調理営業施設について構造・配置や内部構造、手洗い、トイレ、食品貯蔵庫、冷蔵庫、給水・排水・廃棄物処理に関して、**衛生管理の基準**を定めています。さらに国では、「食品事業者等が実施すべき管理運営基準に関する指針」で調理施設の衛生管理のガイドラインを示しています。

HACCPシステムと衛生管理マニュアル

衛生対策については、食品衛生法の改正によりHACCPシステムが制度化されています（→P112）。

HACCP（ハサップ）とは、1960年代に米国**NASAの宇宙開発計画**の宇宙食製造で考案された、食品衛生管理システムです。食品製造の各工程での危害と要因を分析（HA）し、衛生管理を行うべき重要点（CCP）を設定して確実に遂行できれば、安全性が確保できるという考え方です。

厚生労働省は、この基本概念に基づいて、大量調理施設での設備や調理過程における衛生管理の重要点をまとめた「大量調理施設衛生管理マニュアル」を作成し、さまざまな管理方法を示しています。

単語帳

● **HACCP**……正式名称は、「Hazard Analysis and Critical Control Point（危害分析重要管理点）」。世界的に普及しており、日本でも食品衛生法により衛生対策として導入した。

Attention 調理施設の構造

食中毒や病原菌による2次汚染から調理済み食品を守るため、HACCPシステムの衛生管理を考えると、調理施設内の構造を非汚染作業区域と汚染作業区域とに分けて配置することが望ましい。これらの区域に該当するエリアは、以下のように分類される。

非汚染作業区域：①清潔作業区域――配膳室、放冷・調整場、製品の保管場所
②準清潔作業区域――調理場

汚染作業区域：原材料の検収場所、食品倉庫、下処理室、食器の洗浄場

大量調理施設衛生管理マニュアルによる管理事項

集団給食施設における食中毒を予防するために、HACCP に基づいて厚生労働省が、調理過程における重要管理事項を示したもの。このマニュアルは、同一メニューを1回300食以上、または1日750食以上を提供する調理施設で適用される。

■重要管理事項

①原材料の受け入れ、下処理段階における管理
②加熱調理食品の加熱温度管理
③2次汚染の防止
④原材料及び調理済み食品の温度管理

■施設設備の衛生管理

①原材料専用の保管設備を設け、食肉類、魚介類、野菜類など、食材の分類ごとに区分して保管する
②調理器具・食器類は、材質のよいものを選び、使用後は十分に洗浄・消毒、乾燥させ、保管庫などで衛生的に保管する
③調理用器具及びシンクなども、下処理用と調理用とで区別する

■調理施設の衛生管理

①施設は、ドライシステム化を積極的に図ることが望ましい
②施設は高温多湿をさけること。調理場の湿度は80％以下、温度は25℃以下に保つことが望ましい
③室内は十分に換気できるようにする
④天井は掃除のしやすい構造にし、塗装は汚れが目立つ明るい色にする
⑤床は常に掃除をして清潔を保つ。内壁は床下から1mは耐水性素材を使い、床と交わる隅には丸みをつける
⑥窓や出入り口には網戸、自動ドアなどを設ける
⑦ネズミや害虫の駆除は年に2回以上行う
⑧調理・加工台の高さ、及び容器や調理器具などの保管場所は床面から60㎝以上にし、はね水などによる2次汚染を防止する
⑨調理関係者以外の立ち入りを禁止し、動物なども入れない

■給水・排水・廃棄物処理施設の衛生管理

①手洗い場は各区域に複数箇所を設け、せっけん、消毒液、爪ブラシ、ペーパータオルを設置する。蛇口は自在蛇口とする
②水道水以外を使用する場合は、公的検査機関などに依頼して、年に2回以上の水質検査を行う
③排水溝は掃除がしやすいU字形の溝にし、鉄格子や金網をつける
④廃棄物はポリ容器、蓋のあるごみ箱に捨て、汚臭や汚液がもれないように管理し、早めに搬出する。また、置き場の周りや容器の清掃をこまめに行う

PART 5

調理理論

Section 1

調理の意義と目的

重要度 ★☆☆

調理を考えるうえで、食品と食物との関係は重要なポイントです。ここでは、**「食品」**に手を加えて、安全でおいしい**「食物」**にする、**基本的な調理の意義や目的**を理解しましょう。

調理の意義

魚や肉、野菜など、食べ物として利用する食品材料には、有害な成分が含まれていたり、そのままでは食べにくかったりするものがたくさんあります。そこで、不可食部分を取り除いたり、成形したり、加熱したりといった物理的・化学的処理を施して、安全においしく食べられるように調整することを調理といいます。また、味付けや盛り付けなど、食べる側の嗜好性を高めることも大切な要素です。

調理と料理との関係

食品素材
魚や肉、野菜など

→ **調理** 物理的処理や化学的処理を施す →

料理
安全においしい食物にする

調理の目的

調理することは、いわば食物摂取行動の最終段階であり、具体的には次のような目的があります。

①有害物、不要なものを取り除き、安全な食べ物にする。
②食べやすく、消化・吸収をよくして栄養効果を高める。
③嗜好性が高まるように、見た目を整え、味付けを工夫する。
④貯蔵性を高める

調理の種類

調理の種類として、大きく非加熱調理と加熱調理とに分けることができます。また、嗜好性を高めるために、調味操作や盛り付け、配膳、食卓のあり方、食事の環境なども考えなくてはなりません。日常の食事においては、和式、洋式、中国式などの調理技法が用いられ、多種多様な調理形態で調理されています。

Section 2 重要度★★★

非加熱調理操作

食品を洗うのも、調理操作の一つです。操作のしかたによっては、食品をおいしくすることができません。そのため、**非加熱調理の目的と種類**、その**効果**を整理して覚えましょう。

非加熱調理操作の種類

非加熱調理操作は、食品に熱を加えることなく処理することです。その方法には、洗浄、浸漬、切砕、混合・撹拌、粉砕・摩砕、圧搾・ろ過、冷却・凍結などがあり、食品に**力学エネルギー**を加えて、見た目や性状を物理的に変化させます。

洗浄

水を使って食品の表面についている汚れを除く操作で、食品の安全性や嗜好性を高めるなどの目的で行います。

洗い方のコツ

①米やこんにゃく、練り製品、野菜、果物など、吸水性のよいものは**水だけ**で手早く洗う
②魚介類やさといもなど、ぬめりのあるものは**塩**を使って洗う
③いも類や根菜類など、表面の硬いものは**ブラシ**を使って洗う
④たけのこやふきなど、あくの強いものは**加熱後**に洗う
⑤そうめんなど、表面を引き締めたいものは**冷水**で洗う
⑥切り身魚や肉などは洗わない

浸漬

浸す、漬ける、さらす、もどすなどの操作で、その目的は食品によって次のように異なります。

①**吸水・膨潤・軟化**……乾物類をもどす。
②**食品中の成分の抽出**……あくや塩分を抜く。うま味成分を出す。
③**物理性の改善・向上**……野菜を冷水にさらす。
④**変色（褐変）の防止**……りんご、ごぼう、いも類などを塩水や酢水に浸す。
⑤**味付け・防腐**……酢漬け、しょうゆ漬けなどにする。
⑥**化学物質による組織の軟化・硬化**……重曹水やみょうばん水につける。

乾物類の吸水

食品	吸水時間	重量の変化
大豆	1晩～15時間	2倍
あずき	60～90分間（ゆで時間）	2.5倍
高野豆腐	数分間	5～6倍
切り干し大根	約15分間	4.5倍
干ししいたけ	約20分間	5.5倍
きくらげ	約20分間	7倍
はるさめ	数分間（熱湯につける）	3～5倍
かんぴょう	約15分間（ゆで時間）	7倍
即席わかめ	約5分間	10倍
昆布	約15分間	2.5倍
芽ひじき	約20分間	8.5倍

（注）各乾物によって異なるため、数値は目安とする。

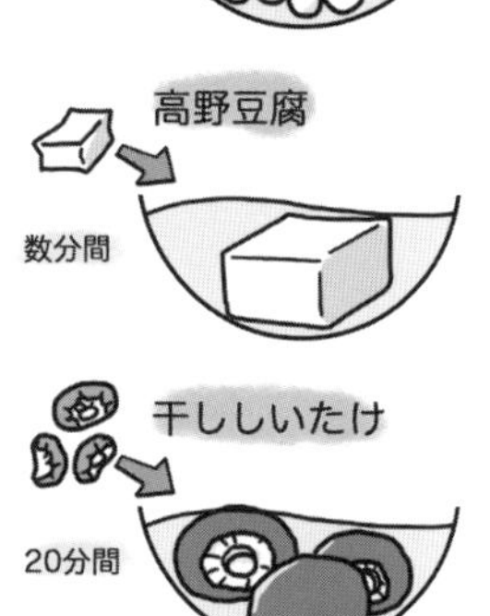

混合・撹拌

混合は2種類以上の食品を混ぜ合わせる操作で、撹拌は食品などを均一な状態にしたり、泡立てたりする操作です。ハンバーグの生地や煮物、マヨネーズなど、混合・撹拌の目的はいろいろです。

混合・撹拌による調理

温度の均一化	対流しにくい粘性液が鍋に焦げつかないようにする。 カレーやシチューなど。
材料の均一化	材料を合わせたときにムラのある状態をなくす。 炒め物、ハンバーグの生地など。
成分の移行	調味料を浸透させたり、食品の味をほかに移したりする。あえ物など。
物理性の改善	乳化、ゲルの形成、泡立てなどで物理性の改善を促す。 マヨネーズ、メレンゲなど。
放熱・放湿	調理したものを冷ましたり、余分な水蒸気をなくしたりする。すし飯など。

切砕・成形

刃物などの道具を用いて、切る、刻む、皮をむく、魚をおろすなどして食品を分割する操作です。その目的は、次のように大別されます。

①食品の形や大きさを整え、食べやすく見た目もよくする
②不要な部分を取り除いて、食べられる部分を利用しやすくする
③食品の表面積を広げて、調味料の浸透や加熱を容易にする

覚えよう！ **切り方の種類とコツ**

基本の切り方

押し出し切り	垂直押し切り	引き切り	たたき切り
刃先から斜め前方に突き出すように切る――野菜全般	食品に垂直に切り込む――豆腐など	刃元から刃先までを手前に引くように切る――刺し身など	まな板にたたきつけるように切る――魚の頭や骨部分など

野菜の主な切り方

色紙切り	短冊切り	拍子木切り	せん切り
(仏)ペイザンヌ (中)方(ファヌ) 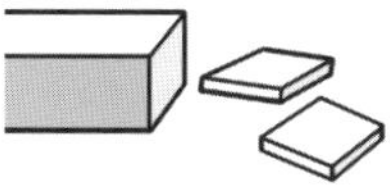 大根、にんじんなど	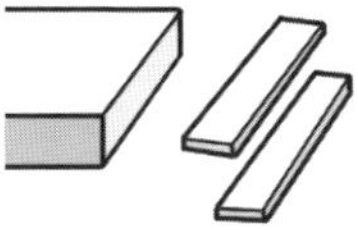 大根、うどなど	(仏)ポン・ヌフ (中)条(ティヤオ) 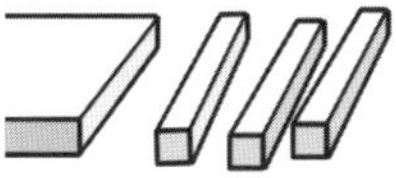 大根、にんじんなど	(仏)ジュリエンヌ (中)絲(スウ) 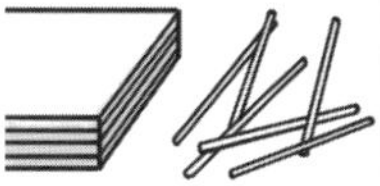 キャベツ、大根など
輪切り	**半月切り**	**いちょう切り**	**小口切り**
 大根、にんじんなど	 大根、にんじんなど	 大根、にんじんなど	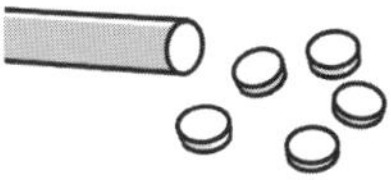 ねぎ、きゅうりなど
くし形切り	**乱切り**	**そぎ切り**	**あられ切り**
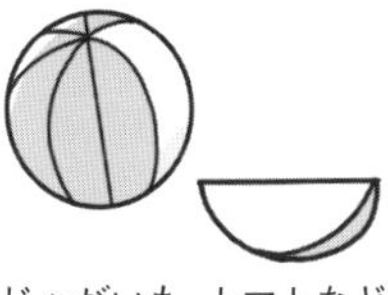 じゃがいも、トマトなど	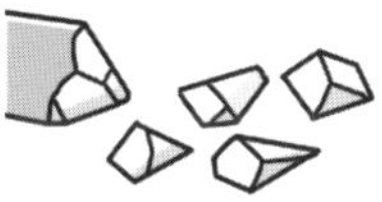 ごぼう、にんじんなど	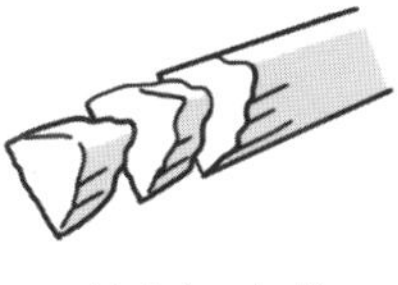 はくさいなど	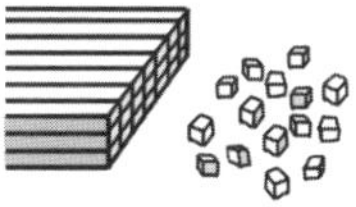 にんじんなど
さいの目切り	**みじん切り**	**ささがき**	**かつらむき**
(仏)マセドワーヌ (中)丁(ティン) 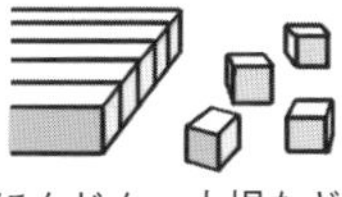 にんじん、大根など	(仏)アシェ (中)末(モー) 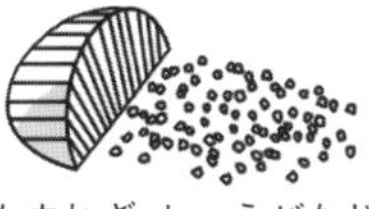 たまねぎ、しょうがなど	 ごぼうなど	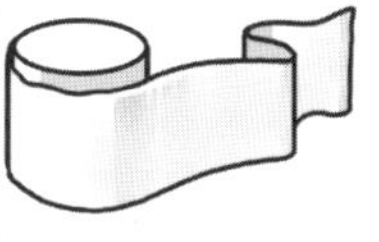 大根、にんじんなど

その他の切り方

面取り	煮くずれを防ぐため、角切りや輪切りにした材料の角をそぐこと
隠し包丁	火の通りなどをよくするため、見えないところに切り目を入れること。ふろふき大根など
飾り切り	「むき物」ともいう。末広切り、たづな切り、花形切り、うさぎりんごなど

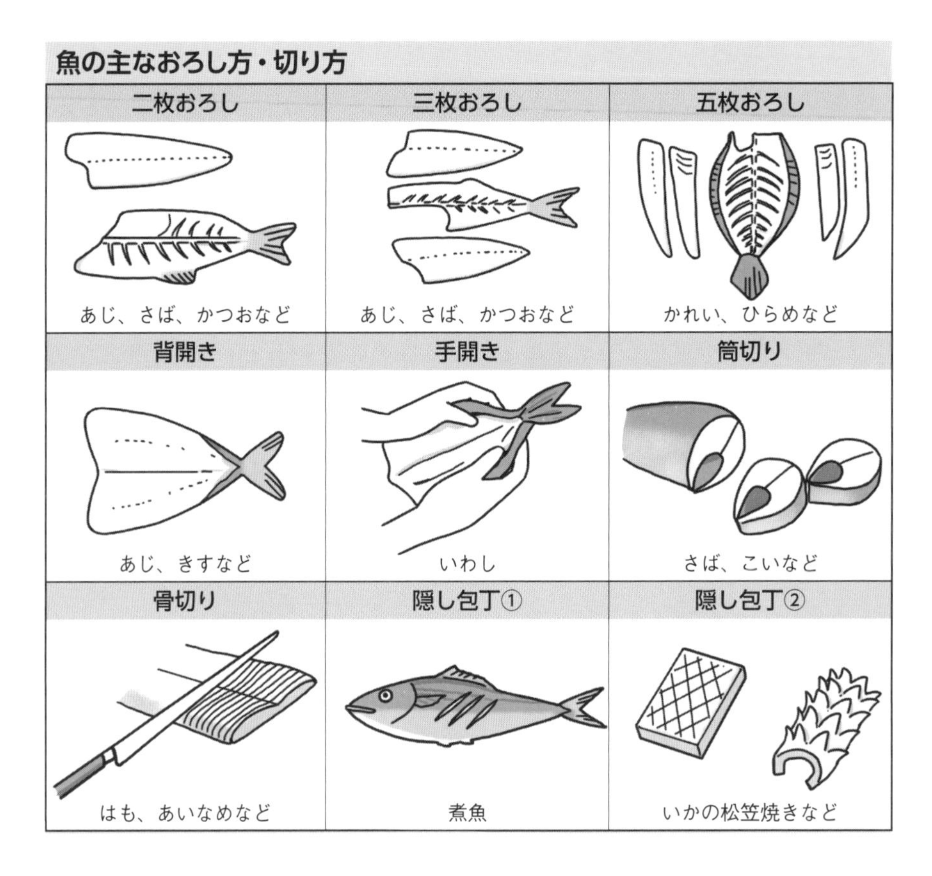

粉砕・摩砕

細かく砕く、すりつぶす、おろすなどの操作で、固形食品の細胞や組織を壊し、粉状（香辛料やコーヒー豆など）や、パルプ状（大根おろしなど）、ペースト状（ひき肉など）に変形させます。

粉砕・摩砕の目的

①食べやすい状態にしたり、味付けや消化を容易にしたりする
②酵素反応などを促す
③香りや風味などの嗜好性を向上させる

圧搾・ろ過

圧搾もろ過も、食品の固形部分と液体部分とを分離する操作で、圧搾は圧力を加え、ろ過は圧力を加えずに行います。また、圧搾には、**押しずし**や握り飯など、加圧して成形を行う場合もあります。

圧搾・ろ過による調理

①**加圧と分離による圧搾**……果汁の搾り汁、こしあんなど
②**圧搾のみ**……小麦粉のドウ（生地）などの物理性の改善、押しずし、握り飯、餃子の皮など
③**ろ過のみ**……緑茶、コーヒー、紅茶など

冷却・凍結

冷やす、冷ます、凍らせるなどの操作で、冷却は食品の温度を下げること、凍結は食品中の水分が凍るまで冷却することです。その目的は、食品の保存や、野菜などの食品の色合いや食感を高める、凝固作用を起こすなどです。

覚えよう！ 寒天とゼラチンの凝固

てんぐさなどのガラクタン（多糖類）を原料とする**寒天**と、肉類のコラーゲン（たんぱく質）を原料とする**ゼラチン**は、水に浸漬して加熱後、冷却すると凝固してゲル状になる。この性質を利用した料理を寄せ物という。

寒天とゼラチンには、次のような違いがある。

- 凝固濃度は、寒天が**0.5〜1％以上**で、ゼラチンは**2〜3％以上**。両方とも濃度が**高い**と固まりやすく、**砂糖**を入れるとよりゲル化が安定する
- 凝固温度は、寒天は**28℃以上**の室温でも固まるが、ゼラチンは**8℃以下**の冷蔵庫で冷やさないと固まらない
- 融解温度は、寒天よりゼラチンのほうが**低い**
- **ゼラチン**は、生パイナップルやキウイフルーツなどの果汁に含まれるたんぱく質分解酵素を加えると、固まらなくなる
- 寒天ゼリーなどの寒天濃度や砂糖濃度が低いと**水**が出てくる。これを**離漿**（りしょう）という

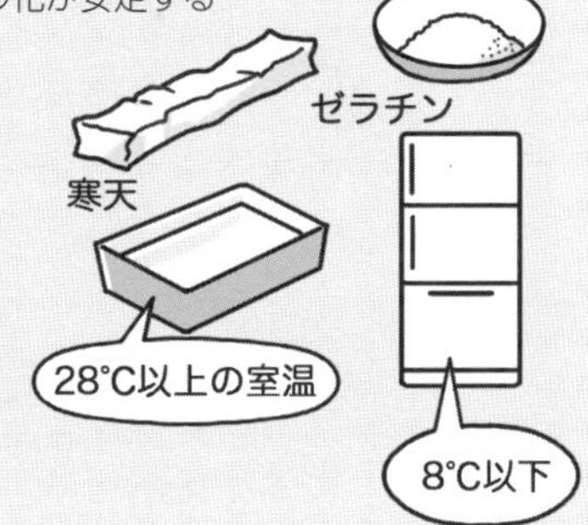

冷凍食品の解凍のコツ

- 生食する魚介類は、組織を壊さず汁が出ないように、**低温**で時間を**かけて**解凍する。
- 調理済み食品や衣をつけたフライなどは、**解凍せず**に焼いたり、蒸したり、揚げたりする。
- グリンピースやかぼちゃなど、**加熱**が必要な野菜類は冷凍でき、解凍せずにそのまま調理する。
- 青菜類は、色を保持するために冷凍する前に60℃以上で短時間加熱し、酸化酵素を不活性化させる**ブランチング**を行い、冷凍後は解凍せずに調理する。

Section 3

加熱調理操作

重要度 ★★★

加熱調理にはいろいろな種類があり、**食品を焼く、炒める、煮る、蒸すといった操作のポイント**を整理して把握しましょう。また、**電子レンジなどによる加熱調理**についても整理しておきます。

加熱調理操作の種類

加熱調理操作には、乾熱を用いる**乾式加熱**、湿熱を用いる**湿式加熱**、マイクロ波による**誘電加熱**、磁力線による**電磁誘導加熱**などがあります。熱源はいろいろですが、いずれも**熱エネルギー**を利用して**たんぱく質**の熱変性やでんぷんの**糊化**など、食品にいろいろな変化を与えます。その目的には、熱を加えることによって風味を与え、消化しやすくするほか、殺菌効果や腐敗防止効果などが挙げられます。

乾式加熱

焼く

焼くという操作には、食品を直火によって**直接**加熱する方法と、熱した鉄板、陶板、石、オーブンなどで**間接的**に加熱する方法とがあります。高温で焼くことで食品の表面が凝固し、うま味を閉じ込めることができます。

また、表面の焦げによる色や風味は**嗜好性**を高めますが、表面と内部との温度差が大きいので、食品全体に火を通すには、調整が必要です。

焼き方の種類

分類			焼き物例	使用器具
直接加熱		串焼き	焼き魚、バーベキュー	串
		網焼き	餅	焼き網
		機械焼き	トーストなど	トースターなど
間接加熱	油不使用	いり焼き	いり豆、いり米	ほうろう、鍋
		石・砂焼き	焼きいも、甘栗	鍋
		包み焼き	ホイル焼き	アルミホイルなど
	油使用	鉄板焼き	ステーキ、お好み焼き	鉄板、フライパン
		蒸し焼き	ローストチキン、スポンジケーキ	オーブン、ロースター

炒める

焼く操作の一つで、鉄板や鍋を使い、少量の油を用いて加熱します。炒め物は**高温**、**短時間**で行い、加熱中に味付けができるので煮る操作の要素もあります。使う食材の大きさを整えたり、炒める順序を調整したりして、全体を適度に加熱する必要があります。

Attention ルウ

小麦粉をバターで炒めるルウの作り方のポイントは、**150℃でゆっくり**と加熱すること。小麦粉のでんぷんが一部分解されて風味がよくなり、粘り気のないルウに仕上がる。

揚げる

高温の液体油脂を用いて加熱する操作で、揚げることで食品や衣の水分が蒸発し、**吸油**が行われます。おいしく揚げるには油の温度管理が大切で、一般に**180℃**前後を目安に、食材によって**160～190℃**を保ちます。大きめで**厚手**の鉄製鍋にたっぷりの油を使い、食材を入れすぎて急に温度を下げないように気をつけ、適温でカラリと揚げます。

ココ必修!! **衣による揚げ温度の目安**

衣を箸先から1滴ほど油中に落として、その反応状態で温度を見る。

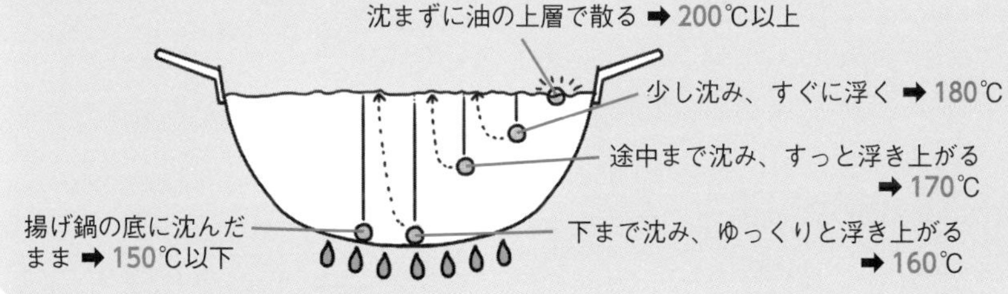

主な揚げ物の温度と時間

揚げ物	温度	時間
天ぷら（いも、れんこん）	160～180℃	3分間
天ぷら（魚介、かき揚げ）	180～190℃	1～2分間
フライ	180℃	2～3分間
鯉のから揚げ	140～150℃	10～15分間
	180℃（二度揚げ）	30秒間
コロッケ	190～200℃	0.5～1分間
ドーナツ	160℃	3分間
ポテトチップス	150～170℃	2～3分間

Attention 揚げ油の劣化

揚げ油は使い続けるうちに**酸化**して色も香りも悪くなり、粘りが出てくる。そうなると調理するには適さなくなるので、油の表面に泡立ちが目立つようになったら、油を取り換える。

湿式加熱

煮る

調味料の入った汁を用いて加熱する操作で、**調味**もいっしょに行います。食品の種類や切り方などに応じて火力の調節が必要ですが、温度管理は簡単です。しかし、食材によっては**煮くずれ**を起こしたり、水溶性の成分が煮汁の中に溶け出したりするなどの難点があります。

調味のコツ

調味料を入れる順序

食品への浸透力の違いから、
さ（砂糖）➡ し（塩）➡ す（酢）➡ せ（しょうゆ）➡ そ（みそ）の順に行う。

煮方のポイント

- 適した鍋を使って煮る
- 2種類以上の食材を煮る場合、根菜類などの硬いものから先に入れ、軟らかいものは後にする
- 鍋の下にある食材ほど煮くずれを起こしやすいので気をつける
- 煮汁が少ないと、加熱や味が不均一になるので、煮返し（打ち返し）をしたり、落とし蓋をしたりするとよい
- カレーやシチューなど、汁に粘りがあると対流しにくく、焦げつきやすくなるので、火にかけっぱなしにしない

Attention だしの取り方

昆布だし

水に30分～1時間ほど浸漬するか、水といっしょに入れて加熱し、**沸騰直前**で取り出す。

かつおだし

沸騰したところにかつお節を入れて火を止め、全体が浸漬したところでこす。

ゆでる

沸騰した湯の対流熱を利用して加熱する操作で、その目的は硬いものを軟らかくする、アクなどの成分を除く、色よく仕上げる、殺菌するなどです。多くの場合、食品の下ごしらえのために行います。

野菜の上手なゆで方

たけのこ	大根	わらび・ぜんまい
米ぬかを加え、皮ごと入れて**水**からゆでると、えぐみがとれる。	**米のとぎ汁**を使って**水**からゆでると、白く軟らかくなる。	**沸騰**した湯に0.2～0.3％の**重曹**を加えてゆでると、色よく軟らかくなる。
れんこん・ごぼう	**ほうれんそうなどの青菜**	**やつがしら**
水に**酢**を入れてゆでると、白くゆで上がる。	沸騰した湯に2％程度の**塩**を入れてゆでると、色よく仕上がる。	**みょうばん**を加えてゆでると、煮くずれを防げる。

蒸す

水蒸気の対流熱を利用して加熱する操作です。蒸し器に**蓋**をすることにより、蒸気を均一に、温度を一定に保つことができます。また、一度に大量の材料を均一に加熱することもでき、焦げない、形がくずれにくい、成分の溶出が少ないなどの長所があります。

短所としては、調理に時間がかかったり、温度調節がむずかしかったりするうえ、加熱中の**味付け**ができないことです。

蒸し方のコツ

- 蒸し器内に蒸気がたってから食材を入れる
- 途中で蓋をあけると温度が下がり、水っぽくなるので注意する

蒸し物の種類

種類	蒸し方	料理例	温度
素蒸し	下処理した材料をそのまま蒸す	まんじゅう、餅、蒸しパンなど	100℃を保つ
酒蒸し、塩蒸し	酒や塩をふりかけて蒸す	魚介類、こわ飯など	100℃を保つ。ふり水または霧をふく
茶碗蒸し	蒸し茶碗に材料と卵液を入れて蒸し固める	茶碗蒸し、卵豆腐、カスタードプディング	85～90℃を保つ。火加減を弱める、蓋をずらすなどして温度を調節する
土びん蒸し	土びんに材料とすまし汁を入れて蒸す	まつたけの土びん蒸し	

その他の加熱調理

マイクロ波加熱	電子レンジのマイクロ波を使った誘電加熱（→P161）。
電磁誘導加熱	電磁誘導という電気の特性を利用して加熱調理する、いわゆるIH方式のこと（電磁調理器については→P161）。

Section 4

調理器具と熱源

重要度 ★☆☆

たとえば、包丁には用途に応じていろいろな種類があるように、それぞれの**調理器具の種類や特徴、主な使い方**を把握します。また、**熱源**についても**種類と特徴**を知っておきましょう。

調理器具の種類

調理器具には、日常的に使うもの、大量調理に使用するもの、和・洋・中国式のものなど、多種多様にあります。

包丁

代表的な調理器具の包丁には、片刃（主に和包丁）と両刃（主に洋包丁）とがあり、刃の形や材質も食材や調理によって使い分けられます。そのなかで、洋包丁の**牛刀**は薄刃や菜切りとして幅広く使われています。

包丁の種類

●**片刃**

一方に2倍の力がかかるので、押し下げる力は両刃の**半分ですむ**。

●**両刃**

両方に力がかかるので、硬いものの両切りや輪切りに適している。

●**和包丁**：出刃包丁、やなぎ刃包丁、たこ引き包丁、薄刃、三徳包丁

●**洋包丁**：牛刀、ペティナイフ、スライスナイフ

材質別まな板の特徴

プラスチック製	乾きやすく、かびが生えにくく、手軽に使える。材質は硬く、滑りやすい。黄ばむ。
ゴム製	傷がつきにくく、食材の色移りが少ない。水切れが悪く、重い。ゴム臭がする。
木製	包丁との相性がよく、滑りにくい。刃あたりがよい。かびが生えやすく、削れやそりが出るので、手入れに手間がかかる。

鍋

鍋は、目的に応じてさまざまな大きさがありますが、材質によっても使い分ける必要があります。特徴としては、**アルミニウム鍋**は軽くて熱が速く伝わるものの冷めやすいです。また、**銅鍋**は緑青が出やすく、**鉄鍋**はさびやすいほか、陶製は温まるまで時間がかかるものの冷めにくい、などです。熱伝導率については、**銅**＞**アルミニウム**＞**鉄**＞**ステンレス**＞**陶器**の順になります。

オーブン（天火）

主にガスや電熱を熱源として、食材から出る**水蒸気**を利用して蒸し焼きにする器具です。火の強さによって内部温度が変わり、調理するものによって温度調整が必要です。

オーブン内部の温度例

火の強さ	温度	調理例
ごく強火	230～250℃	ホイル焼き、メレンゲ色づけ
強火	200～220℃	グラタン、ロースト
中火	160～200℃	ケーキ、クッキー
中弱火	130～160℃	プディング
ごく弱火	100～130℃	トースト

覚えよう！ **スチームコンベクションオーブン**

オーブンにスチームが組み込まれ、**焼く**、**蒸す**の加熱操作を単独でも同時併用でも行える器具。熱源は電気やガスがあり、最高温度としてオーブンでは**300℃**、スチームでは**100℃**、併用のコンビモードでは設定温度100～270℃に対して**スチーム量**を調整できる。

電子レンジ

マイクロ波（電磁波）により、水分などを含んだ食品を発熱させる器具で、熱効率は**90％以上**です。温度上昇が速くて加熱時間が短く、栄養成分の損失が少ないのですが、水分の蒸発が多い、焦げ目がつかない、温度調節がしにくいなどの注意点があります。また、電磁波を反射する金属やアルミホイルは使えません。

電磁調理器

磁力線による誘導電流を利用した一種のコンロで、IH方式ともいいます。コンロ自体は発熱せずに鍋を発熱させるため、安全かつ清潔で、室内空気も汚しません。熱効率は**80％**と高く、速やかに発熱して経済的ですが、使用できる鍋が限られ、土鍋やアルミニウム鍋などは使えません。

熱源の種類と特徴

熱源として、固形燃料（薪、木炭、石炭など）、液体燃料（石油など）、気体燃料（ガスなど）、電気などが使われています。調理用には、安価で入手しやすく、取り扱いが容易で火力調整が利き、煙、臭気、排ガスが少ない熱源が求められています。

Section 5

調理と香り・味・色

重要度 ★★☆

調理によって、**食品の香りや色の成分**は変化します。**それぞれの成分の種類や特徴**を把握しましょう。また、いろいろな**味に対する相互作用**について覚えましょう。

調理と食品の香り

食品の香気成分には、切ったりつぶしたりすると一時的に揮発するものや、酵素作用によって前駆物質が香りを生じるもの、浸漬や保存などによって微生物が完成させる香りもあります。また、加熱により成分が分解されて生じるものも多く、なかでも、魚や肉を焼いたときの香りはアミノ酸と糖の**アミノカルボニル反応**によるものです。

食品の主な香気成分

たまねぎ	**ジプロピルジスルフィド**	パセリ	アピオール
ねぎ	**硫化アリル**	古米臭	n-ヘキサナール
大根	**メチルメルカプタン**	魚の生臭み	トリメチルアミン
しいたけ	レンチオニン	みかん	**リモネン**、シトラール
まつたけ	マツタケオール、桂皮酸メチル	りんご	ギ酸アミル
きゅうり	ノナジエノール、ノナジエナール	バナナ	酢酸イソアミル
さんしょう	**サンショオール**	グレープフルーツ	ヌートカトン
にんにく	**ジアリルジスルフィド(硫化アリル)、アリシン**	もも	ギ酸エチル、ラクトン

調理と食品の味

味の種類はいろいろあり、**甘味**、**酸味**、**塩味**、**苦味**、**うま味**の5つを基本味といい、このほかに辛味や渋味などもあります。これらの味は唾液や水分に溶けて口腔内にある**味蕾**(みらい)を刺激し、味覚神経などによって脳に伝わって、初めて私たちは味を認識します。

また、調理などによって複数の味が組み合わさる場合、味の強弱が変化することがあり、これを味の**相互作用**といいます。

5つの基本味

- **甘　味**……**ショ糖**（砂糖）、果糖、ブドウ糖などの糖類のほか、アスパルテーム、ステビオサイドなどの甘味料もある。甘味は体温くらいが強く感じる。
- **酸　味**……**水素イオン**の呈する味で、食品中に有機酸として含まれる。
- **塩　味**……**塩化ナトリウム**（食塩）が代表的。ナトリウムを制限する食事では、塩化カリウムが代用されることがある。
- **苦　味**……緑茶やコーヒーの**カフェイン**、かんきつ類の**リモノイド**、ココアやチョコレートの**テオブロミン**、ビール（ホップ）のイソフムロン、赤ワインのカテキンなどがある。
- **うま味**……昆布の**グルタミン酸**、かつお節や煮干しの**イノシン酸**、干ししいたけの**グアニル酸**、貝類の**コハク酸**が代表格。イノシン酸とグアニル酸は核酸物質（ヌクレオチド）で、グルタミン酸はアミノ酸である。

覚えよう！ 味の相互作用

効果	味	変化	調理例
対比効果	甘味＋塩味（少）	甘味を強める	あん、しるこ
	うま味＋塩味（少）	うま味を強める	すまし汁
抑制効果	苦味＋甘味	苦味を弱める	コーヒーに砂糖
	酸味＋甘味	酸味を弱める	酢の物
	酸味＋塩味		
相乗効果	うま味＋うま味	うま味が強まる	昆布かつおだし

 調理と食品の色

食品中には天然色素として、赤色や橙色、黄色の**カロテノイド**や淡黄色の**フラボノイド**、赤色、紫色、青色、黒色といった**アントシアニン**、緑色の**クロロフィル**（葉緑素）、肉の赤色のヘム（**ミオグロビン**）などがあり、調理や酵素などによって変化することがあります（→P51）。

覚えよう！ 褐変

食品が調理、加工、保存中に褐色に変わることで、次のようなものがある。

①**酵素による褐変**：酸化酵素による**ポリフェノール**の変色が原因で、ごぼう、りんご、じゃがいも、やまのいもなどの切り口が黒褐色に変わる。

②**非酵素的褐変**：加熱によって起こる**糖**の変色で、カラメルソースのほか、魚や肉の照り焼きなどがある。

Section 6

調理による食品成分の変化

重要度 ★★☆

食品に含まれる栄養素は、調理によっていろいろに変化します。**栄養素の性質がどのように変化するか**を把握し、それを**どのように調理に生かしているか**を理解しましょう。

炭水化物と調理

糖質と食物繊維とからなる炭水化物のうち、調理によって変化を生じるのは主に糖質のでんぷんです。

■でんぷんの性質と変化

でんぷんは、水を加えて60～65℃以上の温度で加熱すると粘り気が出て糊状になります。これをでんぷんの**糊化（α化）**といい、消化のよいでんぷんに変化します。さらに、糊化したでんぷんをそのまま放置すると冷えて水分も減り、加熱前のような消化の悪い状態に変わります。これはでんぷんの**老化（β化）**です。また、生のでんぷんを**βでんぷん**というのに対し、糊化したものを**αでんぷん**といいます。

でんぷんの老化を防ぐには、糊化直後に水分を**15％以下**まで急速脱水して乾燥させるほか、急速冷凍して保存します。また、**砂糖**も老化を防ぐことができ、ぎゅうひやようかん、あんなどは、大量の砂糖を加えて老化を防いでいます。

でんぷんの糊化と老化

でんぷんのゲル

市販されているでんぷんには、片栗粉、コーンスターチ、くず粉などがあり、8～10％でゲルを形成し、**ごま豆腐**、**くず餅**、ブラマンジェなどを作るのに使われ、滑らかなテクスチャーが得られる。

たんぱく質と調理

魚、肉、卵、乳、大豆などの調理は、食品が含む**たんぱく質**のいろいろな変性を利用しているといえます。

■たんぱく質の熱変性

単純たんぱく質であるアルブミン、グロブリンは加熱により凝固し、外観や味、性状などが変わります。熱凝固温度は糖類や塩類の存在によって異なり、とくに、**砂糖**は凝固点を80℃以上と高くして凝固を遅らせるのに対して、**塩**は凝固を早めます。また、肉や魚に外部から熱を加えた場合、表面が凝固して肉汁などの溶出を防止します。

さらに、大豆たんぱく質には消化酵素の働きを阻害する成分が含まれており、加熱により初めて食用となります。本来、消化が困難な軟骨や皮、腱などに含まれるたんぱく質のコラーゲンは、長時間の加熱によって**ゼラチン**に変化して消化が可能となります。

■たんぱく質の酸変性

酸はたんぱく質を凝固しやすくします。それを利用したものが、魚の酢締めやポーチドエッグなど。また、ヨーグルトもこの性質を利用したもので、乳たんぱく質である**カゼイン**を酸で固まらせています。

■たんぱく質の界面変性

水溶性のたんぱく質は、空気に触れると表面に膜ができます。豆乳を加熱してできるゆばは、この性質を応用したものです。また、メレンゲも同様で、卵白のたんぱく質はかき混ぜるだけで変性して泡が安定します。

このほか、肉や魚のすじや皮に含まれるコラーゲンは、長時間加熱すると溶けてゼラチン状になり、冷やすと凝固するので、その性質を利用して固めたものが**煮こごり**です(→ P60)。

Attention 小麦粉のグルテン

小麦粉に水を入れてこねると、たんぱく質が凝集して粘弾力が出る。これがグルテンで、薄力粉より強力粉に多く含まれる（→ P55）。グルテンの形成は、砂糖や油脂によって抑制できる。

脂質と調理

調理一般に用いられるのは、主に液体の植物性の油と固体の動物性の脂です。動物性の脂は温めると溶けますが、融点は**40～50℃**の牛脂に対して、豚脂は**36～48℃**と低いのが特徴です（→P65）。

油脂を用いて調理をすると、100℃以上の温度を利用することができます。揚げ物などの場合、**160～190℃**の高温で調理を行うため、食品の加熱時間が短くすみ、**栄養素の損失**が少なく、食品から各種の芳香成分を引き出します。ただし、油脂は比熱が0.48と水の約半分しかないので、熱しやすく冷めやすいので、温度管理に気をつけて揚げること（→P157）。さらに、加熱しすぎて**200℃**を超えてしまうと、発煙点に達して白い煙が出るので注意が必要です。

また、油脂はビタミンA・D・E・Kなどの**脂溶性ビタミン**の吸収をよくする働きがあるので、いっしょに摂取するようにします。

■油脂の乳化作用

水と油は、互いに溶け合わないのですが、均一に混合した状態にすることを**乳化**（**エマルション**）といいます。そのためには**乳化剤**が必要で、たとえば、卵黄に含まれる**レシチン**を乳化剤にしてエマルションを安定させたものがマヨネーズです。

エマルションの種類

水中油滴型 (O/W 型)	水の中に油が分散	マヨネーズ、牛乳、生クリーム
油中水滴型 (W/O 型)	油の中に水が分散	バター、マーガリン

■油脂の酸化

食用油や食品中の油脂は、**不飽和脂肪酸**を含んでいるため酸化します。酸化は、熱や日光などの影響を受けて、自己触媒的な作用で自動的に進むので、**自動酸化**といいます。酸化が進むと悪臭を発するようになり、食用に適さなくなります。これを油脂の**酸敗**といいます。

一度加熱した油は、保管中にも酸化が進むうえ、長時間の加熱、日光、不純物の存在でも進みます。揚げ油の酸化を防ぐには、調理中でもこまめに**揚げかす**を取り除き、使用後は熱いうちに**ろ過**して冷まし、空気に触れないように容器に移して冷暗所に保存するようにします。

無機質と調理

無機質は、調理中の洗浄、浸漬、加熱などによって溶出したり、金属がイオン化して水の中に微量ながら溶け出したりします。このことにより、たとえば、銅イオンは**ビタミンC**の酸化を早めたり、鉄製ナイフを使った果物や野菜の切り口が黒変したり、金属味を呈したりするなど、外観や味覚、栄養価などに大きく影響することがあります。

ほかにも、次のような変性を生じます。

①**たんぱく質の凝固**……にがり（**塩化マグネシウム**）によって大豆たんぱく質を凝固させて豆腐を作る。また、カスタードプディングでは、牛乳中の**カルシウム**が卵の凝固を早める。

②**色素の固定**……金属イオンは豆などの色素変色を防ぐので、鉄鍋で**黒豆**を煮ると色よく仕上がる。

③**浸透圧を高める**……食品に**塩**をした場合の脱水作用。

ビタミンと調理

ビタミンは、調理によって損失することが多い栄養素なので、小さく切ったり、洗ったり、長時間加熱したりする場合は注意が必要です。調理損失を防ぐには、短時間の処理が重要です。加熱する場合は、水を使わない炒め物や揚げ物にするか、電子レンジを活用します。

ビタミンA

- 耐熱性で、油で炒めてとると**吸収**がよくなる
- 光や酸素に弱いので、調理形態や時間による大幅な損失に注意する
- β-カロテンは抗酸化力をもち、必要に応じて体内で**ビタミンA**に変換される

ビタミンB_1

- アルカリに弱く、豆の煮物に**重曹**を用いると**40～90％**の損失を生じる
- ゆでたときの溶出は**20～40％**
- 加熱する場合、中性や酸性では比較的安定しており、損失も20％程度
- 貝類にはB_1分解酵素が含まれているが、生食しなければ問題ない

ビタミンC

- 水に溶けやすく、熱、**アルカリ**（**重曹**）に弱い
- ゆでた場合の溶出や分解は**50～70％**と高く、焼く場合や、蒸す場合でも**10～30％**を損失。電子レンジでの加熱は損失が少ないが、**アク**は抜けない
- 金属イオン（とくに**銅イオン**）や、にんじん、きゅうりに含まれる酸化酵素（**アスコルビナーゼ**）により酸化が促進される
- ミキサーの使用では、空気との接触が大きくなって酸化が進む

Section 7

重要度 ★★☆

植物性食品の調理

学習ポイント

調理操作の注意点や調理による栄養素の変性は、食品ごとに異なります。穀物、いも類、豆類、野菜類の**植物性食品**について、それぞれの**調理特性**を整理し、**その性質に合った調理のしかた**を覚えましょう。

穀類の調理

世界では、米、麦、とうもろこしを３大穀物としていますが、日本では、米、麦、あわ、きび（またはひえ）、豆を５穀として重要な食料としてきました。とくに主要エネルギー源である穀類は、主成分であるでんぷんの糊化を目的に、加熱によって食べられる状態に調理されています。

米

米のでんぷんは、生の状態（**βでんぷん**）では食用に適さないため、加水、加熱によって膨張させ、糊状にすることで風味や消化をよくします。

うるち米は、洗米→浸漬・吸水→加熱→蒸らしの順に炊飯し、炊き上がりの米飯はもとの米の**2.2～2.3倍**になります。もち米は、加水量が**少ない**ので、蒸します。加熱前に２時間以上水に浸し、水分が足りない場合は**ふり水**で補充します。こわ飯（蒸したもち米）は、水分量がもとのもち米の重量の**1.6～1.9倍**になります。

炊飯の手順とコツ

①洗　　米：米粒表面のぬかを洗い落とすため、最初の1～2回はたっぷりの水を一気に加え、**手早く**捨てる。次に少量の水を加えてとぎ、水が白く濁ったら捨てることを繰り返して洗う。

②浸漬・吸水：水加減は、米の重量の**1.5倍**、容量の1.2倍を目安にするが、新米なら**同量**程度でよい。加熱前に、夏季は水温23～30℃で30分～1時間、冬季は水温5～10℃で1～3時間、水に浸して吸水させる。米の重量に対する吸水率は**25～30%**。

③加　　熱：でんぷんの糊化が完了するには、**98℃で20分間**以上加熱する。

④蒸 ら し：温度をゆっくりと下げるために、蓋を取らずに15分間ほど蒸らす。

米粉の種類と主な用途

原料米	種類	用途
うるち米	上新粉	だんご、かしわ餅
もち米	白玉粉	ぎゅうひ、餅菓子
	寒梅粉	らくがん
	道明寺粉	桜餅

小麦

小麦は、胚乳をつぶして粉食にします。硬質小麦と軟質小麦とがあり、硬質小麦は胚乳が透明で硬く、グルテンの原料であるたんぱく質の含量が多く、歩留まり**70〜75%**の**強力粉**としてパンやめん類などに適しています。軟質小麦は、たんぱく質含量が少なく、**薄力粉**として菓子や天ぷらの衣などに使われます。

小麦粉に水を加えてこねた生地を**ドウ**といいます。ドウの粘弾性は小麦粉の質、加える水の量、練る時間、材料の配合によって変化します。ドウに水分を多く加えると、**バッター**という流動性があるものになります。これらを消化しやすいように変形させて、次のように調理します。

①**薄くのばして加熱**……ホットケーキ、餃子の皮など
②**薄く切るか、のばす**……各種のめんやパスタ類
③**とろみをつける**……ルウ、スープなど
④**粘りを防ぐ**……めん類や餃子の皮の打ち粉
⑤**肉や魚にまぶして水分を吸収**……ムニエルなど

Attention ドウと添加物

- **食塩**……ドウの粘弾性を増す。こしが強くなる。
- **砂糖**……ドウの粘弾性を減少させるが、伸展性、安定性が増す。
- **油**……ドウの安定性、伸展性をよくすると同時に、生地を滑らかにする。
- **卵、牛乳**……水と同じ作用。脂肪が油と同じ性質を与える。
- **アルカリ（かんすい）**……ドウの伸展性を増すと同時に、歯切れがよくなる。

いも類の調理

でんぷんが主成分のいも類は、切った状態で空気に触れると褐変するので、水にさらします。ただし、長く水にさらすと組織が硬くなって煮えにくくなります。

じゃがいも

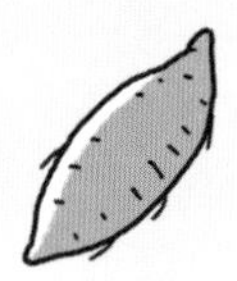

- 粉ふきいもやマッシュポテトには粉質の**男爵**を用いる。未熟なじゃがいもや新じゃがいもは、でんぷんやペクチンの成熟が不十分で、熱しても細胞が分離しにくいので適さない
- 形をくずしたくない煮物などには、粘質の**メークイン**などを用いる
- マッシュポテトは、じゃがいもを**水**からゆで、**熱いうちに**つぶして裏ごしする
- 細切りじゃがいもを炒める場合、十分に水にさらしておくとシャキッと仕上がる

さつまいも

- ショ糖を約4%含んでいるので、ほかのいもより甘味が**強い**
- さらに、加熱するとβ-アミラーゼ（酵素）が糊化でんぷんに作用して麦芽糖を生成するので、甘味が強くなる。この酵素は、いもの中心温度が約70℃でもっとも活発に働くため、**ゆっくりと**加熱する
- 電子レンジでは急速加熱されるため、甘味が少なく仕上がる

さといも

- ぬめりがあるので、**塩**でこすり洗いしてからゆでて**水洗い**すると、ある程度取り除くことができ、味の浸透がよくなる

やまのいも

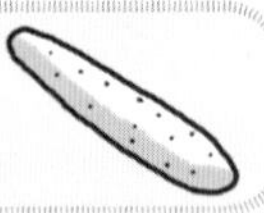

- 消化のよいでんぷんが主成分なので、**生**で食べられる
- 切ったりすりおろしたりしたままだと褐変するので、少量の**酢**を加える

豆類の調理

豆類は、穀類と違って胚乳部がなく、食用にしているのは子葉部分です。ほとんどの豆類は乾物として貯蔵されているので、乾燥豆の調理を行う場合はあらかじめ浸漬、吸水させてから加熱します。

煮豆に調味料を入れる場合、一度に加えると急激な脱水状態を生じて**しわが寄りやすい**ので、数回に分けて加えます。

大豆

- 表皮が硬くて吸水に時間がかかるので、**1晩**は水に浸して十分に膨潤させてから加熱する
- 早く軟らかく煮るため、1%前後の**塩水**に浸してそのまま煮る、約0.2%の**重曹**を加えて煮る、圧力鍋を用いて煮るなど、調理のしかたを工夫することもある
- しわができないように、加熱沸騰したら豆の半量の**冷水（びっくり水）**を加えて内部への温水の浸透をよくする

あずき

- 胚座から内部へ水が入り込み、内部の圧力で表皮が裂けて**胴割れ**を起こしやすいので、洗ったらすぐに火にかけ、ゆるやかに加熱して表皮を軟らかくする
- **サポニン**などの渋味のあくが出るので、加熱沸騰したらいったんざるにあげて**ゆでこぼし**を行い、新たな水で加熱する。これを**渋切り**という

黒豆

- 調味料の入った煮汁に浸して吸水、膨潤させてから煮立てないように弱火で煮て、煮汁に入れたまま冷ますとしわができにくい
- 重曹や古釘を入れて煮ると、色が鮮やかに仕上がる

野菜類の調理

主にビタミンや無機質、食物繊維の供給源であり、主菜のつけ合わせや副菜に欠かせない野菜類は、さまざまな方法で調理されています。そのなかで、問題となるのは栄養成分の変化です。

■ビタミン、無機質の損失

水溶性ビタミンは、洗浄するだけで成分が溶出するので、切る前に手早く洗い、水に長く浸したままにしないことです。また、熱に弱いビタミンや無機質は、ゆでたり煮たりすると汁に溶け出します。

とくに調理による損失の大きいビタミンCは、次の点に気をつけます。

①必要以上に水にさらさない

②ゆでる、煮ることでの損失率は**高い**ので、過剰な加熱は避ける。また、煮汁に残存するので、汁ごと食べられるように調理する

③加熱操作では、炒めたり揚げたりするほうが損失率は**少なく**なる

④空気に触れると酸化されやすいので、大根おろしやミキサーで砕いたものは、調理後できるだけ時間をあけずに食べる

■野菜の変色

野菜の緑色は**クロロフィル**という色素成分で、加熱や酸によって**退色**します。そのため、青菜を加熱調理に用いる場合は長く熱を加えないことが重要で、火から下ろす間際に入れたり、下ゆでではⅠ～2％の**塩水**を用いたりすると色よく仕上がります。このとき、**蓋**をせずに有機酸を蒸発させるようにします。

■野菜の塩ふり

板ずりや塩もみなど、生の野菜に塩をふると、浸透圧の差によって細胞から水分が抜けてしんなりします。脱水後は味がしみ込みやすくなるので、ドレッシングなどは**食べる直前**にかけるようにします。

果実類の調理

果物は、基本的にそのまま単独で食べることが栄養的にも、香りや歯ごたえを楽しむのにもすぐれています。皮をむいたり切ったりする場合も、**食べる直前**に行います。また、果物に含まれる果糖は、**低温状態**で甘味が増すため、**冷やして**食べるのがいいでしょう。

■果物のたんぱく質分解酵素

パイナップルやパパイヤ、キウイフルーツ、いちじくなどは、**たんぱく質分解酵素**の**プロメライン**を含むため、果汁に肉をつけたり、いっしょに調理したりすると、肉が軟らかくなります。ただし、**ゼラチン**に加えると凝固を抑えるので、一度加熱して酵素を不活性化する必要があります。

■果物のペクチン

多糖類のペクチンは、未熟な果物、酸味のある果物に多く含まれ、酸と砂糖を加えてゲル状にしたものが**ジャム**です。ジャムのペクチン量を**0.5～1％**にし、酸の量はpH3.0前後、糖濃度は**55～65％**を目安にします。

調味料の役割と調理特性

調味料は、味覚の基本となる甘味や酸味、塩味などを食品に与える材料で、嗜好を満たし、食欲を増進させます。また、調味料にはいろいろな作用があり、調理特性を生かして活用すると、調理の幅を広げます。

Attention 香辛料の調理特性

香辛料にも調味料同様に調理特性があり、食欲を刺激したり、食品の臭みを消したりといった効果を食品に与える（香辛料→P67、68）。

味付け以外の作用

食塩の調理における作用

①**水分を外へ引き出す**……野菜はしんなりさせて味をしみ込みやすくし、魚は水分とともに生臭みを取り除く。
②**褐変を防ぐ**……りんごなどを褐変させるポリフェノールの変色を阻害する。
③**クロロフィルの退色を防ぐ**……青菜を色よくゆでる。
④**たんぱく質の溶解を促進する**……ドウ（小麦粉をこねた生地）の粘弾性や、すり身などの練り製品の弾力性を増す。
⑤**たんぱく質の熱凝固を促進する**……肉や魚、卵を加熱調理する際に表面が固まりやすくなる。
⑥**微生物の繁殖を抑制する**……脱水作用により保存性が増す。塩蔵品など。
⑦**アスコルビナーゼの働きを抑制する**……果汁のビタミンCを保つ。
⑧**ぬめりを除去する**……魚やさといもなどを洗う。

砂糖の調理における作用

①**水分を外へ引き出す**……果実をしんなりさせて水分と風味を引き出す。果実酒など。
②**微生物の繁殖を抑制する**……水分含量が少なくなるので保存性が増す。砂糖漬けなど。
③**イーストの発酵を助ける**……イースト菌の働きを活発にする。パン、まんじゅう。
④**糊化でんぷんの老化を防ぐ**……でんぷんと共存して水分を奪い、βでんぷんに戻りにくくする。あん、ぎゅうひなど。
⑤**酸化を防止する**……濃厚な砂糖液には酸素が溶けにくいため、酸化されない。
⑥**褐色色素を形成する**……高温で分解されて褐色に色づく。カラメルソースなど。
⑦**ゼリーを形成する**……果実に含まれるペクチンから水分を奪うことで、ゼリー化して固まる。ジャム、マーマレードなど。
⑧**泡を安定させる**……卵白の泡状態を保つ。メレンゲなど。
⑨**たんぱく質の熱凝固を遅らせる**……卵などを加熱する際に軟らかく固める。プディングなど。

食酢の調理における作用

①**微生物の繁殖を抑制する**……殺菌力や抗菌力によって保存性が増す。酢魚、酢漬けなど。
②**たんぱく質の熱凝固を促進する**……卵などを加熱する際に早く固める。ポーチドエッグ、ゆで卵など。
③**金属への付着を防ぐ**……魚を焼く際に焼き網や串に塗る。
④**水分を外へ引き出す**……しんなりさせて、味をしみ込ませやすくする。酢の物、なますなど。
⑤**あく抜きを助ける**……ごぼう、うど、やまのいもの下ごしらえに使う。
⑥**フラボノイドに作用して色を白くする**……れんこんやカリフラワーをゆでる際に、褐変を防いで白く仕上げる。
⑦**アントシアニン色素を赤に発色させる**……赤じそなどの色を鮮やかな赤色にする。紅しょうが、赤かぶなど。
⑧**ミロシナーゼの働きを抑制する**……大根の辛味成分の働きを抑えて辛味を防ぐ。大根おろし。

Section 8

動物性食品の調理

重要度 ★★☆

魚、肉、卵、乳類などはたんぱく質、脂質を多く含みます。これらの**動物性食品の成分による調理特性**を理解して、**それぞれの性質に合った調理のしかた**を把握しましょう。

魚介類の調理

種類が豊富な魚介類は、旬の時期に素材のおいしさを味わえる調理を心がける必要があります。魚肉は、死後硬直も、それに続く軟化も早いため、**新鮮**なものを選びます。

洗浄

調理前に全体を一度洗い、うろこ、頭、内臓などを取り除いた後に再度洗う。**切り身**にしたものは洗わない。

刺し身（お作り）

鮮度のよい魚を選び、よく切れる包丁を使う。切れない包丁では組織細胞が壊れ、外観、舌触り、酵素作用に影響が出て、風味が低下する。刺し身には、つまや薬味、つけ汁が添えられ、**つま**には大根、きゅうり、にんじん、うどなどの生野菜や海藻が用いられる。

■刺し身の切り方

引き切りにした一般的な**平作り**、一刃ごとに切り目を入れて切り離す**八重作り**、斜めにそぐように切る**そぎ作り**、さいの目切りにする**角作り**、細長く引き切りする糸作りなどがある。

■刺し身の手法

- **皮霜作り**……硬い皮に熱湯をかけて食べやすくし、皮ごと刺し身にする。
- **湯引き**………まぐろや鯛などを素早く熱湯に通すか、熱湯をかけるかして、表面だけを加熱する。
- **たたき**………包丁で粗くたたくものと、表面を火であぶるものとがある。
- **あらい**………さく取りした魚をそぎ切り、はね切り、糸作りにしてから氷水で洗って身を引き締め、余分な脂肪や臭みを抜く。
- **酢締め**………さばやあじなど、身の軟らかい魚を酢で締める。
- **こぶ締め**……淡白な魚を昆布で包んで**うま味**を加える。

焼き魚

魚の持ち味を生かすなら**直火焼き**が最適で、トリメチルアミンなどの魚臭も焼くことで芳香に変える。焼く前に、魚の重量の**2～3%**の塩をふり（ふり塩）、約20分間休ませる。焼き方の基本は「**強火の遠火**」といわれ、炭火などの遠赤外線を利用するのが望ましい。

煮魚

魚のたんぱく質は**80℃以上**で凝固するので、煮汁を沸騰させてから入れ、表面を固めてうま味をとどめる。このとき、煮汁に**塩**を加えると、固まりやすい。煮汁はうま味が溶出しないように量を控え、**落とし蓋**をするとよい。

なお、煮る前に素焼きや素揚げをして表面を凝固させる方法もある。

肉類の調理

肉は、と殺後の硬直中よりも、時間をおくと軟化、熟成して軟らかくなり、うま味も増します。熟成は、肉に含まれる酵素の作用によるもので、たんぱく質が自己消化をするからで、その期間は、牛肉が**7～10日間**、豚肉が**3～5日間**、鶏肉は**半日**ほどです。

肉は部位ごとに特徴があり、いろいろな加熱のしかた、味付け、スパイスやソースの組み合わせで、料理のバリエーションが広がります。また、加熱によってたんぱく質が変性し、凝固して肉の色が灰褐色に変わり、香りがよくなります。

肉を焼く

外部が十分に焼けて、内部は焼けすぎないように火加減に気をつける。肉のたんぱく質は約**45℃**で凝固し始め、**65～70℃**で完了する。高温で焼きすぎると硬くなっておいしくなくなる。

ビーフステーキの焼き方

種類	中心温度
レア	55～65℃
ミディアム	65～70℃
ウエルダン	70～80℃
ベリーウエルダン	90～95℃

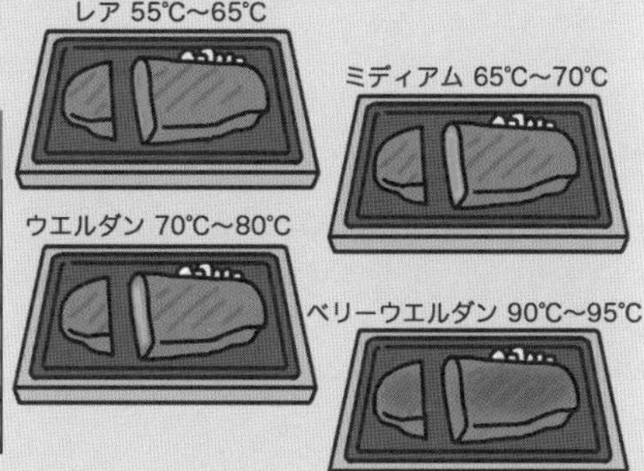

肉を煮る

均一に加熱でき、煮汁に溶出したうま味をほかの材料に含ませることもできる。焦げ目はつかない。煮すぎると硬くなってしまう。ただし、シチューやスープ、煮込み料理の場合は**すじ**の多い硬い部位を使い、長時間加熱して軟らかく仕上げる。皮やすじの部分に含まれるコラーゲンが**ゼラチン**に変化して溶出する。

肉の部位と調理法

種類	部位	調理法
牛	リブロース、サーロイン、ヒレ、ランプなど	ステーキ、ロースト、網焼き、すき焼きなど
	もも	ロースト、網焼き、すき焼きなど
	ばら、すね	煮込み料理、ひき肉料理など
豚	ロース、ヒレ	ソテー、カツレツ、串焼きなど
	もも	カツレツ、焼き豚、ソテーなど
	ばら	角煮、炒め料理、煮込み料理など
	すね	ひき肉料理、スープストックなど

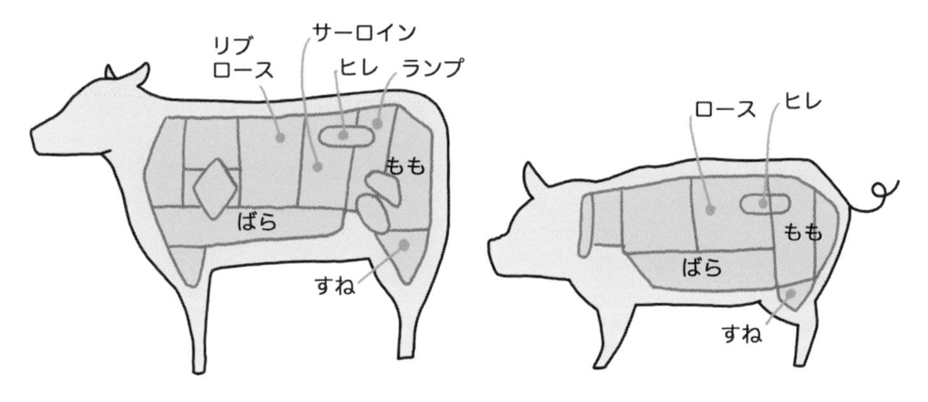

Attention ひき肉と調理

ひき肉は、主にすねなどの硬い部位を細断したもの。表面積が大きくなることで酸化しやすく、細菌に汚染されやすいので、早めに調理する必要がある。食塩を加えてこねると粘りが出て形成しやすくなるが、全体的にはもろく、肉のうま味も溶出しやすい。

卵類の調理

卵類のうち、使用頻度の高い鶏卵は、生でも食べられるので、鮮度のよいものを選びます。目安として、割ったときに卵白も卵黄も盛り上がっているものは新鮮ですが、古いものは広く広がってしまいます。

鶏卵にはいろいろな性質があり（→P62）、とくに加熱による卵白と卵黄との凝固温度の違いは調理に影響します。卵黄は卵白より凝固温度が低いので、好みの硬さに仕上げるには火加減と加熱時間に注意します。

覚えよう！ 卵の凝固温度

卵白：約60℃で固まり始め、**80℃**で完全に固まる。
卵黄：65℃前後で固まり始め、**70℃**で完全に固まる。
●砂糖を加えたときの凝固温度は80℃以上と高くなる。

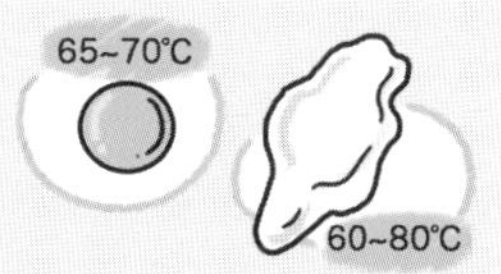

卵をゆでる

卵をゆでる場合、沸騰してから**3分間以上**で半熟状態に、**12分間**ほどで固ゆでになる。また、65～70℃の湯の中で**20～30分間**保つと、卵白は白色ゼリー状で流動性を保ち、卵黄はほぼ固まり美しい濃橙色の**温泉卵**ができる。

なお、ゆで卵の卵黄が緑色を帯びるのは、**卵の古さ**や加熱のしすぎによる。卵白中のたんぱく質から発生したイオウ分が卵黄の鉄に反応して、硫化鉄を生成してしまうことが原因である。

卵を蒸す

茶碗蒸しや卵豆腐などの蒸し料理では「す」が立つのを防ぐために、蒸し器内を**90℃前後**に保つのが望ましい。塩を加えると舌触りと光沢がよくなるが、1％濃度までにとどめる。**砂糖**を加えると液の分離が少なくなり、外観もよくなる。

牛乳の調理

牛乳は、料理やソース、デザート、菓子などに広く利用されています。牛乳を**65℃以上**に加熱すると、たんぱく質の**カゼイン**が凝固して皮膜ができてしまい、取り除くと栄養素が失われてしまいます。それを防ぐには、牛乳を入れてから長時間加熱しないことです。

また、加熱しなくても**タンニン**や塩類、**pHの低下**によって固まり、口あたりを悪くするので、調理の工夫が必要です。

牛乳の調理特性

①料理を白く仕上げる――ホワイトソース、ブラマンジェなど
②滑らかな味にする――シチュー、クリーム煮など
③**アミノカルボニル反応**（→P162）により、よい**焦げ目**と**香り**をつける――ホットケーキ、グラタンなど
④魚やレバーなどのにおい成分を**吸着**させて、生臭さを消す――ムニエルなど
⑤卵のたんぱく質凝固を助け、強度のある硬さに仕上げる――カスタードプディング、ムースなど

Section 9

献立作成

重要度 ★☆☆

献立を作成するには、**献立の意義**を知る必要があります。そのうえで、作成にあたっての**条件を満たすための計画**、**食品選び**、**調理方法**などについて整理しておきましょう。

献立の意義と作成

献立とは、栄養素のバランスや必要量を満たし、安全でおいしく、楽しいといった精神的な満足を得る「**食事計画**」です。献立作成には、単に食品や料理を組み合わせるだけでなく、食べる人の**年齢**や性別、健康状態のほか、調理に要する**費用**、時間、設備、労力などまでも総合的に判断したものにすることが大切です。

単一献立と複数献立

単一献立とは、必要な栄養量に基づいて、主食、主菜、副菜などを組み合わせた食事で、定食形式になったもの。これに対し、めん類、丼物、または料理の一部を選択、追加するのが複数献立で、選ぶ楽しみが広がる。

また、カフェテリア方式やバイキング方式では、栄養バランスがとれるように、料理の種類や食品の使用量を決めて作る。

Attention サイクルメニュー

献立の作成方法として、一定期間の献立を評価、検討し、重複しないように組み合わせをし直して、繰り返し使うサイクルメニュー方式がある。この方式では、食材の計画購入や調理作業の標準化、省力化が可能で、給食運営の効率化が期待できる。

食事別献立の種類

食事には、日常食、非日常食、特別食などがあり、献立もそれぞれに対応する必要があります。

日常食の献立	家庭や一般の飲食店などの毎日の食事。栄養に重点をおき、連続性と一貫性をもった献立にするとともに、飽きないような工夫も必要。
非日常食の献立	正月など、祝日、慶弔、記念などの行事食や、もてなすための供応食など。献立パターンが決まっていて、嗜好的満足性に重点をおく。
特別食	病気や特殊な労働環境、運動時などの条件下の食事。栄養面の配慮が必要で、病気の治療や体力の回復など、目的に応じた内容にする。

供応食と献立例

供応食とは、客を正式にもてなすための食事で、料理の種類によっていろいろある。また、その献立は、長年にわたって積み重ねてきたパターンが確立されている。

- **日本料理**……本膳(ほんぜん)料理、懐石(かいせき)料理、会席料理、精進料理、普茶(ふちゃ)料理、卓袱(しっぽく)料理、行事食、郷土料理など
- **西洋料理**……フランス料理、イタリア料理、イギリス料理、ドイツ料理、スカンジナビア料理、スペイン料理、トルコ料理、アメリカ料理など
- **中国料理**……北京料理、四川料理、上海料理、広東料理、福建料理など

日本料理① 本膳料理の献立例

本　膳　本汁（みそ仕立て）、膾（酢であえたもの）、坪（汁の少ない煮物）、香の物（漬物）、飯（白飯）

二の膳　二の汁（すまし汁）、平（海、山、里のものの盛り合わせ）、猪口（野菜の浸し物またはあえ物）

三の膳　焼き物（焼き魚）

日本料理③ 会席料理の献立例

①前菜
②刺し身（お作り）
③吸い物
④口代わり（山、海、野の珍味）
⑤焼き物
⑥揚げ物または煮物
⑦蒸し物
⑧あえ物または酢の物
⑨止め椀・香の物・飯
⑩水菓子

中国料理の献立例

①前菜　冷盆（冷たい前菜）
熱盆（温かい前菜）

②大菜　炒菜（炒め物）
炸菜（揚げ物）
蒸菜（蒸し物）
溜菜（あんかけ）
煨菜（煮物）
烤菜（直火焼き）
拌菜（あえ物、酢の物）
湯菜（スープ）

③点心　甜点心（甘い点心）
鹹点心（甘くない点心）

献立には主食、副食の区別はなく、4品、6品、8品、10品など偶数の料理が選ばれて献立となる。

日本料理② 懐石料理の献立例

①向付（刺し身や膾など）
汁（合わせみそ仕立て）
飯（白飯）
②椀盛り（汁の多い煮物）
③焼き物（焼き魚）
④箸洗い（吸い物）
⑤八寸（山海の珍味）
⑥強肴（酒の肴）
⑦湯桶（おこげの茶漬けのようなもの）
香の物（漬物）
⑧茶（濃茶）
菓子（生菓子）

西洋（フランス）料理の献立例

①アペリティフ（食前酒）
②オードブル（前菜）
③ポタージュ（スープ）
④ポワソン（魚料理）
⑤アントレ（ロースト以外の肉料理）
⑥グラニテ（ソルベ、氷菓）
⑦ロティ（ローストした肉料理）
ガルニチュール（つけ合わせ）
⑧レギューム（野菜料理）
⑨フロマージュ（チーズ）
⑩デセール（デザート）
⑪フリュイ（果物）
⑫カフェ（コーヒー）
⑬ディジェスティフ（食後酒）

Section 10

集団調理

重要度 ★☆☆

集団調理のうち、利用者に合わせた献立に沿って、**食事管理が行われる給食や給食施設**について正しく理解し、**大量調理のための器具、方法**を覚えましょう。

集団調理と給食

集団調理は、多数の人たちに料理を提供するために調理することですが、このうち、**特定**の人たちを対象に継続的に供給する食事を**給食**といい、給食を扱う施設には学校、病院、事業所、寮などがあります。

給食には、定められた栄養基準に沿って利用者の栄養状態の改善や健康の保持・増進を目的に制約が多くありますが、衛生的で満足のいく給食を限られた時間内に調理するために、調理技術者の役割は重要で、目的や特性を理解する必要があります。

単語帳

●**給食施設**……給食施設でも、1回100食以上または1日250食以上の給食を提供する施設を「特定給食施設」として、健康増進法による規定の対象となっている(→P39)。

給食の食事管理

献立面	●栄養量と費用を考える ●食事構成をもとに献立を決める ●安全性を重視する ●献立作成者のレシピに従い、調理者がおいしく調理する
調理面	●調理者はすべての日常食を習得しておく ●制約時間内に調理する ●同じ調理器具を使う ●多くの人に好まれる味付けを工夫する ●大量調理の技術的な制約がある
供食面	●適温で提供できるように、温蔵・冷蔵庫などを活用する ●取り扱いやすい食器を使う ●1日3回の場合、夕食時間が早まる傾向がある

大量に調理するための調理器具

一度に大量の給食を調理するためには、複数の調理担当者が共同で作業するなどして、調理操作時間を短縮するように努めます。また、大量調理に適した調理器具や調理システムを活用するなどして、調理の効率化を図っています。

覚えよう！ 大量調理に使われる調理器具

下処理

- **ライスウオッシャー**……洗米器
- **ピーラー**……皮むき器
- **フードカッター**……切砕する機器
- **スライサー**……薄切りにする機器
- **ミートチョッパー**……肉ひき機
- **シンク**……流し台
- **ミキサー**……撹拌、混合、泡立てなどを行う機器
- **合成調理器**……切砕から肉ひきまでを行う機器
- **フードプロセッサー**……フードカッターとミキサーとの機能を併せもつ機器

調 理

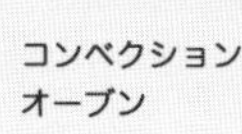

- **ライスボイラー**……炊飯器
- **スチーマー**……蒸し器
- **フライヤー**……揚げ物用機器
- **回転釜**……ゆで釜（ボイル用）
- **サマランダー**……電気ヒーター（焼き物用）
- **コンベクションオーブン**……対流式の多段型オーブン
- **ブレージングパン**……煮込む、炒める、蒸すなどの多目的加熱調理機器

新調理システム

新調理システムとは、厳密な衛生管理と献立計画に基づき、食材の発注・在庫管理、調理の安全性、品質、経済性を求めた調理方式です。その作業工程には、当日に調理して喫食する従来のクックサーブシステムに加え、**真空調理法**、**クックチルシステム**、**クックフリーズシステム**があります。

真空調理法	食材を**真空包装**し、低温で加熱調理後30分以内に急速冷却または冷凍して運搬、保管し、提供時に再加熱する。
クックチルシステム	食材を加熱調理後30分以内に**急速冷却**（中心温度を90分以内に3℃以下）を行い、運搬、保管して提供時に再加熱する。冷却方法は用いる機器により異なり、**タンブルチラー**は冷水（1～2℃）で、**ブラストチラー**は強冷風で冷やす。
クックフリーズシステム	食材を加熱調理後30分以内に**急速冷凍**（中心温度を90分以内に−5℃以下、さらに120分以内に−18℃以下）して運搬、保管し、提供時に再加熱する。

- 再加熱は中心温度75℃以上で1分間以上行う。ただし、ノロウイルス汚染のおそれがある食品の場合は85～90℃で90秒間以上とする
- クックチルシステム、クックフリーズシステムの衛生管理基準は、各国においてもイギリス保健省のガイドラインに基づいている

Section 11

調理施設と設備

重要度 ★☆☆

調理施設には、**3つの基本的な条件**があり、それに基づいて設備が整えられています。その条件をきちんと理解し、**施設や設備に課された規定**などを整理して覚えましょう。

調理施設の条件

調理施設には、**安全面、機能面、衛生面**という3つの基本的条件があります。これらに基づき、安全で快適に働ける環境であること、食物を衛生的に処理・調理できること、能率的かつ機能的であること、一定時間内に目的に沿った一定数の調理が可能な広さや、必要機器が整備されていることなどが求められます。

安全面	防火設備、消火設備、救急設備などが整っていること
機能面	調理するうえでいろいろな操作がしやすく、動きやすいこと
衛生面	病原微生物や害虫などの侵入を防ぎ、清掃しやすいこと

Attention 調理施設の管理基準

調理施設の種類や規模にもよるが、**食品衛生法**により管理基準などが定められている（→P147）。とくに、HACCPの概念を取り入れた食品衛生管理システムが制度化されており、大量調理施設衛生管理マニュアルで示されている項目に従って衛生面などを管理する必要がある（→P148）。

調理施設の構造と設備

食中毒などの発生を防ぐために、施設全体の構造としては、**汚染作業区域**と**非汚染作業区域**とをはっきりと区分する必要があり（→P147）、食品の受け入れや下処理をする場所と調理室とは分ける工夫が必要です。

また、調理室の構造は、作業内容から耐火性、耐水性、耐久性を考慮したうえで、清掃しやすい材質を使用することなどが望まれます。

①**天井**…配管やダクトなどにほこりがたまりやすいうえ、熱気がこもり湿度が高くなりやすいので、露出させずに防水・防かび加工の材料で平らに張る。

②**壁**……床から**1m**の高さまでは耐水性の材料で、汚れが目立つ**明るい色**にする。床面との境に**丸み**をつけて、掃除をしやすくする。

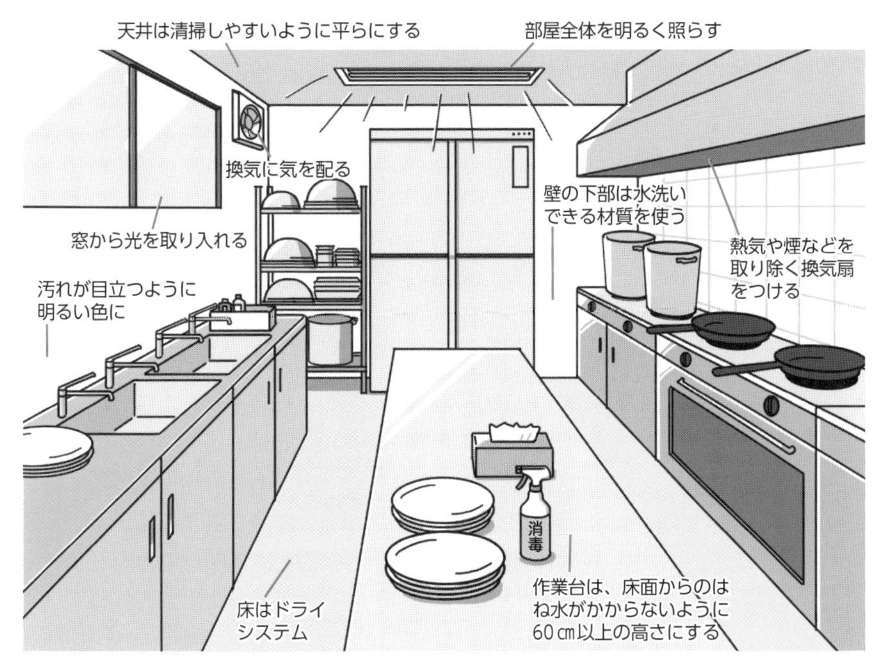

③**床**……掃除しやすいように凹凸をつくらず、**乾式（ドライシステム）**にする。汚水がたまらないように勾配をつける。

④**広さ**…広すぎず狭すぎず、施設の規模にもよるが食堂の広さの**1/3程度**を目安にする。

このほか、調理室から出る食品のくずや食べ残しなどの生ごみの処理、加熱調理によって充満する熱気、蒸気、臭気、油煙、燃焼ガスの換気などの設備を整え、調理室の環境を衛生的に保つようにします。

給水設備	調理用、洗浄用、清掃用に区別し、十分な水量を確保する。水道水以外の井戸水を使う場合や、貯蔵タンクを設置している場合は１年に１回、水質検査で飲用に適するかを確認。給湯設備は必ず併用する。
排水・汚物処理設備	排水は、油脂分や残渣（ざんさ）を分離して下水に流すグリストラップを設置し、たまった汚物は定期的に取り除く。生ごみなどは密閉容器やダスターで処理し、長時間とどめておかない。
空調・換気設備	温度、湿度、空気清浄、気流を調節する空調設備を設け、調理室内は温度を25℃、湿度を80％以下に保つ。換気は、燃焼空気の供給、酸欠の予防、熱気や煙、蒸気などの除去のため、換気扇などを設置してこまめに行う。

Section 12

調理施設の洗浄・消毒・清掃

重要度 ★☆☆

給食施設においては、**「大量調理施設衛生管理マニュアル」に基づいた衛生管理**が行われています。**調理室や調理に使う機器類の洗浄、消毒、清掃に関する基本**を理解しましょう。

調理施設の洗浄・消毒・清掃の基本

食中毒などの発生を防ぐには、食品の衛生管理だけでなく、調理施設を衛生的に保つ必要があります。とくに調理室は、料理への汚染が心配される場所でもあるので、洗剤で汚れを落とした後は**水道水**で洗い流し、殺菌のための消毒を行い、よく乾燥させます。

調理施設の構造から、床や排水溝、床面から**1m以内の高さの壁**、手指の触れる場所などは、1日に**1回以上**清掃し、必要に応じて洗浄・消毒を行います。また、天井、床面から**1m以上の高さの壁**についても、1カ月に**1回以上**の清掃を行います。

トイレについては、業務開始前と終了後のほかに、業務中にも定期的に清掃します。このとき、1,000～5,000ppm濃度の次亜塩素酸ナトリウムを使用して消毒もしっかりと行います。

Attention 清掃計画と点検

調理施設内には、毎日の清掃や定期的な消毒などを実施しなければいけないところがいろいろあるので、日間、週間、月間別に清掃計画を立てて管理する。また、衛生状態が保たれているかの点検も必要で、点検表を作成して行う。

覚えよう！ 食品倉庫などの清掃

食品倉庫自体が不衛生だと食品の汚染につながるので、日ごろから整理整とんを行い、定期的に清掃する。また、冷凍・冷蔵庫は、頻繁に開閉すれば微生物が侵入する可能性もあるので、**週**に1回は内部を清掃し、庫内を**消毒液**でふくようにする。

調理設備の洗浄・消毒

調理に使用する調理台、調理器具・機械などについても、毎日の洗浄・消毒が重要です。調理に頻繁に用いる器具は、使用のたびに汚れを落とし、最後に洗浄・消毒をして、よく乾かしてから指定の場所に保管します。

大量調理施設では業務用の調理機械を使用しているところが多いので、洗浄するときは分解して洗い残しがないようにします。

洗浄・消毒のしかた 大量調理施設衛生管理マニュアルによる

調理台

①調理台周辺の片づけを行う
②食品製造用水で３回水洗いする
③スポンジタワシに中性洗剤または弱アルカリ性洗剤をつけてよく洗浄する
④食品製造用水でよく洗剤を洗い流す
⑤よく乾燥させる
⑥70％アルコール噴霧、またはこれと同等の効果を有する方法で殺菌を行う
⑦作業開始前に⑥と同様の方法で殺菌を行う

単語帳

●**食品製造用水**……飲用に適した、いわゆる水道水のこと。ここでは40℃程度の微温水が望ましいとの注釈がある。
●**70％アルコール**……アルコール（エタノール）は、純アルコールよりも70％程度に薄めたほうが消毒力は強い。

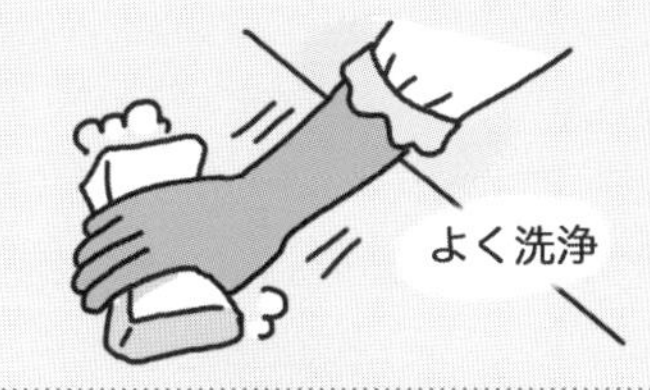

調理機械

①機械本体・部品を分解する。分解した部品は床に直置きしないようにする
②食品製造用水で３回水洗いする
③スポンジタワシに中性洗剤または弱アルカリ性洗剤をつけてよく洗浄する
④食品製造用水でよく洗剤を洗い流す
⑤部品は80℃で５分間以上の加熱、またはこれと同等の効果を有する方法で殺菌を行う
⑥よく乾燥させる
⑦機械本体・部品を組み立てる
⑧作業開始前に70％アルコール噴霧、またはこれと同等の効果を有する方法で殺菌を行う

まな板、包丁、へらなど

①食品製造用水で３回水洗いする
②スポンジタワシに中性洗剤または弱アルカリ性洗剤をつけてよく洗浄する
③食品製造用水でよく洗剤を洗い流す
④80℃で５分以上の加熱、またはこれと同等の効果を有する方法※で殺菌を行う
⑤よく乾燥させる
⑥清潔な保管庫で保管する

※大型のまな板やざるなど、十分な洗浄が困難な器具については、亜塩素酸水または次亜塩素酸ナトリウムなどの塩素系消毒剤に浸漬するなどして、消毒を行うこと。

Section 13

接客サービスと食事環境

重要度 ★☆☆

料理をおいしく食べてもらうには、心を込めたサービスで接客するとともに、食事環境を整えることも必要です。**接客サービス**や**テーブルコーディネート**などの基本に目を通しておきましょう。

接客サービスの方法

客においしい料理を気持ちよく食べてもらうためには、単に料理を提供するだけでなく、接客サービスを丁寧に行う必要があります。

サービスのしかたは、食事のスタイルによって異なります。たとえば、客の人数が増減する立食形式では、料理のとり分けは客自身が行うので、料理の並べ方、保温状態、皿などの用意、汚れた食器を下げるタイミングなど、料理の置かれたテーブルや客の動向などに気を配り、さりげないサービスを心がけます。

着席形式の場合、一人ずつの接客になるので、料理の説明や注文を間違えないようにし、食べられない食品の有無も確認するといいでしょう。

コース料理のサービスのしかた

- **日本料理**……給仕はすべて主客から行い、座敷の場合は客の**正面**、または**左後方**に座って料理を提供する。
- **西洋料理**……飲み物は客の**右**側からで、料理は**左**側から提供するのが基本。食べ終わった食器は音を立てないように下げ、次の料理に進める。
- **中国料理**……回転テーブルのある円卓を用いた場合、大皿に盛った料理を置いたら**右**回転させて主客の前で止める。食器は**料理ごと**に取り換える。

食事をおいしくする環境

食事をする場所の雰囲気などは、料理を楽しむ要因になります。清潔感はもちろんのこと、室内やテーブルのコーディネートもおろそかにはできません。暖色系の照明は食べ物をおいしそうに見せますし、テーブルセッティング、BGMなどを工夫して心地よい空間をつくればリラックス効果があり、食欲増進につながります。

テーブルセッティングの料理用語

- **カトラリー**……食卓用のナイフやフォークなどの総称
- **センターピース**……テーブル中央を彩る花やキャンドルなどの飾り
- **フィギュア**……塩・こしょう入れ、ナプキンリングなどの小物類

PART 6

食文化概論

Section 1

食文化の成り立ち

重要度 ★★★

学習ポイント さまざまな民族や地域において、食に対する習慣や伝統などが受け継がれてきました。そうした**食文化の特徴**や**宗教的な食物禁忌**、**世界の食事作法**などを把握しましょう。

食文化の定義

食文化とは、それぞれの民族や地域社会が育んできた「食べる」という行為と、そこに生まれた慣習や伝統、価値観を表しています。人は古くから、食料をいかに多く収穫し、どのように食し、長期保存するかを考え、火を利用し、道具を使い、味を付けるなどの工夫をして、調理法、加工法、貯蔵法を開発してきました。

また、大切な「食」を人や地域社会と共有することで、**食事作法**（マナー）や**食物禁忌**（タブー）が生まれ、地域や民族の誇りや伝統となって今も継承されています。

食文化の多様性

食文化の多様性は、その地域の風土や環境が大きく影響しています。たとえば、米や小麦などの穀類は生育条件や自然環境に合致した地域の主作物となり、さらに調理特性を生かした食べ方によって、それぞれ独自の食文化を形成していきました。

小麦を主食にしている地域は世界中に広がっていますが、欧米ではパンに、中国では饅頭（マントウ）に、インドではナンやチャパティにと、それぞれの地域で形を変えて食べられています。

■調理法の多様性

調理法もまた、食文化を多様化する要因の一つです。単に火で焼くところから、いろいろな道具を使って煮る、ゆでる、蒸す、揚げるといった加熱方法を開発しました。加えて、地域特有の調味料、香辛料を活用して味を付けるなどして、さまざまな民族料理が確立されてきたのです。

生の魚を加熱せずに包丁さばきだけで調理する刺し身などは、日本独特の調理であり、これも調理法の多様化といえます。

主作物と地域

主作物	食べ方	主な地域
米	飯、かゆ	日本、中国南部、朝鮮半島、東南アジア、インド南部
小麦	パン	ヨーロッパ、ロシア、北アメリカ
	饅頭	中国北部
	ナン、チャパティ	西・中央アジア、インド西部
大麦	あらびきがゆ	ヨーロッパ北部
	おねり	ヒマラヤ地方（チベット周辺）
とうもろこし	トルティーヤ、あらびきがゆ	アメリカ大陸（メキシコ）
雑穀（もろこし、きびなど）	だんご、粉がゆ、おねり	アフリカ大陸
ヤムイモ	おねり	アフリカ大陸
	石蒸し	オセアニア（オーストラリア、ニュージーランドを除く）
キャッサバ	石焼き、石蒸し、粉がゆ	アマゾン流域（ブラジル）、インドネシア

Attention 食の伝播

古代文明の時代から行われてきた農作物の栽培が、世界中に拡大したのは15世紀の大航海時代。コロンブスがアメリカ大陸に到達したことをきっかけに、とうもろこし、じゃがいも、さつまいも、かぼちゃ、トマト、唐辛子などがヨーロッパへ、一方、コーヒー豆やたまねぎがアメリカ大陸へもち込まれた。これを**コロンブスの交換**という。

宗教と食物禁忌

食は宗教とも関係が深く、宗教のなかにはある種の食物を食べないという食物タブーの行為を設けているものがあります。それを**食物禁忌**といい、イスラム教、ヒンズー教、ユダヤ教には厳格な食物禁忌があります。

また、仏教には、生き物を殺生してはならないという教えが存在します。わが国でもこの教えを守って肉食を禁止した時代があり、寺院料理として植物性食品だけを調理した精進料理は現在でも食べられています。

宗教による食物禁忌

宗教の種類	禁忌の食物	備考
ユダヤ教	●豚肉、らくだ肉 ●うろこやひれのない魚 （えび、いか、うなぎなど） ●鴨、鳩、鶏を除く鳥類 ●血液	1回の食事で肉類と乳製品をいっしょに食べてはいけない。食べることができる食品をコーシャ食品という。
イスラム教（回教）	●豚肉 ●アルコール類 ●血液	断食（ラマダン）が課せられる。聖典コーランで定められたものをハラール食品という。
ヒンズー教	●牛肉 ●殺生による動物一般	牛は神の使いと考えられている。

その他の食物禁忌として、動物由来の食品や製品を忌避する菜食主義（ベジタリアン）があり、なかでも絶対菜食主義をヴィーガンといいます。

世界の食事様式

食事様式には、食べ方によって手食、箸食、ナイフ・フォーク・スプーン（**カトラリー**）食の3つに大きく分けられます。現在、世界全体では手食が約40％、箸食とカトラリー食がそれぞれ約30％となっています。

世界の3大食事様式

手食	箸食	ナイフ・フォーク・スプーン食
東南アジア、中東、オセアニア、アフリカ	日本、中国、韓国、北朝鮮、台湾	ヨーロッパ、ロシア、南北アメリカ
●宗教との結びつきが深く、イスラム教、ヒンズー教では厳しいマナーがある ●**左手**は不浄の手とされ、食事に使用されるのは**右手**のみ ●食事中に指をなめない ●食前、食後には手を洗う	●中国文明の火を使った調理から発生 ●中国、朝鮮半島では箸とさじをセットで使う ●日本は箸のみで、持ち方、使い方に多くの作法がある	●イタリア・フィレンツェのメディチ家から伝播 ●18世紀のフランス宮廷料理で洗練される ●入植がきっかけで南北アメリカへもち込まれる ●テーブルセッティングのしかたが決まっている

Section 2 重要度 ★★☆

日本の食文化と料理

日本の食文化の歴史を通して、**各時代に見られる食生活や料理などの特徴**を整理し、現状や未来についても把握しましょう。また、**日本の料理人の歴史**についても目を通しましょう。

食文化の歴史と特徴

縄文・弥生時代

日本では、縄文時代は食材を自然界から採取する時代であり、木の実や山菜などを集めるとともに、弓矢や釣り針を使って鹿、猪、鳥、魚などを手に入れて生食する、または焼いて食べるという食生活を営んでいました。

縄文時代終盤から弥生時代になると、中国大陸から**稲作**が伝播し、徐々に全国各地に広がっていきました。人々は一定の場所にとどまって共同で水田を耕し、安定した収穫を得られるようになります。

このことにより、米などの穀物を主食に、採取してきた魚や植物を副食にして組み合わせる、**米依存型食生活**が形成され、日本料理の性格が方向づけられました。

縄文時代	●食生活は、狩猟、漁獲、採集による獣肉、魚、木の実や山菜などを食材にする ●縄文式土器の誕生により、生食、直火焼きに**煮炊き**が加わる
弥生時代	●水田稲作が中国大陸から伝わり、農耕生活が広がる ●穀類を主食とし、採取したものを副食にする**米依存型食生活**が形成される

Attention 日本の稲作文化

稲の発祥はインド東部のアッサム地方、中国南部の雲南地方で、そこからアジアに広がり、日本への水田稲作技術の伝播は縄文時代終盤といわれている。水田稲作は収穫量が多く、食味がよく、連作も可能なので、人々は水田の周囲に定住するようになり、「村社会」が形成された。このことにより、日本では米を主食にする稲作文化を中心に、雑穀、いも、野菜、魚などを食べる食文化の基礎がつくられた。

大和（古墳）・飛鳥時代

農耕社会はますます発展していき、やがて村社会は、そのなかで強い力をもつ豪族によって統一され、国家が形成されて大和朝廷が生まれました。

この時代に伝来した仏教の影響を受けて、殺生戒（せっしょうかい）の教えから四足動物の肉食を禁止する動きが広がりを見せ、飛鳥時代には天武（てんむ）天皇によって**肉食禁止令**が出されました。

Attention 肉食禁止令

飛鳥時代の675年、天武天皇は仏教の教えに基づき、牛、馬、犬、猿、鶏の肉食禁止令（獣肉忌避令（じゅうにくきひれい））を出した。これが最初の禁止令であり、これ以降明治初期まで、時代が変わってもたびたび発令された。

大和・飛鳥時代	●農耕社会から、大和国家が成立する ●**甑**（こしき）による蒸し米や魚介類のなれずしが伝わる ●飛鳥時代以降、青灰色の須恵器（すえき）という陶器が作られるようになる ●仏教の影響を受け、天武天皇が**肉食禁止令**を出す

奈良・平安時代

奈良時代には、遣唐使（けんとうし）がもち帰ってきた中国大陸の文化を模倣するようになり、食にも大きな変化が見られるようになりました。貴族らは漆器や青銅器、ガラス器を使うようになり、箸が出現し、みそ、しょうゆの原形となるものも登場しました。

平安時代になると食事形式はいっそう洗練され、**大饗料理**（だいきょうりょうり）と呼ばれる貴族の饗応（きょうおう）料理は、現在の日本料理の原形となっています。饗宴では酒も楽しむようになり、**酒造り**が盛んになりました。

奈良時代	●米を税として納付する制度ができ、以降、米は経済基盤となる ●肉食は禁止されたが、**牛乳**の加工品（**醍醐**（だいご））は食された ●遣唐使によって、唐から揚げ菓子などの唐菓子が伝来する ●鑑真和上（がんじんわじょう）により**砂糖**がもたらされ、薬用として使われる
平安時代	●貴族の饗応料理として**大饗料理**が発達する ●**酒造り**が行われる ●米を蒸した強飯（こわいい）を常食とし、保存食として糒（ほしいい）が用いられる

鎌倉・室町・安土桃山時代

鎌倉時代には武家社会となり、当初は食生活は簡素化され、形式にとらわれない合理的なものとなります。禅宗の影響を受けて、日本独自の**精進料理**が開発され、間食として**点心**も広まりました。

室町時代に移ると、公家社会との交流から食事形式を重視し直すようになり、徐々にぜいたくなものに変化しました。**四條流**、進士流などの料理の流派が形成されて、式正料理という儀式料理の一部として**本膳料理**が出現しました。

安土桃山時代になると、南蛮貿易により南蛮菓子や南蛮料理が伝わりました。一方、千利休による茶の湯から**茶懐石料理**（当初は**茶会席料理**）が生まれ、酒造技術が発達して酒の需要も増えました。

鎌倉時代	●玄米を主食とした**一汁一菜**が定着する ●戦陣の保存食に干魚、塩、梅酢、みそ、あめ、はちみつを利用する ●禅宗の影響で**精進料理**や**点心**が広まり、僧侶は１日**３回食**になる ●茶が武家社会に普及する
室町時代	●武家社会の饗応料理として**本膳料理**の基本が整う ●しょうゆやみそなど調味料の加工技術が発達し、**みそ汁**を飲む習慣が広まる ●大豆の生産が盛んになる。一休禅師によって塩納豆が作られ、大徳寺（一休）納豆と名づけられた ●蒸し飯の強飯から、水で炊飯する姫飯に変わり、庶民にも１日**３**回食が定着する
安土桃山時代	●ポルトガル、スペインとの南蛮貿易が始まり、じゃがいも、かぼちゃのほか、カステラ、金平糖、ボウロ、タルトなどの南蛮菓子、南蛮漬けなどの南蛮料理が伝来する ●肉食は禁止されていたが、キリスト教の布教が進んだ地域では牛肉を**ワカ**（Vaca）と呼んで食した ●千利休が茶の湯を大成し、**懐石料理**が登場する。**茶懐石**ともいう ●酒造りの技術が発達し、酒がよく飲まれるようになる

江戸時代

この時代は、鎖国によって独自の日本料理が発達、完成した時代といえます。中国風精進料理の**普茶料理**、酒宴料理として庶民の間で広まった**会席料理**、**袱紗料理**、長崎から始まった**卓袱料理**のほか、本膳料理は一汁三菜から伸縮自在の儀式料理になるなど、いろいろな料理が登場、発展していきます。

また、濃口しょうゆ、和製の砂糖、みりん、粕酢など、調味料の普及によって多くの料理が生まれるとともに、屋台が出現して、庶民の食への関心を高めました。

江戸時代	●鎖国により日本独自の料理様式ができ、上方と江戸とでそれぞれ違った独自の食文化や料理が見られるようになる ●江戸町人の間で、「初鰹」などの初物を楽しむ風習が生まれる ●隠元僧が伝えた中国の精進料理をもとに、**普茶料理**が生まれた ●専門の料理人による茶屋が出現し、酒宴料理として**会席料理**、**袱紗料理**が生まれる ●外食が盛んで、一膳飯屋やにぎりずし、そば、天ぷらの屋台も登場 ●長崎では中国の影響を受けた**卓袱料理**が生まれる

明治・大正・昭和時代

明治時代に入り、文明開化とともに急速に欧米化が進み、肉食を中心とした洋食が広がって、和洋折衷型の食文化が生まれました。さらに、昭和時代の終戦後からは家電製品の普及、インスタントラーメンや加工食品、冷凍食品の登場、ファミリーレストランやファストフード店の出現など、食を取り巻く環境もスタイルも大きく変化していきました。

明治時代	●**肉食**が解禁。牛鍋（すき焼き）が広まる ●牛乳、ハムやチョコレートなどの製造が始まる ●居留地から、西洋料理やトマトなどの西洋野菜も広まる ●インスタントコーヒーの製法や、昆布のうま味物質であるグルタミン酸ナトリウムの抽出などの新しい食品加工技術の開発に成功する

大正時代	●和洋折衷料理として、**とんかつ**、**カレーライス**、**コロッケ**の3大洋食が誕生するほか、ラーメンも出現する ●家族で**ちゃぶ台**を囲み食事をとる形式が一般化する ●キャラメルやマヨネーズの国内生産が始まる
昭和時代	●世界恐慌や戦争による食料不足から、米や食塩など、ほとんどの食料が配給制となる ●終戦直後、食料難が続き、闇市が全盛を誇る ●昭和22年ころから食料難が改善。食料援助（ララ物資）を受けて**学校給食**（パン給食）が始まる ●電気冷蔵庫、電気釜など、家庭用電化製品が普及する ●昭和33年に**インスタントラーメン**が発売され、加工食品、冷凍食品が登場する ●外食産業のファミリーレストラン、ファストフード店が出現。また、コールドチェーンなどの新技術が普及する ●国際交流が進み、輸入食材も増えて、食卓は多様化・多国籍化し、飽食の時代を迎える ●自然食品や健康食品への関心も高まるが、食料自給率の低下、生活習慣病など、食の問題が顕在化する

食文化と調理師

調理師の始まりともいえる史上最古の料理人は、弥生時代に景行(けいこう)天皇に「**白蛤(うむき)の膾(なます)**」などを献上した**磐鹿六雁命(いわかむつかりのみこと)**とされています。その後、四條中納言藤原山蔭(しじょうちゅうなごんふじわらのやまかげ)が祖とされる**四條**流をはじめ、いくつかの料理の流派が生まれ、また、饗応料理として本膳料理、会席料理など、日本の食文化は多くの料理人たちに受け継がれてきました。

やがて、時代の流れとともに集団調理の重要性が認識されるようになりました。調理技術だけでなく、食に関する専門知識をもつ調理師を定めた条例が都道府県に設けられ、**1958**（昭和**33**）年、**調理師法**の制定により調理師の身分が確立されました。

調理師は、栄養バランスがよく、安全で、安心できるおいしい食事を提供することに加えて、食文化の継承者として伝統料理や郷土料理に精通するとともに、新たな料理を創造し、次世代に伝えていく役割も担っています。

単語帳

● **調理師制度の条例**……1950（昭和25）年の京都府を最初に、38都道府県で制定された。

日本の料理人の歴史

- 弥生時代、**磐鹿六雁命**が景行天皇に「**白蛤の膾**」「**堅魚**(かつお)」を献上したことが『日本書紀』に記され、調理の開祖といわれている
- 平安時代、四條中納言藤原山蔭が**四條流**を興し、室町時代には四條流包丁式の形式も確立した。四條流は、後に大草(おおくさ)流、園部(そのべ)流、生間(いかま)流などの流派に分かれることから、家庭料理の源流と見られている
- 料理人の包丁さばきが重視され、**庖丁人**(ほうちょうにん)などと呼ばれた
- 安土桃山時代、南蛮貿易が盛んになり、長崎や平戸のポルトガル人、オランダ人、イギリス人などの商館や屋敷に仕える日本人料理人が出現した
- 江戸時代、高級割烹や大衆的な料理屋、屋台などの登場で、専門職としての料理人の需要が高まった。指導者（親方）の下で調理技術を習得する徒弟制度も始まる
- 明治維新の影響で、大名に仕えていた料理人の一部が「**部屋**」と呼ばれる料理人紹介所を作り、料理店に料理人を派遣した
- レストランやホテルに西洋料理専門のコック（**司厨士**(しちゅうし)）が置かれるようになり、西洋料理も部屋制度に参画し、全国組織として**日本司厨士協同会**が発足した

現代の食文化

今や、家の近くのスーパーマーケットでもさまざまな食材が入手でき、いろいろな国の料理を提供する飲食店がいたるところにあって、好きなときに好きなものを食べられる時代になりました。このような飽食の時代にあって、現代の食文化も大きく変化しています。

食生活は、栄養面でも嗜好面でも豊かになりましたが、人々の食への志向はさらに多様化を見せています。

現代の食志向

健康志向	グルメ・高級化志向	簡便化志向
生活習慣病の予防、ダイエットへの関心	高級食材、地方・郷土名産料理への関心	核家族化、女性の社会進出、単身世帯の増加
特定保健用食品、サプリメント、自然食品、ダイエット食品などの利用	ブランド食品、地方産直、取り寄せ食品などの利用	調理済み加工食品、コンビニ弁当、持ち帰りそうざいなどの利用

■食の外部化（社会化）

現在、家庭では材料を調達して調理する食事（**内食**〈ないしょく〉）が減り、飲食店ですませたり（**外食**）、市販の総菜や持ち帰り弁当などを買って家庭で食べたり（**中食**〈なかしょく〉）するケースが増えています。外食や中食を利用する現象を食の外部化（社会化）といい、このままでは家庭の食事の役割である健康管理、団らんなども外部に頼ることになります。

覚えよう！ **和食が文化遺産に登録**

2013（平成25）年12月、和食の特徴である、多様で新鮮な食材、優れた栄養バランス、自然の美しさや季節の表現、正月などの行事とのかかわりなどが日本の伝統的な食文化として認められ、ユネスコ無形文化遺産に登録された。

ちなみに、同時期に登録されたものに、韓国のキムジャン（キムチ作り）、トルコのトルココーヒーなどがある。

食文化の未来

これからの食文化は、現代の食に関する状況や変化に伴う問題点に対して、どのように対応していくかが課題になります。食文化の継承者として責任ある立場の調理師は、改めて自分たちの役割を認識し、日本の伝統の味を消滅させることなく次世代に伝える必要があります。

食生活の問題点		対応
食生活の乱れ	孤食（1人での食事）、個食（家庭内での個別の食事）、朝食の欠食、間食、肥満、生活習慣病の若年化など	食育の実践（食育基本法→P46）
食料自給率の低下	食料自給率の低さは、世界主要国では最低レベル（→P206）	食料の安定供給と食料自給率の改善を目指す（食料・農業・農村基本法）
食文化の伝承の危機	食の共通化・国際化の加速による、ファストフードなどを好む子どもの増加で、日本の食文化の独特の味覚や感性が伝承されない	スローフード運動、地産地消運動

Attention **食の運動**

スローフード運動……伝統的な食文化を見直し、次世代に継承することを目的とした運動で、イタリアの地方都市のブラ市が発祥。

地産地消運動…………地元で生産された食材を地元で消費すること。この運動は学校給食にも採用されている。

Section 3 重要度★★★

伝統料理・郷土料理

時代や地域の風習などにより、変化、確立、発展してきたいろいろな日本料理のなかで、継承されてきた**伝統料理のしきたりや行事食、日本料理の様式、代表的な郷土料理**について、しっかりと覚えましょう。

日本の伝統料理

伝統料理とは、長い歴史を通じてそこに住む人々が培い、伝承されてきた料理のことです。現在、正月や節句などの年中行事、人生の節目を祝う通過儀礼の行事に伝えられてきた料理は、全国的に共通するもの、特定の地域に限られるものなどがあります。

■いろいろな行事食

季節の変わり目を祝う行事として、江戸時代に定められた**五節句**には節供（せちく）と呼ばれる料理を神に供えました。その慣習を受け継いだ「**ハレ**」の日の食事として、特別な料理が食べられています。現在では、正月のおせち料理をはじめとする行事食は多様にあります。

覚えよう！ 「ハレ」と「ケ」の日

「**ハレ**」とは、神と接する特別な日のことで、非日常を意味するのに対し、ふだんのこと、日常を「**ケ**」といって区別している。

ハレの日には神饌（しんせん）という特別な料理や酒を神に供え、その供物を参列者で食べる「直会（なおらい）」の儀式を行った。このハレの日の食事は、「神人共食（しんじんきょうしょく）」の思想により、神と食事をともにすることで絆を深めるためといわれているが、本来の行事とは切り離されて受け継がれている。

五節句と節供

人日（じんじつ）	正月７日	邪気を払い、万病を防ぐ。七草がゆ（春の七草：せり、なずな、すずな、すずしろ、ほとけのざ、ごぎょう、はこべら）
上巳（じょうし）	３月３日	「桃の節句」といい、女子の成長を祝う。菱餅、ひなあられ、白酒、はまぐりの吸い物、ちらしずし
端午（たんご）	５月５日	男子の出世と健康を願う。ちまき、かしわ餅
七夕（たなばた）	７月７日	星祭り。願いを書いた短冊を笹の葉に飾る。冷や麦、そうめん、うり、なす
重陽（ちょうよう）	９月９日	「菊の節句」といい、長命を願う。栗飯（くりめし）、菊花酒

その他の行事食

行事	行事食	行事	行事食
正月	おせち料理、雑煮	お盆	盆菓子、なす、きゅうり、そうめん
鏡開き	しるこ、雑煮	夏の土用	うなぎ
小正月	あずきがゆ、まゆ玉	八朔（はっさく）	まんじゅう、ぼた餅
二十日正月	ぶりのあら汁	十五夜	さといも、月見団子
節分	いり豆、いわし、太巻き	秋の彼岸	おはぎ
初午（はつうま）	米粉の団子	十三夜	枝豆、月見団子
春の彼岸（ひがん）	ぼた餅	冬至（とうじ）	かぼちゃ、あずきがゆ
灌仏会（かんぶつえ）	甘茶、精進料理	大みそか	年越しそば

Attention 東西の食文化の地域差

雑　煮　**東京**：**切り餅**を焼き、すまし仕立ての汁に鶏肉、青菜類、根菜類が入る。
　　　　　京都：**丸餅**を煮て、白みそ仕立ての汁に鶏肉、京にんじん、やつがしらなどが入る。
しょうゆ　**東**：濃口　**西**：薄口
う な ぎ　**東**：背開き　**西**：腹開き

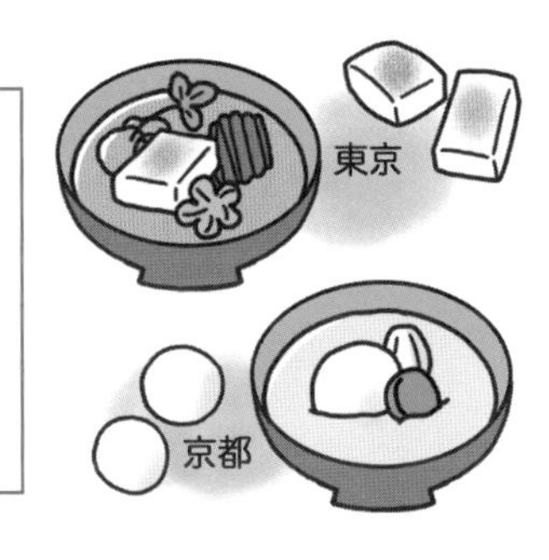

日本料理の特徴と様式

「**目で楽しむ**」といわれる日本料理は、主に魚を中心に素材を生かし、薄味で色や形、盛り付けも重視しています。具体的には次のような特徴があります。

①素材の持ち味を生かして、だし汁を活用して薄味で調理する
②切る、煮る、焼くなど、シンプルな調理操作で素材の味を引き出す
③盛り付けをはじめ、香り、色、食感など五感で味わう料理を心がける
④料理を引き立てる食器にこだわり、調和のとれた器を選ぶ
⑤色彩や季節感にも気を配り、さらに食後の余韻も楽しませる

さらに、汁と菜を基本に、数種類の料理を人数分に盛り付けて並べ、1人分ずつの食膳を構成します。

■日本料理の様式

日本料理には、客をもてなす饗応料理として宴席や茶席、仏事、行事などに応じていろいろな料理が作られ、それぞれの時代の調理人たちによって発展してきました。

主な日本料理の様式

種類	時代	特徴
精進（しょうじん）料理	鎌倉	禅宗の簡素な料理で、道元禅師が永平寺に伝えた。肉や魚の生臭いものを使用せず、原則として植物性食品のみを使用した。
本膳（ほんぜん）料理	室町	室町時代に始まり、江戸時代に発達した式正料理。饗宴の規模によるが、本膳、二の膳、三の膳を基本とし、一汁三菜、一汁五菜、二汁五菜などで構成される。食器は黒か朱塗りの漆器を用いる。
懐石（かいせき）料理	安土桃山	茶会の際に濃い抹茶をおいしく飲むため、空腹しのぎ程度の軽い食事として客にふるまったのが始まりで、茶懐石料理ともいう。その後、茶道とともに発展し、江戸時代に懐石料理として確立。
袱紗（ふくさ）料理	江戸	儀式的で礼法にも厳しい本膳料理を簡略化したもの。武家だけでなく庶民にも普及。一汁三菜、二汁五菜、三汁七菜が基本。
普茶（ふちゃ）料理	江戸	中国風の精進料理。隠元禅師が伝えたとされ、黄檗（おうばく）料理ともいう。肉や魚に見立てた擬製（もどき）料理を大皿に盛り付け、取り回して食べる。
卓袱（しっぽく）料理	江戸	中国から伝わった料理を日本風にした料理。江戸時代に長崎から始まり、現在でも長崎の郷土料理となっている。大皿料理を取り分けて食べる。豚の角煮や梅椀などがある。
会席（かいせき）料理	江戸	本膳料理や懐石料理を簡略化した、酒を楽しむための料理。現在の宴席の主流様式。その場で全部食べ切れる量の料理だけを出す「食い切り料理」で、1品ずつ配膳する。

日本各地の郷土料理

郷土料理は、その地域で主に生産された食材を用い、風習や食習慣、時代の流れなどの影響を受けながら、地域独特のものとして伝えられてきた料理です。

日本各地の主な郷土料理

地方	都道府県	主な郷土料理
北海道・東北	北海道	石狩鍋、三平汁、ルイベ、いか飯
	青森	じゃっぱ汁、いちご煮、けの汁
	岩手	ひっつみ、わんこそば、どんこ汁
	秋田	きりたんぽ、しょっつる鍋
	山形	納豆汁、くじら餅
	宮城	ずんだ餅、はっと汁
	福島	しんごろう、う漬け
関東	茨城	あんこう鍋、ごさい漬け
	栃木	しもつかれ、法度汁
	群馬	お切りこみ、つみっこ
	埼玉	いもせんべい
	千葉	なめろう、さんが
	東京	深川飯、どじょう鍋
	神奈川	おばく、へらへら団子
北陸・中部	新潟	川煮、のっぺい汁
	富山	ますずし、ほたるいか料理
	石川	治部煮、かぶらずし
	福井	小鯛の酢漬け
	山梨	ほうとう、信玄ずし
	長野	おやき、五平餅、野沢菜漬け
東海	岐阜	ほう葉みそ、へぼ飯
	静岡	わさび漬け、まご茶
	愛知	みそ煮込みうどん
	三重	手こねずし、伊勢うどん
近畿	滋賀	ふなずし、もろこ料理
	京都	いもと棒だらの炊いたん、千枚漬け
	大阪	船場汁、バッテラ
	兵庫	明石焼き、たこ飯
	奈良	柿の葉ずし、飛鳥鍋
	和歌山	めはりずし、すずめずし
中国	鳥取	ののこ飯
	島根	出雲そば、めのは飯
	岡山	祭りずし
	広島	うずみ
	山口	ちしゃなます
四国	徳島	ぞめき料理、でこまわし
	香川	てっぱい、讃岐うどん
	愛媛	いずみや
	高知	皿鉢料理
九州・沖縄	福岡	おきゅうと、がめ煮、水炊き
	佐賀	ごどうふ
	長崎	卓袱料理、皿うどん
	熊本	からしれんこん
	大分	きらずまめし
	宮崎	冷や汁、ねりくり
	鹿児島	鶏飯
	沖縄	チャンプルー、ソーキそば

Section 4
世界の食文化と料理

重要度 ★★☆

世界の国々では、それぞれ独自の食文化を発展させてきました。**西洋料理**と**中国料理**を中心に、**調理の特徴**や、**国、地域の代表的な料理**について把握します。また、**その他の国の代表的な料理**も覚えましょう。

西洋料理の食文化と料理

「**香りを楽しむ**」といわれる西洋料理は、主にヨーロッパ、南北アメリカ、オーストラリア・ニュージーランドでの料理の総称です。広域にわたる西洋料理は、それぞれの国や地域の風土、産物などによって独自の調理法を伝承し、特徴的な料理を発展させてきました。そのなかで、パンを主食に、獣鳥肉や乳製品、香辛料を多用するといった共通の特徴が見られます。

西洋料理の主な特徴

①獣鳥肉が中心で、パンをよく食べる
②牛乳、乳製品を多く用いる
③香辛料を多く使う
④ナイフ、フォーク、スプーンを使う
⑤加熱技術に優れている

■西洋料理の変遷

西洋料理は、18世紀のフランスの宮廷料理が基本となっており、その歴史は古代ローマ時代にまでさかのぼることができます。

古代ローマ時代	●美食家の**アピキウス**が、世界最古の料理書『**ラルス・マギリカ**』を著す
中世	●香辛料交易が活発に行われた ●14世紀、フランス最初の料理人**タイユヴァン**が『食物譜』を著す
ルネサンス期	●イタリアのカトリーヌ・ド・メディチがフランスの王子（後に国王）に嫁いだのを機に、ナイフ、フォークを使うテーブルマナーが伝えられた ●彼女に同行した料理人が、シャーベット、マジパンなど、イタリアの最先端の製菓技術をフランスに紹介した
18～19世紀	●フランスの宮廷で「**グランド・キュイジーヌ**」（**高級料理**）が開花 ●フランス革命以降、貴族の料理人が町に出て「**レストラン**」を開店 ●**ブリヤ・サヴァラン**などにより美食の追求（**ガストロノミー**）が発展 ●**アントナン・カレーム**が建築学を取り入れた菓子作りなどで活躍
現代	●エスコフィエがホテル王リッツと組んで、フランス料理を世界に広めた ●1970年代に**ヌーベル・キュイジーヌ**（**新しい料理**）運動が生まれ、その担い手の**ポール・ボキューズ**らが活躍した

各国の西洋料理の特徴

フランス	豊かな風土を背景に多彩な食材、**ソース**、**スパイス**を使用したさまざまな料理が特徴。料理にこだわりをもつ国民性である。**フォアグラ**、**トリュフ**、**エスカルゴ**、チーズ、ワインなど
イタリア	家庭的で素朴な料理が特徴で、**トマト**とオリーブオイルを多用。魚介料理、**パスタ**、**ピッツア**、**リゾット**、エスプレッソ、ティラミスなど
スペイン	地方色豊かな料理。オリーブオイル、にんにく、豆、魚介類、豚肉加工品などを多用。**パエリア**、**ガスパチョ**、シェリー酒、ポートワインなど
イギリス	味付け、調理法などはシンプル。**アフタヌーンティー**やハイティーの習慣がある。ビスケット、**スコーン**、ローストビーフ、**キドニーパイ**、フィッシュアンドチップス、プラムプディングなど
ドイツ	実質的で合理的な料理が特徴で、肉の煮込み料理や、ハム、ソーセージなどの豚肉加工品にすぐれている。じゃがいも、**ザウアークラウト**、**クネーデル**、バウムクーヘンなど
スイス	ドイツ系、イタリア系、フランス系からなる多民族国家なので、各国の料理を自国風にアレンジしている。特産のチーズを使う**フォンデュ**、ラクレットなど
東欧諸国	肉料理が多い。塩漬け、酢漬けにした野菜やきのこ、ハム類などの保存食を利用。ハンガリーでは、パプリカやサワークリームを多用する。**ハンガリアングーラッシュ**（ハンガリー）など
バルカン半島	中東料理の影響を受けている。ギリシアではオリーブオイルを多用し、魚介類を用いる地中海料理に通じる。**ムサカ**（ギリシア）、ブルガリアヨーグルト（ブルガリア）など
北欧諸国	にしん、鮭などの魚介類の乾物、燻製、塩漬けなどの保存食を多用。ビュッフェ形式の**スモーガスボード**（スウェーデン）、オープンサンドイッチの**スモーブロー**（デンマーク）など
ロシア	厳寒のため、栄養価が高く、からだを温める料理が多い。オードブルの元祖といわれるザクースカは、ウオッカとともに味わう。**ボルシチ**、ピロシキ、カーシャなど
アメリカ	移民が集まった国なので、各国料理の特色が混じり合っている。簡単でボリュームのある料理が多い。**バーベキュー**、ポークビーンズ、クラムチャウダー、ハンバーガー、フライドチキンなど

中国料理の食文化と料理

「**舌で味わう**」といわれる中国料理は、味に重点をおいた料理です。食材は豊富なうえ、ふかひれや海つばめの巣などの**乾物**（干貨）を主材料に多く使い、多種類の調味料、香辛料を組み合わせます。しかも、**少ない調理器具**で合理的に調理することなども特徴です。

また、薬と食物の源は同じとした「**医食同源**」の考え方や、一つの円卓を囲んで大皿から各自が取り分ける食べ方などは、日本の食文化にも大きな影響を与えています。

■地域別の４つの中国料理

長い歴史と普遍性をもつ中国料理も、広大な国土と多民族の集まりのなかで主に東西南北の４つの地域に分かれ、その土地や気候に合った料理を確立しました。

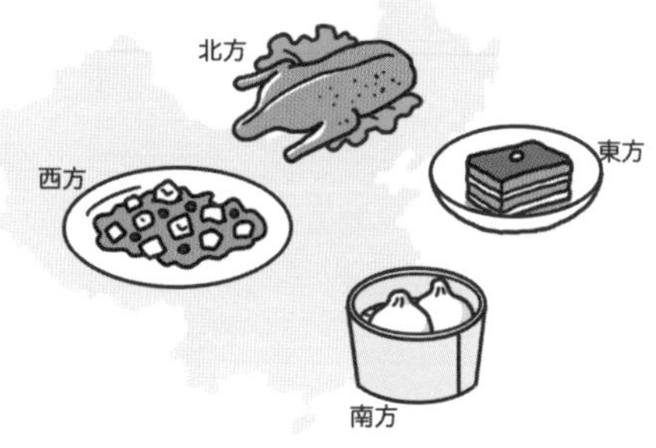

Attention　満漢全席

清の乾隆帝により、満州族と漢民族との融和を図るために催された盛大な宴会の料理が発祥。近代の中国料理のなかで最高級の宴席とされている。

中国料理の４つの系統

北京・山東料理（北方・黄河流域地帯）	小麦粉、にんにく、ねぎ、羊を使用し、油を多用した調理が多い。味付けは**濃厚**	**北京拷鴨**（北京ダック）、**餃子**、涮羊肉(羊肉のしゃぶしゃぶ)、包子、餅、饅頭など
上海・江蘇料理（東方・揚子江下流地帯）	四季のある温暖な気候による豊富な産物や、魚介類などを使用。米食。**酸味**	**もくずがにの姿蒸し**、スッポンのしょうゆ煮、**東坡肉**（豚の角煮）など
四川・雲南料理（西方・揚子江上流地帯）	唐辛子、山椒などを使い、辛味料理が発達。肉、蔬菜、淡水魚を使い、味付けは**多彩**	**麻婆豆腐**、担々麺、**樟茶鴨**（あひるの山椒風味いぶし焼き揚げ）
広東・福建料理（南方・亜熱帯海岸地帯）	魚介類、肉類、野菜、南国果実など多彩な産物を使い、油は控えめで味は**淡白**。点心の種類が豊富	**酢豚**、子豚の丸焼き、牛肉のオイスターソース炒め、**飲茶点心**など

覚えよう！　中国料理の味の特徴

４系統の各料理を味の特徴から示すと、東は酸（**酸**味）、西は辛（**辛**味）、南は淡または甜（**甘**味）、北は鹹（**塩**味）となる。

その他の国の料理

　このほか、国ごとにさまざまな食文化があり、特有の料理が作られています。東南アジアや中東、中南米の料理は、「民族の」という意味のエスニック料理と呼ばれ、日本料理とも中国料理とも異なる、エキゾチックな味を楽しむ人が増えています。

その他の国の料理の特徴

アジアの国々の料理

韓国	中国と同様に医食同源を取り入れる。唐辛子を使用した食品が**キムチ**、コチュジャンなど多数ある。**プルコギ**、ビビンバ、チヂミ、サムゲタン、ネンミョン、クッパ、ナムルなど
ベトナム	中国、フランスの影響を受ける。**ヌクマム**という魚醤（ぎょしょう）（魚介類の発酵調味料）が代表的な調味料。**ゴイクン**（生春巻き）、**フォー**、バンセオなど
タイ	独特の辛味、酸味、甘味をもつ。魚醤の**ナンプラー**やカピ（エビの塩漬け）、マナオ（かんきつ類の搾り汁）で調味する。**トムヤムクン**、グリーンカレーなど
インド	多様な気候風土、宗教から料理も多種類あるが、一般的な肉類は鶏と羊のみ。北部ではタンドリーチキンなどの**タンドール料理**、南部では**米料理**や**揚げ物料理**、菜食主義者が多い西部では**野菜料理**、東部では**魚介料理**が代表的。**ガラムマサラ**で野菜や肉を煮込み、**チャパティ**や**ナン**とともに食べる

中東の国々の料理

トルコ	東西の食文化が融合。ムスリム（イスラム教）により**豚肉**は食べない。ヨーグルトを調味料としても多用。子羊肉の串焼き**シシカバブ**、ドクマ、トルココーヒー、チャイなど
エジプト	エジプトではモロヘイヤ、米、豆を多用。**コシャリ**（豆入りご飯）、宗教（ムスリム）の関係で、コフタ（羊ひき肉料理）など
モロッコなど	モロッコやチュニジアでは**クスクス**を多用

中南米の国々の料理

メキシコ	とうもろこし粉の**トルティージャ**（トルティーヤ）から作った**タコス**、エンチラーダ、蒸留酒のテキーラなど
ブラジル	移民が多いため多国籍料理。肉料理の**シュラスコ**、フェジョアーダ（肉と豆の煮込み）、コーヒー、蒸留酒のカイピリーニャなど
アルゼンチン	牛肉料理が中心。**エンパナーダ**（ひき肉のパイ包み）、アサード（バーベキュー）、マテ茶など

Section 5

食料生産

重要度 ★☆☆

日本の食料生産や**食料自給率**は全体的に低く、輸入に頼っているのが現状です。とくに自給率については、**全体の数値や主な食品についての数値**を把握しておきましょう。

食料生産と消費のバランス

食生活の変化や交通手段の発達に伴い、食料生産の状況も大きく変わり、日本では多くの食品を輸入に頼っています。近年の食料自給率によると、熱量（カロリー）ベースの食料自給率は**38%**と、先進国において最低値のレベルです。とくに、**小麦**、**とうもろこし**、**大豆**、砂糖などは自給率が低く、反対に高いのは米、野菜、乳・乳製品などです。

主な食料自給率（2022年概算）

熱量ベースの食料自給率	38%

品目別自給率（重量ベース）

米	99%
小麦	15%
いも類	70%
大豆	6%
野菜	79%
肉類	53%
砂糖類	34%

単語帳

● **食料自給率**……国内に供給される食料のうち、国内生産されたものの割合を表す。

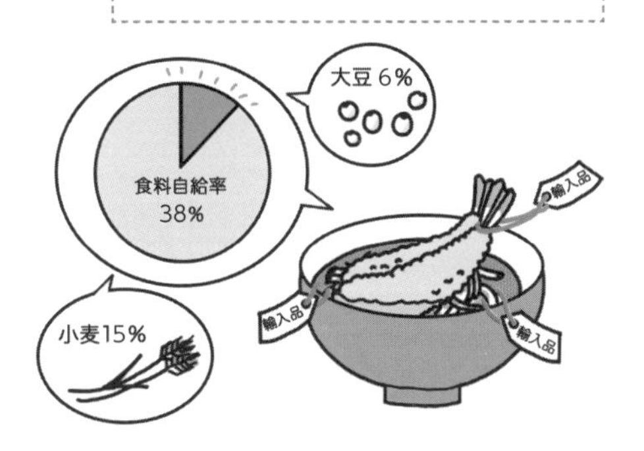

■食料の消費

主食である米の摂取量は年々減少しており、ご飯離れの食生活が顕著に表れています。その一方で、パンやめん類の原料である小麦の摂取量が増えていることから、小麦の消費量が生産量を上回るようになり、輸入量が増えた結果、自給率が低下してきたのです。また、油脂類や肉類などにも同様の変化が顕著に見られます。

世界の食料事情

飽食の時代といわれる一方で、農作物や水産物、畜産物の収量が減少していることもあり、世界の飢餓人口は8億3,000万人以上といわれている。この2極分化を解消し、世界規模での食料安定供給は今後の重要課題といえる。

PART 7

練習問題

1　公衆衛生学
2　食品学
3　栄養学
4　食品衛生学
5　調理理論
6　食文化概論

解きながら実力がつくように、本文で解説していないものも出題しています。解答の説明をよく読み、確実にマスターしましょう。

1 公衆衛生学

問1　次の日本国憲法に関する記述で、（　）内に入る数字、語句の組み合わせとして正しいものを一つ選びなさい。

日本国憲法第（Ａ）条では、「すべて国民は、健康で文化的な（Ｂ）の生活を営む権利を有する。国は、すべての（Ｃ）について、社会福祉、社会保障及び（Ｄ）の向上及び増進に努めなければならない。」とある。

	A	B	C	D
(1)	13	最高限度	日常生活	生活環境
(2)	22	最高限度	日常活動	保健衛生
(3)	25	最低限度	生活部面	公衆衛生
(4)	26	自由で平等	生活活動	公衆衛生

問2　WHO（世界保健機関）に関する記述で、誤っているものを一つ選びなさい。

(1) WHO の本部事務局は、スイスのジュネーブに置かれている。
(2) 1978 年に「プライマリーヘルスケア」の提唱のため、アルマ・アタ宣言が採択された。
(3) 1980 年に、マラリアの根絶を宣言した。
(4) 1986 年に、「ヘルスプロモーション」を提唱した。

問3　2022 年の日本の人口に関する記述で、誤っているものを一つ選びなさい。

(1) 年少人口が減少している。
(2) 合計特殊出生率が 2.1 を下回っている。
(3) 出生率よりも死亡率が高いので、人口は減少している。
(4) わが国は乳児の不慮の死亡が多いので、乳児死亡率はほかの先進国に比べて高い。

問4　次の組み合わせのうち、正しいものはどれですか。

(1) 食料需給表 ―――――― 内閣府
(2) 国民健康・栄養調査 ―― 厚生労働省
(3) 国勢調査 ――――――― 厚生労働省
(4) 食中毒統計 ―――――― 総務省

解答

問1（3）／条文は第 25 条の「生存権」と国の社会的使命について規定しているもので、これに基づき公衆衛生活動が行われている。　**問2（3）**／1980 年に宣言されたのは天然痘の根絶。**問3（4）**／乳児死亡率は世界的にも低い。　**問4（2）**／(1) 食料需給表は農林水産省が作成。(3) 国勢調査は総務省が行う。(4) 食中毒統計は厚生労働省が行う。

問5　新型コロナウイルス感染症（COVID-19）の世界的流行について、対策を担当している国際機関を一つ選びなさい。

（1）世界保健機関（WHO）
（2）国連児童基金（UNICEF）
（3）国際労働機関（ILO）
（4）国連食糧農業機関（FAO）

問6　統計指標の計算式について、誤っているものを一つ選びなさい。

（1）出生率 $= \dfrac{\text{年間出生数}}{\text{人口}} \times 1{,}000$

（2）死亡率 $= \dfrac{\text{年間死亡数}}{\text{人口}} \times 1{,}000$

（3）乳児死亡率 $= \dfrac{\text{年間乳児死亡数}}{\text{年間出生数}} \times 1{,}000$

（4）致命率 $= \dfrac{\text{ある疾病の死亡数}}{\text{ある疾病の罹患数}} \times 1{,}000$

問7　保健所に関する記述のうち、誤っているものを一つ選びなさい。

（1）健康増進法に基づいて設置されている。
（2）エイズ、結核、性病、感染症、その他の疾病の予防に関する事業を行う。
（3）歯科保健に関する事業を行う。
（4）精神保健に関する事業を行う。

問8　感染症とその媒介体との組み合わせについて、正しいものを一つ選びなさい。

（1）レプトスピラ病 —— ネズミ
（2）つつが虫病 ———— 蚊
（3）ペスト ————— ダニ
（4）日本脳炎 ———— ハエ

PART 7 練習問題 1公衆衛生学

解答

問5（1）／WHOは国連の専門機関の一つで、感染症対策をはじめ世界レベルでの保健活動を行っている。　**問6（4）**／致命率は特定の疾病の罹患者数に対する死亡者数の割合を示すもので、1,000ではなくて100をかける。　**問7（1）**／保健所は地域保健法に基づく。　**問8（1）**／（2）のつつが虫病はダニ、（3）のペストはノミ、（4）の日本脳炎は蚊（コガタアカイエカ）が媒介体となる。

問9　次の環境に関する項目の組み合わせのうち、誤っているものを一つ選びなさい。

（1）地球温暖化 ——— CO の削減 ——————— パリ協定 COP21

（2）オゾンホール —— フロンガスの削減 ——— モントリオール議定書

（3）有害廃棄物 ——— 越境移動の規制 ———— バーゼル条約

（4）野生生物種 ——— 種の絶滅防止 ————— 生物多様性に関する条約

問10　感染症法における類型分類に従ってその危険度を比較した記述のうち、誤っているものを一つ選びなさい。

（1）結核＞痘そう（天然痘）

（2）ポリオ（急性灰白髄炎）＜ペスト

（3）腸管出血性大腸菌感染症＝コレラ

（4）エボラ出血熱＞SARS

問11　感染症の予防対策の３原則として、誤っているものを一つ選びなさい。

（1）多数集合の禁止 ——— 感染経路対策

（2）上下水道の整備 ——— 感染源対策

（3）患者の隔離 ————— 感染源対策

（4）ワクチン接種 ———— 感受性対策

問12　疾病予防の第１次予防に関する記述で、誤っているものを一つ選びなさい。

（1）健康な状態で、疾病要因を取り除くことを目的としている。

（2）疾病の自覚症状がない状態で、早期発見や早期治療を行う。

（3）予防接種は第１次予防である。

（4）禁煙は第１次予防である。

問13　生活習慣病とそのリスク要因の組み合わせのうち、誤っているものはどれですか。

（1）肺がん ———— ヒトパピローマウイルス

（2）虚血性心疾患（狭心症、心筋梗塞）——— 食塩の取り過ぎ、肥満、ストレス

（3）大腸がん ——— 高脂肪食，繊維食品の摂取不足

（4）胃がん ———— ヘリコバクター・ピロリ菌

解答

問９（１）／CO ではなく、CO_2 の削減が正しい。　**問10（１）**／結核は２類感染症に、痘そうは１類感染症に分類されているので、１類感染症のほうが危険度は高い。　**問11（４）**／ワクチン接種は感染経路対策である。　**問12（２）**／定期健康診査や人間ドックでの早期発見、早期治療は第２次予防である。　**問13（１）**／肺がんのリスク要因は喫煙や大気汚染で、ヒトパピローマウイルスは子宮頸がんのリスク要因である。

問14　平均寿命と健康寿命に関する記述について、正しいものを一つ選びなさい。

（1）平均寿命は、国民健康・栄養調査の結果を用いて算出されている。
（2）健康寿命は、自立した生活を維持し、認知症や寝たきりでない年齢期間である。
（3）健康寿命は、平均余命よりも長い。
（4）平均寿命は、満20歳の平均余命を指す指標として表される。

問15　調理師法についての記述のうち、正しいものを一つ選びなさい。

（1）調理師でない者が調理師の名称を用いると、罰金刑に処せられる。
（2）調理師名簿の氏名に変更が生じた場合、住所地の都道府県知事に名簿の訂正を申請しなければならない。
（3）飲食店営業施設では、必ず調理師1名以上を置かなければならないという、必置義務がある。
（4）調理師が結核に感染すると、調理師の資格を取り消されることがある。

問16　調理師法に関する記述のうち、正しいものを一つ選びなさい。

（1）調理師免許を申請するには、麻薬などの中毒者でないかの医師の診断書が必要である。
（2）調理師の免許は、調理師試験に合格した者のみに与えられる。
（3）調理師の免許申請は、調理師試験を受けた都道府県で行う。
（4）調理師は名称独占資格であり、かつ業務独占資格でもある。

問17　次の調理師についての記述で、誤っているものを一つ選びなさい。

（1）調理師とは、調理師の名称を用いて調理の業務に従事することができる者として、都道府県知事の免許を受けた者をいう。
（2）調理師免許の取得法には、都道府県知事が指定する調理師養成施設で1年以上修業するか、調理師試験に合格するかの2通りがある。
（3）調理師試験を受験する者は、厚生労働省令で定める調理業務施設などで2年以上の調理実務経験があることが規定されている。
（4）実務経験がある者は、厚生労働大臣の行う調理師試験に合格すると免許を取得できる。

解答

問14（2）／（1）平均寿命は、各年齢における死亡数を人口で割った値で算出する。（3）健康寿命は平均余命よりも短い。（4）平均寿命は0歳児の平均余命のこと。　**問15（1）**／（2）申請は免許を受けた都道府県知事に行う。（3）必置義務ではなく、設置努力が義務づけられている。（4）調理師の欠格事由に感染症はない。　**問16（1）**／（2）調理師養成施設を卒業した者にも免許が与えられる。（3）受験したところではなく、住所地の都道府県で行う。（4）調理師に業務独占資格はない。　**問17（4）**／調理師試験は都道府県知事が行う。

問18　健康増進法に関する記述で、誤っているものはどれですか。

(1) この法律の目的は、国民の健康を増進するために必要な措置を図ることである。
(2) 自分の健康は自分で守ることが基本なので、国民の責務はとくに定めていない。
(3) 多人数が利用する施設の管理者は、受動喫煙防止策を行う義務があることが定められている。
(4) 国民の健康増進の基本方針は、国が定める。

問19　次の喫煙についての記述のうち、誤っているものを一つ選びなさい。

(1) 健康増進法には、受動喫煙の防止に関する規定がある。
(2) たばこの煙には主流煙と副流煙とがあり、受動喫煙では主流煙が問題となる。
(3) 喫煙はCOPD（慢性閉塞性肺疾患）の危険因子である。
(4) 未成年が自ら吸うと知ってたばこを販売した者に対しては、法律上の罰則規定がある。

問20　介護保険制度についての記述のうち、誤っているものを一つ選びなさい。

(1) 保険実施者は都道府県である。
(2) 被保険者は、40歳以上の医療保険加入者である。
(3) 介護サービスの指標として、要支援1～2、及び要介護1～5に区分される。
(4) 保険給付サービスを受けるには、要介護認定の申請を行い、介護認定審査会の審査・判定を受けなければならない。

問21　小学校でインフルエンザが流行した場合、感染または感染の疑いのある児童の出席を停止させる権限をもつ者を、次の中から選びなさい。

(1) 学校医
(2) 教育委員会
(3) 学校長
(4) 保健所長

問22　労働基準法の年少者及び母性保護に関する記述で、正しいものを一つ選びなさい。

(1) 労働者となる年齢は、15歳と定められている。
(2) 20歳に満たない者について、時間外労働の禁止が定められている。
(3) 産前休業は出産予定日の4週間前からでないと申請できない。
(4) 産後9週間を経過しない女性を就業させてはならない。

解答

問18（2）／自分の健康は自分で守るという国民の責務を定めているが、義務や罰則規定はない。
問19（2）／問題視されているのは、喫煙時のたばこの先から出る副流煙。　**問20（1）**／保険実施者は市町村。　**問21（3）**／出席停止は学校長の権限で行われ、臨時休業を行うことができるのは学校の設置者。　**問22（1）**／(2) 時間外労働の禁止は20歳ではなく18歳に満たない者。(3) 4週間ではなく6週間前から申請できる。(4) 産後は9週間ではなく8週間。

問23　作業と職業病との組み合わせのうち、誤っているものを一つ選びなさい。

（1）振動工具を扱う作業 —— 潜函病
（2）トンネル掘削作業 ——— じん肺症
（3）溶鉱炉前の作業 ———— 熱中症
（4）重量物の移動作業 ——— 頸肩腕症候群

問24　食育基本法を所管する行政機関について、正しいものを一つ選びなさい。

（1）内閣府
（2）厚生労働省
（3）文部科学省
（4）農林水産省

問25　次の記述のうち、誤っているものを一つ選びなさい。

（1）水道水は、必ず塩素消毒がされている。
（2）カルシウムと鉄分を多く含む水を、硬水という。
（3）下水処理法の活性汚泥法は、好気性微生物を利用した処理法である。
（4）水道の水質では、大腸菌は検出されてはいけないと定められている。

問26　次の記述のうち、誤っているものを一つ選びなさい。

（1）家庭から出る一般廃棄物は市町村が処理し、企業などから出る産業廃棄物は事業者が処理する。
（2）人口静態統計は、総務省統計局が5年ごとに行う国勢調査によって集計されている。
（3）わが国の上水道・下水道の普及率は高く、ともに90%以上である。
（4）妊娠した女性は、市町村に妊娠を届け出ることにより、母子健康手帳の交付を受けられる。

問27　次の記述のうち、誤っているものを一つ選びなさい。

（1）酸性雨とは、pH5.6以下の雨をいう。
（2）地球の周囲にあるオゾン層が破壊されると、有害紫外線が地表に到達する。
（3）空気の組成は、酸素が約20%、窒素が約80%である。
（4）富士山の山頂では、気圧が上がり沸点も上がるため、米がおいしく炊ける。

解答

問23（1）／振動病（白ろう病）で、潜函病は潜水作業など。　**問24（4）**／食育基本法を所管するのは農林水産省だが、内閣府は食育推進を、厚生労働省は栄養・食育対策の推進を、文部科学省は学校における食育の推進などを行っている。　**問25（2）**／硬水とは、カルシウムとマグネシウムを多く含む水のこと。　**問26（3）**／上水道の普及率は約98%と高いが、下水道は約81%と低い。　**問27（4）**／山頂では気圧が低く、水の沸騰温度（沸点）も低くなるので、米は生煮えになる。

2 食品学

問1　食品に関する記述について、誤っているものを一つ選びなさい。

(1) 食品には、人が健康を維持するために必要な成分が含まれている。
(2) 動物性食品の特性として、たんぱく質、脂質が多く、炭水化物はほとんど含まない。
(3)「日本食品標準成分表 2020 年版」の収載食品は、18 群に分類されている。
(4) きのこ類は、農産食品に分類される。

問2　食品の成分に関する記述について、誤っているものを一つ選びなさい。

(1) 水分活性（Aw）は、食品中の自由水の割合が増えると高くなる。
(2) 食品に含まれる色素成分は、栄養成分にはならない。
(3) 味には、甘味、塩味、酸味、苦味、うま味という 5 つの基本味がある。
(4) 食品には、栄養成分だけではなく有害成分も含まれていることがある。

問3　食品の色素成分の記述について、正しいものを一つ選びなさい。

(1) カロテノイドは、動物性食品のみに含まれる赤色の色素である。
(2) フラボノイドは、ぶどうやなすに含まれる色素である。
(3) 植物性食品に含まれるミオグロビンは、ヘム色素である。
(4) クロロフィルは、葉緑素とも呼ばれ植物性食品に含まれる緑色の色素である。

問4　「日本食品標準成分表 2020 年版」について、正しいものを一つ選びなさい。

(1) 成分値は、食品 100g 当たりの重量で示されている。
(2) エネルギーは、アトウォーター係数を用いて計算されている。
(3) ビタミン A は、レチノール量で示されている。
(4) 食塩相当量は、ナトリウム量に 2.54 を乗じて算出されている。

解答

問1（4）／きのこ類は林産食品に分類される。　**問2（2）**／色素成分のなかには、栄養素としての働きをもつファイトケミカル（フィトケミカルともいう）を含むものがある。　**問3（4）**／(1) カロテノイドは動物性食品だけでなく植物性食品にも含まれ、えびのアスタキサンチン、トマトのリコピンなどがある。(2) フラボノイドは大豆や緑茶に含まれる色素で、ぶどうやなすに含まれる色素はアントシアニン。(3) ミオグロビンは動物性色素で、肉の赤色である。
問4（4）／(1) 成分値は食品の可食部 100g 当たりで示されている。(2) エネルギーは各成分のエネルギー換算係数を乗じて算出されている。(3) ビタミン A はレチノール、α - 及び β - カロテン、β - クリプトキサンチン、β - カロテン当量及びレチノール活性当量で示されている。

問5　米に関する記述について、正しいものを一つ選びなさい。

(1) 玄米には精白米より多くのビタミンB群が含まれる。

(2) 精白米は、歩留まりを約95%にしたものである。

(3) もち米のでんぷんは、アミロペクチンが20%含まれる。

(4) もち米から上新粉が作られる。

問6　穀類とその加工品の記述について、誤っているものを一つ選びなさい。

(1) 大麦はグルテンを形成するため、パンを焼くことができる。

(2) オートミールは、えん麦を精白し押しつぶして、粉砕したものである。

(3) 中華めんの製造に用いるかん水は、めんの食感を向上させる。

(4) コーン油は、とうもろこしの胚芽から抽出している。

問7　豆類とその加工品に関する記述について、正しいものを一つ選びなさい。

(1) 大豆のたんぱく質は、イソフラボンを主成分とする。

(2) ゆばは、豆乳に凝固剤のにがりを加えて固めたものである。

(3) 緑豆は、はるさめの原料となっている。

(4) 納豆は、蒸したいんげん豆に納豆菌を作用させたものである。

問8　いも類に関する記述について、誤っているものを一つ選びなさい。

(1) さつまいもは低温（0〜5℃）で貯蔵しても低温障害を起こさない。

(2) じゃがいもにはビタミンCが含まれ、調理による損失も少ない。

(3) さといもの粘性は多糖類のガラクタンによるものである。

(4) ながいもが生食できるのは、ジアスターゼやアミラーゼを多量に含むからである。

問9　利用部位による分類と野菜の組み合わせで、誤っているものを一つ選びなさい。

(1) 花菜類 ―― ブロッコリー、みょうが、カリフラワー

(2) 葉菜類 ―― ほうれんそう、レタス、はくさい

(3) 果菜類 ―― トマト、なす、ピーマン、きゅうり

(4) 根菜類 ―― セロリ、たけのこ、アスパラガス

解答

問5（1）／(2) 精白米は歩留まりを90〜92%にしたもの。(3) もち米はアミロペクチンがほぼ100%、うるち米はアミロースが20%、アミロペクチンが80%である。(4) もち米からは白玉粉、上新粉はうるち米を加工する。　**問6（1）**／大麦は粉にしてこねてもグルテンがほとんどできないため、小麦粉のようにパンを焼くことはできない。　**問7（3）**／(1) 大豆のたんぱく質の主成分はグリシニンで、イソフラボンはポリフェノールの一種。(2) ゆばは豆乳を弱火で加熱し表面に生じた皮膜を引き上げたもの。(4)納豆は蒸した大豆を用いる。　**問8（1）**／さつまいもは8℃以下で長期保存すると低温障害を起こす。　**問9（4）**／根菜類は大根、にんじん、ごぼうなどで、セロリ、たけのこなどは茎菜類。

問10　動物性食品の記述について、正しいものを一つ選びなさい。

（1）魚介類は、旬の時期になるとたんぱく質が増え、おいしくなる。
（2）魚類は、肉類に比べて飽和脂肪酸が多く含まれる。
（3）肉類は、と殺後の新鮮なものほど、うま味が強い。
（4）霜降り肉とは、脂肪が網目状に混じっている最上肉をいう。

問11　鶏卵に関する記述について、誤っているものを一つ選びなさい。

（1）鶏卵には、ビタミンＣが含まれている。
（2）卵白には、殺菌力をもつリゾチームが含まれている。
（3）卵は、鮮度が低下するにつれて、濃厚卵白は水様化する。
（4）卵黄が完全に凝固する温度は、卵白より低い。

問12　乳類及びその加工品に関する記述について、正しいものを一つ選びなさい。

（1）牛乳に含まれる炭水化物は、マルトースである。
（2）ロングライフ（LL）牛乳は、低温殺菌された牛乳である。
（3）バターは、Ｏ／Ｗ（水中油滴型）のエマルションである。
（4）エバミルクは、牛乳をそのまま濃縮させた無糖練乳である。

問13　食品に関する記述について、正しいものを一つ選びなさい。

（1）昆布の表面についている白い粉は、マンニトールやグルタミン酸などである。
（2）えびやかにをゆでたときの赤色は、クロロフィルである。
（3）魚類は、一般に炭水化物を20％ほど含んでいる。
（4）豚肉は、ほかの肉類よりもビタミンＫを多く含む。

問14　油脂に関する記述について、誤っているものを一つ選びなさい。

（1）植物性油は、リノール酸などの不飽和脂肪酸を多く含んでいる。
（2）サラダ油は、大豆油に比べて精製度が高くなっている。
（3）オリーブオイルを精製したものを、バージンオリーブオイルという。
（4）マーガリンには、トランス脂肪酸が含まれている。

解答

問10（4）／（1）旬の時期になると脂肪が増え、脂がのっておいしくなる。（2）IPAやDHAなどの多価不飽和脂肪酸が多く含まれる。（3）と殺直後は肉質が硬く、熟成によって軟らかくなりうま味も増す。　**問11（1）**／鶏は体内でビタミンＣを作ることができるため、卵に含む必要がない。　**問12（4）**／（1）炭水化物は乳糖（ラクトース）である。（2）LL牛乳は、超高温瞬間殺菌法で加熱殺菌する。（3）バターは、Ｗ／Ｏ（油中水滴型）である。　**問13（1）**／（2）えびやかにの色素はアスタキサンチンで、クロロフィルは野菜類の緑色。（3）炭水化物ではなく、たんぱく質を20％ほど含む。（4）豚肉にとくに多いのはビタミンB_1。　**問14（3）**／バージンオリーブオイルはオリーブの実を圧搾したもので、精製されていない。

問15　次の食品に関する記述について、正しいものを一つ選びなさい。

(1) ウイスキーは、醸造酒に分類される。

(2) ところてんは、てんぐさを原料にして作る。

(3) ジャムは、果物のゼラチンの作用を利用し、煮詰めて作る。

(4) ピータンは、アヒルの卵を酸性の条件下で処理して作る。

問16　次の食用微生物と加工品との組み合わせで、誤っているものはどれですか。

(1) 酵母 ―――――――― パン、ワイン

(2) かび＋酵母＋細菌 ―― みそ、しょうゆ

(3) 細菌 ―――――――― 納豆、食酢

(4) かび＋酵母 ――――― かつお節、甘酒

問17　食品に関する記述について、誤っているものを一つ選びなさい。

(1) 特別用途食品とは、病者、妊産婦などを対象に特別の用途に適する食品で、表示するには消費者庁の許可が必要である。

(2) 特定保健用食品には、疾病のリスクを低減する旨の表示が認められている。

(3) 栄養機能食品とは、栄養成分の補給のために利用される食品で、とくに届け出をしなくても、国が定めた基準規格に従えば表示ができる。

(4) 機能性表示食品とは、病者の食事療法に用いることができるなど食品の特別の用途を表示できる。

問18　食品表示法に関する記述のうち、誤っているものを一つ選びなさい。

(1) 食品表示法は、健康増進法、食品衛生法、JAS法の３つの法律の表示内容の重複部分を一本化した法律である。

(2) 栄養成分表示は食品単位当たりのエネルギー、たんぱく質、脂質、炭水化物、食塩相当量の５項目の表示が義務づけられている。

(3) 「遺伝子組換え食品」のうち日本で安全性が確認され、販売・流通が可能で、その表示が義務づけられている対象は、10種類の農産物とその加工品である。

(4) アレルギー表示が義務づけられている特定原材料は、そば、落花生、乳、卵、小麦、かに、えび、くるみの８品目である。

解答

問15 (2) ／(1) ウイスキーは蒸留酒で、醸造酒としてはビールなどがある。(3) ジャムは果物のペクチンの作用を利用して作る。(4) ピータンは、アルカリ性の変性を利用したもの。 **問16 (4)** ／かびと酵母を利用した加工品は清酒、焼酎で、かつお節や甘酒はかびを利用したもの。 **問17 (4)** ／事業者の責任で機能性を表示する食品で、一定の要件を満たすことによって、科学的根拠をもとに商品パッケージに機能性を表示するものとして、消費者庁に届け出られた食品。 **問18 (3)** ／表示義務がある原材料は、大豆、とうもろこし、ばれいしょ、なたね、綿実、アルファルファ、てん菜、パパイヤの８種類。

3 栄養学

問1　栄養に関する記述について、正しいものを一つ選びなさい。

(1) 栄養素は、食品に含まれるすべての成分のことである。
(2) 5大栄養素とは、炭水化物、脂質、たんぱく質、食物繊維、ビタミンである。
(3) 食事からもっとも多く摂取する栄養素は、炭水化物である。
(4) 炭水化物は、1g で 9kcal のエネルギーを発生する。

問2　からだの構成成分に関する記述について、正しいものを一つ選びなさい。

(1) 成人の場合、体重の約 40％を水分が占めている。
(2) 炭水化物はからだの約 20％を占めている。
(3) 含有率がもっとも多い元素は、窒素である。
(4) 無機質では、カルシウムがもっとも多く含まれる。

問3　次の食生活指針の項目のうち、誤っているものを一つ選びなさい。

(1) 主食、主菜、副菜を基本に、食品のバランスを。
(2) ご飯などの穀類は控えめに。
(3) 食塩は控えめに、脂肪は質と量を考えて。
(4) 食事を楽しみましょう。

問4　食事バランスガイドに関する記述のうち、誤っているものを一つ選びなさい。

(1) ピラミッド型のイラストを使って示している。
(2) 食事を5つに区分している。
(3) 料理の量を、「つ（SV）」の単位で表している。
(4) 区分に「菓子・嗜好飲料」は含まれない。

解答

問1（3）／(1) 食品には香りや色など直接栄養とは関係のない成分も含む。(2) 5大栄養素とは炭水化物、たんぱく質、脂質、ビタミン、ミネラル（無機質）を指す。(4) 炭水化物は 1g で 4kcal のエネルギーを発生し、1g9kcal は脂質。　**問2（4）**／(1) 水分は成人の体重の約 60％を占めている。(2) 炭水化物の占める割合は 1％ととても少ない。(3) 含有率がもっとも多い元素は酸素である。　**問3（2）**／「ご飯などの穀類をしっかりと」とされる。　**問4（1）**／コマのイラストを使って示している。

問5　炭水化物に関する記述について、正しいものを一つ選びなさい。

（1）でんぷんは、ブドウ糖で構成されている。
（2）でんぷんは、酸素、水素、窒素の３元素からなる。
（3）グリコーゲンは、ブドウ糖と果糖とで構成されている。
（4）ショ糖や麦芽糖は、単糖類である。

問6　食物繊維に関する記述について、正しいものを一つ選びなさい。

（1）動物性食品には含まれない。
（2）ひとの消化酵素によって消化される。
（3）すべて不溶性である。
（4）生活習慣病の予防に効果がある。

問7　たんぱく質に関する記述のうち、誤っているものを一つ選びなさい。

（1）ひとの必須アミノ酸は10種類である。
（2）エネルギーの供給源となる。
（3）体内で合成される。
（4）コラーゲンはたんぱく質の一種である。

問8　次のうち、必須アミノ酸ではないものを一つ選びなさい。

（1）トリプトファン
（2）アルギニン
（3）フェニルアラニン
（4）リシン

問9　たんぱく質の種類に関する記述について、誤っているものを一つ選びなさい。

（1）アルブミンは、血液に含まれるたんぱく質である。
（2）グルテニンは、小麦に含まれるたんぱく質である。
（3）カゼインは、鶏卵に含まれるたんぱく質である。
（4）ゼラチンは、コラーゲンが変化したものである。

解答

問5（1）／（2）でんぷんは炭素（C）、酸素（O）、水素（H）の３元素からなる有機化合物。（3）グリコーゲンはブドウ糖で構成されている。（4）ショ糖や麦芽糖は二糖類である。　**問6（4）**／（1）動物性食品にはキチンやコンドロイチンなどとして含まれる。（2）ひとの消化酵素では消化されない成分。（3）ペクチンなどは水様性の食物繊維である。　**問7（1）**／ひとの必須アミノ酸は９種類。　**問8（2）**／必須アミノ酸はトリプトファン、フェニルアラニン、リシン、バリン、トレオニン、ロイシン、イソロイシン、ヒスチジン、メチオニンである。　**問9（3）**／カゼインは乳製品に含まれるたんぱく質で、鶏卵にはオボアルブミン（卵白）、ビデリン（卵黄）が含まれている。

問10　脂質、脂肪酸に関する記述について、誤っているものを一つ選びなさい。

(1) 大豆油は、単純脂質に分離される。
(2) 脂質は、ビタミンCの吸収をよくする。
(3) リノール酸は、n-6系の脂肪酸である。
(4) EPAは、n-3系の脂肪酸である。

問11　コレステロールに関する記述について、誤っているものを一つ選びなさい。

(1) 胆汁酸の構成成分となっている。
(2) 体内で合成されている。
(3) 骨の構成成分となっている。
(4) ホルモンの構成成分となっている。

問12　ビタミンに関する記述について、誤っているものを一つ選びなさい。

(1) ビタミンは、すべて水溶性である。
(2) β-カロテンは、プロビタミンAと呼ばれる。
(3) エネルギー代謝には、ビタミンB_1が必要である。
(4) コラーゲンの生成にビタミンCが関与している。

問13　カルシウムの吸収をよくするビタミンとして、正しいものを一つ選びなさい。

(1) ビタミンD
(2) ビタミンB_2
(3) ビタミンC
(4) パントテン酸

問14　ビタミンとその欠乏症による症状の組み合わせについて、正しいものを一つ選びなさい。

(1) ビタミンA ――― 壊血病
(2) ビタミンB_1 ――― 夜盲症
(3) 葉酸 ――― 悪性貧血
(4) ビタミンC ――― 脚気

解答

問10（2）／脂質はビタミンA・D・Eなどの脂溶性ビタミンの吸収を助ける。　**問11（3）**／細胞膜の構成成分となっている。　**問12（1）**／ビタミンには、水溶性と脂溶性があり、脂溶性ビタミンの過剰摂取は健康に影響を及ぼす。　**問13（1）**／ビタミンDは、小腸や腎臓でカルシウムの吸収を促進し、血中カルシウム濃度を保ち、骨粗しょう症などを予防する。　**問14（3）**／(1) ビタミンA欠乏症は夜盲症。(2) ビタミンB_1欠乏症は脚気。(4) ビタミンC欠乏症は壊血病。

問15　ビタミンとそれを含む主な食品の組み合わせについて、誤っているものを一つ選びなさい。

(1) ビタミンA ———— レバー
(2) ビタミンD ———— 干ししいたけ
(3) ビタミンK ———— 胚芽
(4) ビタミンC ———— かんきつ類

問16　無機質に関する記述について、誤っているものを一つ選びなさい。

(1) カリウムは、通常の食生活では不足することはない。
(2) カルシウムは、欠乏が続くと骨粗しょう症を招く。
(3) 鉄は、ヘモグロビン生成に関係する。
(4) マグネシウムは、欠乏すると味覚障害を起こす。

問17　無機質に関する組み合わせのうち、誤っているものを一つ選びなさい。

(1) カリウム ———— 体液
(2) ヨウ素 ———— 肝臓
(3) 鉄 ———— 血液
(4) マグネシウム —— 骨

問18　摂食行動に関する記述について、正しいものを一つ選びなさい。

(1) 味覚は、食べ物のおいしさを感じるすべての要素である。
(2) 満腹中枢は、胃に存在している。
(3) 血糖値の低下は、食欲を亢進させる。
(4) 食欲と嗜好は、無関係である。

問19　次の消化酵素の組み合わせのうち、正しいものを一つ選びなさい。

(1) 胃液 ——— ペプシン ———— たんぱく質
(2) 膵液 ——— アミラーゼ ——— 脂肪
(3) 膵液 ——— リパーゼ ———— でんぷん
(4) 腸液 ——— ジペプチターゼ —— ショ糖

解答

問15 (3) ／ビタミンKは納豆、緑黄色野菜、海藻類に含まれ、胚芽にはビタミンB_1が含まれる。 **問16 (4)** ／マグネシウムが欠乏すると神経の過敏や筋肉のけいれんを起こす。味覚障害を起こすのは亜鉛の欠乏。 **問17 (2)** ／ヨウ素のほとんどは甲状腺に含まれる。 **問18 (3)** ／(1) おいしさを感じる要素は味覚のほかに香りやテクスチャー、外観、音といった5感や、心身の状態や習慣、文化、時刻などの環境も作用。(2) 空腹中枢、満腹中枢は間脳の視床下部に存在する。(4) 嗜好は欲求であり、食欲につながる。 **問19 (1)** ／ (2) 膵液中のアミラーゼはでんぷんに作用する。(3) 膵液中のリパーゼは脂肪に作用する。(4) 腸液中のジペプチターゼはジペプチド（たんぱく質の分解物）に作用する。

問20　消化・吸収に関する記述について、誤っているものを一つ選びなさい。

(1) でんぷんは、ブドウ糖など単糖類に分解され、小腸から吸収される。
(2) たんぱく質は、アミノ酸に分解され、大腸から吸収される。
(3) 脂質は、脂肪酸とモノグリセリドに分解され、小腸から吸収される。
(4) アルコールは、胃から吸収される。

問21　ホルモンに関する記述で（　　）内に入る語句の組み合わせとして、正しいものを一つ選びなさい。

（　A　）は、（　B　）のβ細胞から分泌されるホルモンで、（　C　）作用がある。

	A	B	C
(1)	A　コルチゾール	B　副腎	C　血圧を上げる
(2)	A　グルカゴン	B　膵臓	C　血糖値を上げる
(3)	A　サイロキシン	B　甲状腺	C　基礎代謝を促進する
(4)	A　インスリン	B　膵臓	C　血糖値を下げる

問22　基礎代謝量の記述について、正しいものを一つ選びなさい。

(1) 男性より女性のほうが大きい。
(2) 寒いときより暑いときのほうが大きい。
(3) 加齢によって小さくなる。
(4) 体温が高くなると小さくなる。

問23　「日本人の食事摂取基準 2020 年版」に関する記述について、正しいものを一つ選びなさい。

(1) 食事摂取基準は、10 年ごとに見直されている。
(2) 栄養素の指標は、3 種類ある。
(3) 栄養素の指標の 1 つである目標量は、生活習慣病の予防を目的として設定されている。
(4) 目標とする BMI（体格指数：kg/ ㎡）は、65 歳以上は 20.0 ～ 24.9 の範囲とされている。

解答

問20（2）／たんぱく質はアミノ酸に分解され、小腸から吸収される。　**問21（4）**／β細胞は膵臓のランゲルハンス島にあり、血糖値を下げるインスリンを分泌する。　**問22（3）**／(1) 一般的に女性より男性が大きい。(2) 夏よりも冬のほうが大きい。(4) 体温が低いときより高いときのほうが大きい。　**問23（3）**／(1) 日本人の食事摂取基準の見直しは 5 年ごと。(2) 指標は、推定平均必要量、推奨量、目安量、耐容上限量、目標量の 5 種類。(4) 65 歳以上の BMI は、21.5 ～ 24.9。

問24　離乳の進め方に関する記述のうち、正しいものを一つ選びなさい。

（1）離乳の開始時期は、生後２～３カ月ころから始める。
（2）離乳食の最初は、卵から始める。
（3）はちみつは、満１歳ころまでは与えない。
（4）離乳の完了は２歳ころである。

問25　高齢期の栄養に関する記述について、誤っているものを一つ選びなさい。

（1）体重や食欲が減退するので、たんぱく質は量よりも質に気をつける。
（2）そしゃく・えん下機能が低下するので、食べやすく飲み込みやすく調理する。
（3）味覚が低下するため、料理は濃い味付けにする。
（4）カルシウムや鉄が不足しないように十分に摂取する。

問26　肥満に関する記述について、誤っているものを一つ選びなさい。

（1）身長と体重を使って肥満を判定する体格指数（BMI）が求められる。
（2）BMI が 25 以上を肥満と判定している。
（3）肥満の治療は、原則として運動療法を第一に行う。
（4）肥満は、生活習慣病の要因となっている。

問27　病気と食事療法との関係について、正しいものを一つ選びなさい。

（1）糖尿病では、１日のエネルギー量は決めるが、栄養素のバランスは関係ない。
（2）高血圧症では、１日の塩分を 6g 未満にするが、エネルギー量は制限しない。
（3）脂質異常症では、飽和脂肪酸の多い動物性脂肪を控える。
（4）腎臓病では、減塩と高たんぱく食を基本とした食事とする。

問28　次の組み合わせのうち、誤っているものを一つ選びなさい。

（1）ヘモグロビン ――― 鉄
（2）尿酸 ―――――― プリン体
（3）骨量 ―――――― カルシウム
（4）コレステロール ―― 糖質

解答

問24（3）／（1）離乳の開始は生後５～６カ月ころを目安とする。(2) 離乳食の最初はアレルギーの心配が少ない米がゆなどから始める。(4) 離乳の完了は生後 12 ～ 18 カ月ころを目安とする。　**問25（3）**／味覚が低下し、濃い味付けのものを好むようになるが、高血圧予防のためにも薄味を心がける。　**問26（3）**／原則として食事療法と運動療法を並行して行う。**問27（3）**／（1）糖尿病では１日のエネルギー量とともに炭水化物、たんぱく質、脂質のバランスも大切。(2) 高血圧症では、塩分量とともに適正体重を保つためにエネルギー量も大切。(4) 腎臓病は、減塩、低たんぱく食が基本。　**問28（4）**／コレステロールは脂質である。

4　食品衛生学

問1　食品衛生法第１条について、（　　）内に入る語句の正しい組み合わせを一つ選びなさい。

「この法律は、食品の（　ア　）の確保のために公衆衛生の見地から必要な規制その他の措置を講ずることにより、（　イ　）に起因する（　ウ　）の危害の発生を防止し、もって国民の健康の保護を図ることを目的とする。」

(1) ア　健全性　　イ　食環境　　ウ　健康上
(2) ア　安全性　　イ　飲食　　ウ　衛生上
(3) ア　有益性　　イ　調理　　ウ　食中毒
(4) ア　健全性　　イ　製造加工　　ウ　管理上

問2　食品衛生法についての記述のうち、正しいものを一つ選びなさい。

(1) 生食用食肉の販売には、規格基準と表示基準が定められている。
(2) 輸入食品は、食品衛生法の対象ではない。
(3) 容器や包装の製造者は、食品等事業者とはみなされない。
(4) 口に入る歯磨き粉を製造する営業者は、食品衛生法の対象となる。

問3　食品安全行政機関とその担当業務について、誤っているものを一つ選びなさい。

(1) 厚生労働省 ――― 食品の衛生に関するリスク管理
(2) 農林水産省 ――― 農林、畜産、水産に関するリスク評価
(3) 消費者庁 ――― 食品の表示に関するリスク管理
(4) 食品安全委員会 ―― 食品の健康影響に関するリスク評価

問4　食品衛生法に関する記述のうち、誤っているものを一つ選びなさい。

(1) 食品衛生責任者は、飲食店などの営業施設に必置義務がある。
(2) 調理師は、食品衛生責任者になることができる。
(3) 食品衛生管理者は、乳製品の製造など政令で定めた食品施設に必置義務がある。
(4) 食品衛生指導員を認定するのは、都道府県知事である。

解答

問１（２）／食品衛生法は食品の安全性と衛生の確保に関する基本法である。　**問２（１）**／（2）対象はすべての食品なので、輸入食品も含まれる。(3) 容器や包装も対象であり、食品等事業者とみなされる。(4) 歯磨き粉は医薬部外品なので食品には含まれず、薬機法の対象となる。
問３（２）／農林水産省はリスク管理を行う。　**問４（４）**／公益社団法人日本食品衛生協会が認定する。

問5　食品衛生法について、誤っているものを一つ選びなさい。

(1) 食品衛生法では、口に入るものや触れるものすべてが食品として対象となるので、乳児用おもちゃも含まれる。

(2) 飲食店を営む場合、厚生労働大臣の許可が必要である。

(3) 食品衛生法の違反者には、懲役または罰金が科せられる。

(4) 食中毒の患者を診断した医師は、食品衛生法により、ただちに保健所長に届け出なければならないことが規定されている。

問6　食品衛生法で規定されていないものを、一つ選びなさい。

(1) 食品添加物について

(2) 食中毒患者の届け出について

(3) 廃棄される食品の再利用について

(4) 食品衛生管理者の設置について

問7　食品安全基本法に基づく食品安全委員会について、誤っているものを一つ選びなさい。

(1) 内閣府の付属機関である。

(2) 委員は、厚生労働大臣が任命する。

(3) 食品について、科学的見地に基づき健康影響評価を行う。

(4) 食品について、リスク評価を行うことを目的とした機関である。

問8　熱に強い芽胞を作る細菌として、正しいものを一つ選びなさい。

(1) ウエルシュ菌

(2) 腸炎ビブリオ菌

(3) サルモネラ属菌

(4) カンピロバクター

問9　水分活性と微生物に関する記述について、誤っているものはどれですか。

(1) 水分活性とは、食品中の自由水の割合を示したものである。

(2) 自由水とは、食品に含まれる凍結、蒸発しやすい水のことである。

(3) 結合水が多くなると、細菌は増殖しやすくなる。

(4) 水分活性が0.5の場合、ほとんどの微生物は増殖しない。

解答

問5（2）／許可は保健所を経由して、都道府県知事が行う。　**問6（3）**／廃棄食品の再利用は食品リサイクル法で規定。　**問7（2）**／内閣総理大臣が国会の承認を得て任命する。　**問8（1）**／(2)(3)(4)はどれも芽胞を形成しない。　**問9（3）**／微生物の増殖にかかわるのは自由水で、自由水が多くなると細菌などは増殖しやすくなる。

問10　次の組み合わせのうち、誤っているものを一つ選びなさい。

（1）好気性菌 ――― 酸素がなければ増殖しない ――― 結核菌
（2）微好気性菌 ――― ５％程度の酸素濃度でも増殖する ―― カンピロバクター
（3）通性嫌気性菌 ―― 酸素があってもなくても増殖する ―― 大腸菌
（4）偏性嫌気性菌 ―― 酸素があると増殖しない ――― 腸炎ビブリオ

問11　日本の2022年食中毒発生状況の記述について、正しいものを一つ選びなさい。

（1）原因施設別発生状況で事件数がもっとも多かったのは、家庭だった。
（2）病因物質別発生状況で患者数がもっとも多かったのは、ウエルシュ菌だった。
（3）病因物質別発生状況で事件数の総数がもっとも多かったのは、寄生虫だった。
（4）原因食品別発生状況で事件数の総数がもっとも多かったのは、菓子類だった。

問12　細菌に関する記述について、誤っているものを一つ選びなさい。

（1）細菌は、生きた細胞の中でしか増殖できない。
（2）細菌は、外形によって球菌・桿菌・らせん菌の３種類に大別される。
（3）細菌は、一般に弱アルカリ性から中性を好む。
（4）酸素があってもなくても発育可能な細菌を、通性嫌気性菌という。

問13　サルモネラ・エンテリティディス（SE）菌による食中毒に関する記述について、正しいものを一つ選びなさい。

（1）鶏卵が原因となることが多いSE菌は、液卵より殻つき卵のほうが増殖しやすい。
（2）菌量が少なく100個以下の摂取でも、食中毒を発症し死亡することがある。
（3）症状として下痢、嘔吐、腹痛などがあるが、発熱はしない。
（4）SE菌は75℃、15分間の加熱でも死滅しないため、食中毒を起こしやすい。

問14　腸管出血性大腸菌による食中毒の記述について、誤っているものを一つ選びなさい。

（1）腸管出血性大腸菌は、体内でベロ毒素を産生する。
（2）潜伏期間は、平均４～８日間である。
（3）重症になった場合、溶血性尿毒症症候群を引き起こす。
（4）感染症法では２類感染症に指定され、保菌者は就業制限の対象となる。

解答

問10（4）／偏性嫌気性菌はボツリヌス菌で、腸炎ビブリオは通性嫌気性菌である。　**問11（3）**／（1）家庭ではなく飲食店。（2）ウエルシュ菌ではなくてノロウイルス。（4）菓子類ではなくて魚介類。　**問12（1）**／細菌は条件が整えばどこででも増殖可能で、生きた細胞の中でしか増殖できないのはリケッチアやウイルス。　**問13（2）**／（1）液卵のほうが増殖する。（3）高熱が出る。（4）熱に弱く、75℃、1分間以上の加熱で死滅する。　**問14（4）**／２類ではなくて３類感染症。

問15　カンピロバクターによる食中毒に関する記述について、誤っているものはどれですか。

（1）カンピロバクターは、酸素が5～15％ないと発育しない。
（2）潜伏期間は、一般に2～7日間である。
（3）主な症状は下痢、腹痛などだが、発熱することはない。
（4）原因食品として、加熱不足の鶏肉が多い。

問16　黄色ブドウ球菌による食中毒に関する記述について、誤っているものを一つ選びなさい。

（1）増殖すると、エンテロトキシンという毒素を産生する。
（2）黄色ブドウ球菌は、酸素を嫌う偏性嫌気性菌である。
（3）症状は一過性で、発熱はほとんどない。
（4）黄色ブドウ球菌は、食塩濃度が10％程度でも増殖できる。

問17　次の腸炎ビブリオによる食中毒に関する記述のうち、正しいものを一つ選びなさい。

（1）腸炎ビブリオは、食塩濃度3％前後の環境でもっとも増殖する、病原性好塩菌である。
（2）原因食品として、牛肉が多い。
（3）腸炎ビブリオはほかの細菌より増殖速度が遅いので、潜伏期間は2～4日間である。
（4）腸炎ビブリオは調理器具から2次汚染することが多いので、まな板などは水道水で洗うだけでは不十分で、熱湯をかけて消毒する。

問18　食中毒の特徴的な症状と原因となる食中毒菌についての組み合わせについて、誤っているものを一つ選びなさい。

（1）食卓の上に4～5時間放置された刺し身を食べたら、12時間後に胃けいれんのような上腹部痛と、下痢、37～38℃の発熱が起こった。――腸炎ビブリオ
（2）びん詰のオリーブの実を食べたら、24時間後にものが二重に見える視力障害、手足のしびれなどの神経麻痺が発生した。――腸管出血性大腸菌
（3）おにぎりを食べたら、3時間後に激しい嘔吐、下痢が発症したが、発熱はなく、数時間で回復した。――黄色ブドウ球菌
（4）ひびの入った卵を生で食べたら12時間後に下痢、吐き気、腹痛が起こり、40℃の高熱が出て重症化した。――サルモネラ・エンテリティデス（SE）菌

解答

問15（3）／発熱も主な症状の一つである。　**問16（2）**／偏性嫌気性菌ではなく、酸素の有無に影響されない通性嫌気性菌である。　**問17（1）**／（2）あじ、いかなどの近海産魚介類が多い。（3）増殖速度は速く、潜伏期間も12時間程度である。（4）真水を嫌うので、原因食品も調理器具も水道水でよく洗うことが予防になる。　**問18（2）**／原因菌はボツリヌス菌。

問19　次の細菌性食中毒についての記述のうち、誤っているものを一つ選びなさい。

(1) エルシニア菌食中毒は、潜伏期間が2～3日間と長く、発熱、腹痛、下痢などの症状が出る。

(2) セレウス菌食中毒には下痢型と嘔吐型とがあり、嘔吐型の毒素は熱に弱いので、十分な加熱で予防できる。

(3) 7つのタイプがあるボツリヌス菌で食中毒を起こすのは、主にA、B、E、F型の4つで、どれも毒性が強く、致命率が高いものもある。

(4) リステリア菌食中毒の原因食品は、汚染された野菜のサラダや牛乳などである。

問20　食中毒の原因物質と原因食品との関係についての記述のうち、正しいものを一つ選びなさい。

(1) ボツリヌス食中毒の原因食は、生魚の刺し身が多い。

(2) 腸炎ビブリオ食中毒は、握り飯などでんぷんの多い食品と深い関係がある。

(3) ノロウイルス食中毒は、鶏肉を原因とするものが多い。

(4) ウエルシュ菌食中毒は、カレーやシチューを原因食とするものが多い。

問21　ノロウイルス食中毒に関する記述について、誤っているものを一つ選びなさい。

(1) ノロウイルスは熱に強くないので、85℃、90秒間以上の加熱で予防できる。

(2) ノロウイルスを不活性化させるには、消毒用アルコールが有効である。

(3) 回復しても感染者の便からノロウイルスが検出されることがあり、保菌者から2次感染する。

(4) 現在、わが国で発生する食中毒の病因物質別患者数では、もっとも多い。

問22　フグによる食中毒に関する記述について、誤っているものを一つ選びなさい。

(1) フグ毒の毒化の原因は、海洋細菌による食物連鎖に由来する。

(2) フグ毒の有毒成分を、テトロドトキシンという。

(3) フグによる食中毒を防止するために、厚生労働省によりフグ調理師免許制度が定められている。

(4) フグ毒は酸や熱に安定で、加熱調理では無毒化できない。

解答

問19（2）／嘔吐型は熱に強く、熱に弱いのは下痢型である。　**問20（4）**／(1) ボツリヌス菌は飯鮨、からしれんこんなどで、刺し身は腸炎ビブリオ。(2) 腸炎ビブリオは近海産魚介類で、握り飯は黄色ブドウ球菌。(3) ノロウイルスは二枚貝のかきなどで、鶏肉はカンピロバクターやサルモネラ属菌など。　**問21（2）**／消毒用アルコールに効力はなく、塩素剤が有効。　**問22（3）**／厚生労働省ではなく、都道府県の条例で規定した制度。

問23　魚介類の自然毒に関する記述について、誤っているものを一つ選びなさい。

(1) いがい、帆立貝などは、有毒プランクトンの毒成分を蓄積するが、その毒成分はサキシトシンという。

(2) おにかますなど、熱帯地方のサンゴ礁に生息する魚のシガテラ毒の食中毒では、ドライアイス・センセーションという症状を起こす。

(3) アブラソコムツなどの大型深海魚の肉質部に含まれるワックスを多量に摂食すると、腹痛や下痢などの中毒症状を起こす。

(4) いしなぎ、かんぱちなどの肝臓を多量に摂取して起こる食中毒は、その肝臓に含まれるビタミンDが原因で、顔面や四肢の表皮の剥離が起こる。

問24　次の植物性自然毒についての記述で、正しいものを一つ選びなさい。

(1) 完熟梅には、青酸配糖体のアミグダリンが含有されており、多食すると中毒を起こす。

(2) じゃがいもの発芽部位と皮の緑色部には、ソラニンと呼ばれる毒性物質が含まれている。

(3) 有毒きのこは、冷凍や加熱すると、有毒成分は分解される。

(4) チョウセンアサガオには、アコニチンという有毒のアルカロイドが含まれている。

問25　次の自然毒食中毒の原因となる食品と有毒成分との組み合わせで、正しいものはどれですか。

(1) アサリ毒 ―――― ベネルピン

(2) ピーナッツ ―――― マイコトキシン

(3) 毒ぜり ―――― メチルピリドキシン

(4) ぎんなん ―――― シクトキシン

問26　アレルギー様食中毒の原因物質として、正しいものを一つ選びなさい。

(1) エンテロトキシン

(2) ヒスタミン

(3) テトロドトキシン

(4) アフラトキシン

解答

問23 (4) ／ビタミンDではなく、ビタミンAが原因。　**問24 (2)** ／ (1) 完熟梅ではなく、未熟な青梅に含まれる。(3) 冷凍や加熱をしても分解されない。(4) 有毒成分はヒヨスチアミン、スコポラミンで、アコニチンはトリカブトの毒成分。　**問25 (1)** ／ (2) ピーナッツはアフラトキシンで、マイコトキシンは黄変米の毒成分。どちらもかび毒。(3)毒ぜりはシクトキシン。(4) ぎんなんはメチルピリドキシン。　**問26 (2)** (1) エンテロトキシンは黄色ブドウ球菌の毒素。(3) テトロドトキンはフグ毒。(4) アフラトキシンはカビ毒の1種。

問27　魚介類から感染する寄生虫と媒介する宿主との組み合わせのうち、正しいものを一つ選びなさい。

(1) ウェステルマン肺吸虫 ―― どじょう
(2) 日本海裂頭条虫 ―――― さくらます
(3) 顎口虫類 ―――――― もくずがに
(4) クドア ―――――― ほたるいか

問28　アニサキスに関する記述について、誤っているものを一つ選びなさい。

(1) アニサキスは、あじやさばなどを中間宿主にしている。
(2) アニサキスは、幼虫のままでヒトの胃壁に寄生する。
(3) アニサキスは、腹痛や嘔吐を伴う胃アニサキス症を起こす。
(4) アニサキスは、冷凍処理をしても死滅しない。

問29　クリプトスポリジウムに関する記述について、誤っているものはどれですか。

(1) 細菌で飲料水から感染する。
(2) 集団感染が報告されている。
(3) 水様性下痢が主症状である。
(4) 塩素消毒で死滅しない。

問30　寄生虫に関する記述について、誤っているものを一つ選びなさい。

(1) 無鉤条虫は、牛肉から感染し、小腸に寄生する。
(2) クドアは肉眼で確認できないほど微小で、ひらめの刺し身から感染する。
(3) トキソプラズマはネコを終宿主とする原虫で、妊婦が初感染すると胎児へ影響を及ぼす場合がある。
(4) 有鉤条虫は、野菜から感染する。

問31　次の寄生虫症の組み合わせについて、誤っているものを一つ選びなさい。

(1) イカの刺し身――――激しい腹痛―――――――アニサキス
(2) ドジョウの踊り食い――ミミズばれ、かゆみ――――顎口虫
(3) もくずがにのみそ汁――咳、血痰、肺結核様症状―――横川吸虫
(4) 鯉の洗い―――――――微熱、食欲不振、肝臓障害――肝吸虫

解答

問27（2）／(1) ウェステルマン肺吸虫はもくずがになど。(3) 顎口虫類はどじょうなど。(4) クアドはひらめの刺し身などで、ほたるいかは旋尾線虫（スピルリナ）。　**問28（4）**／－20℃、24時間の冷凍処理で死滅する。　**問29（1）**／細菌ではなく原虫である。　**問30（4）**／豚肉から感染する。　**問31（3）**／横川吸虫ではなく、ウェステルマン肺吸虫。

問32　次の残留農薬に関する記述の（　　）にあてはまる語句の組み合わせのうち、正しいものを一つ選びなさい。

「残留農薬とは、食物の生産に使用された農薬が農産物や魚介類に残留したものをいい、人が摂取しても健康被害を起こさないよう、（　ア　）法では（　イ　）を定めている。」

(1) ア　食品安全基本　　イ　残留許容量基準値
(2) ア　食品衛生　　イ　農薬の使用時期と使用方法
(3) ア　食品衛生　　イ　残留許容量基準値
(4) ア　食品表示　　イ　農薬の使用量

問33　食品の異物に関する記述のうち、誤っているものを一つ選びなさい。

(1) 異物は、昆虫や毛髪などの動物性異物、紙片などの植物性異物、金属やビニール片などの鉱物性異物に分けられる。
(2) 混入を防ぐためには、調理施設内の整理整とん、清掃、調理中の作業着や帽子の着用などを確実に実行する。
(3) 異物混入で多いものには、髪の毛や虫などがある。
(4) 食品中に異物が混入するのは、製造工程中に起こるもので、梱包中や保管時には起こらない。

問34　食品添加物に関する記述について、誤っているものを一つ選びなさい。

(1) 食品添加物とは、食品の製造過程、加工、保存の目的で、食品に添加、混和、浸潤、その他の方法によって使用するものをいう。
(2) ADI とは、人がその物質を毎日食べ続けても健康に影響のない 1 日当たりの許容摂取量をいい、無毒性量を表したものである。
(3) 天然香料とは、動植物から得られたもの、または混合物で、食品への着香を目的に使用される添加物をいう。
(4) 指定添加物は、厚生労働大臣が指定する。

問35　食品添加物と使用目的との組み合わせについて、誤っているものを一つ選びなさい。

(1) 発色剤 ―― ハム、ソーセージなどの色調を改善する。
(2) 保存料 ―― 食品中の細菌の発育を抑制する。
(3) 乳化剤 ―― 食品の pH を調整してなめらかにする。
(4) かんすい ― 中華めんの食感、風味を出す。

解答

問32（3）／残留農薬の基準値を超えた食品の販売を禁止する農薬のポジティブリスト制が定められている。　**問33（4）**／梱包中や保管時にも異物は混入する。　**問34（2）**／ADI は無毒性量(NOAEL)に安全係数 1/100 を掛けて求めたものである。　**問35（3）**／乳化剤は水と油を均一に混ぜ合わせる。

問36　食品添加物とその用途との組み合わせで、誤っているものはどれですか。

（1）アスパルテーム ―――――― 甘味料
（2）ジフェニル ―――――――― 着香料
（3）エリソルビン酸 ―――――― 酸化防止剤
（4）亜硝酸ナトリウム ―――― 発色剤

問37　表示が免除される食品添加物について、誤っているものを一つ選びなさい。

（1）防ばい剤を使用しているかんきつ類で、ばら売りされているもの。
（2）飲料に栄養強化の目的で使用されたL-アスコルビン酸。
（3）表面積が狭い包装袋のスナック菓子に使用された甘味料。
（4）せんべいに使用されたしょうゆに含まれる保存料。

問38　鮮度の悪い食品に関する記述のうち、誤っているものを一つ選びなさい。

（1）鶏卵は、割ったときに卵黄と卵白が広がる。
（2）肉類は、水素イオン濃度（pH）が低くなる。
（3）魚類は、揮発性塩基窒素量が高くなる。
（4）牛乳は、加熱すると固まる。

問39　消毒に関する記述について、正しいものを一つ選びなさい。

（1）次亜塩素酸ナトリウムは、腐食作用がないので、金属器具の消毒に適している。
（2）逆性せっけんは、ふつうのせっけんと併用すると殺菌力は強くなる。
（3）紫外線はじゃがいもの発芽防止に利用されている。
（4）オゾン水は、残留性が少ないので、カット野菜の消毒に利用されている。

問40　アルコール消毒に関する記述について、正しいものを一つ選びなさい。

（1）アルコールは残留性がある。
（2）アルコールの殺菌力は、濃度100％溶液がもっとも強い。
（3）手指の消毒に適している。
（4）対象物の表面に水分がある状態にして噴霧する。

解答

問36（2）／ジフェニルは防かび剤（防ばい剤）で、着香料はバニリンなど。 **問37（1）**／防ばい剤使用の場合は表示が必要。 **問38（2）**／pHは高くなる。 **問39（4）**／（1）腐食作用があるので金属器具の消毒には適さない。（2）逆性せっけんとふつうのせっけんを併せて使うと、殺菌力はなくなる。（3）紫外線はまな板や包丁の消毒に用い、じゃがいもの発芽防止には放射線のガンマ線が利用されている。 **問40（3）**／（1）アルコールは揮発性が高いので、残留しない。（2）アルコールは濃度によって効果が異なり、70％濃度の溶液が100％のものより強い殺菌力をもつといわれている。（4）対象物がぬれていると濃度が下がるため、噴霧する前に水分をふき取る必要がある。

問41　食器に関する記述について、正しいものを一つ選びなさい。

(1) プラスチック製食器のうち、ポリエチレンの食器は、熱硬化性樹脂に分類される。

(2) メラミン樹脂製の食器は、電子レンジの加熱に向いている。

(3) ガラス器は、急激な温度変化に強い。

(4) 磁器は、陶器に比べて透光性がある。

問42　HACCPに関する記述について、誤っているものを一つ選びなさい。

(1) HACCPとは、日本語訳で危害分析重要管理点という。

(2) 1960年代、米国NASAの宇宙開発計画で宇宙食の安全管理のために開発された衛生管理システムである。

(3) 最終製品について重点的に衛生管理することで、食品の安全性を確保するという手法である。

(4) 食品製造の各工程での管理や記録の保管が重要となる。

問43　大量給食施設における検食について、（　　）内に入る数値の正しい組み合わせを一つ選びなさい。

「検食は、原材料及び調理済み食品ごとに（　ア　）gずつ、清潔な容器に入れて密封する。それを、（　イ　）℃以下で（　ウ　）週間以上保存する。原材料は消毒・洗浄を行わず、購入した状態で保存する。」

(1) ア　20　イ　−10　ウ　1

(2) ア　10　イ　5　ウ　2

(3) ア　50　イ　−20　ウ　2

(4) ア　30　イ　10　ウ　1

問44　次の記述のうち、誤っているものを一つ選びなさい。

(1) 腐敗とは、微生物によって主に食品中のたんぱく質が分解され、食用に適さなくなることである。

(2) 食品が腐敗すると悪臭が発生するが、これはアンモニアや硫化水素が生成されたことによる。

(3) 変敗とは、微生物によって主に食品中の炭水化物や脂質が分解され、風味が悪くなるなどして可食性を失うことである。

(4) 油脂が酸化して、不快な刺激物質を生じて品質が低下することを変質という。

解答

問41（4）／(1) 熱硬化性樹脂ではなく、熱加塑性樹脂に分類される。(2) 電子レンジの使用には不適である。(3) 急激な温度変化に弱い。　**問42（3）**／HACCPの手法は最終製品ではなく、食品製造の各工程で衛生管理を行う。　**問43（3）**／食中毒発生時の検査用として、50g程度を清潔な密封容器に入れて−20℃以下で2週間保存する。　**問44（4）**／変質ではなく、酸敗という。

5　調理理論

問1　調理の目的の記述について、（　　）内に入る語句の組み合わせとして正しいものを一つ選びなさい。

調理は、食品材料に物理的・化学的処理を施して、安全な食べ物とすると同時に（　A　）や（　B　）を向上させることにある。

(1)　A　動物性　　B　植物性
(2)　A　経済性　　B　多様性
(3)　A　生産性　　B　流通性
(4)　A　嗜好性　　B　栄養性

問2　非加熱調理操作の洗浄に関する記述について、正しいものを一つ選びなさい。

(1)　そばやそうめんは、加熱後には洗わない。
(2)　たけのこやふきは、加熱後には洗わない。
(3)　さといもなどぬめりのあるものは、塩を使って洗う。
(4)　魚の切り身や肉類は洗ってから用いる。

問3　非加熱調理操作の浸漬に関する記述について、正しいものを一つ選びなさい。

(1)　浸漬によって、乾物類は吸水、膨潤、軟化する。
(2)　浸漬によって、食品中の成分は抽出されない。
(3)　浸漬によって、食品の変色（褐変）を防ぐことはできない。
(4)　野菜を冷水にさらすと、しんなりする。

問4　切り方の種類と野菜の組み合わせについて、正しいものを一つ選びなさい。

	切り方	主な野菜
(1)	かつらむき	キャベツ
(2)	ささがき	たまねぎ
(3)	そぎ切り	はくさい
(4)	面取り	きゅうり

解答

問1（4）／調理操作によって、食品の安全性、栄養効果、嗜好性、貯蔵性を高めることができる。
問2（3）／(1) そばやそうめんは引き締めるために加熱後に冷水で洗う。(2) たけのこやふきなど、あくの強いものは加熱後に洗う。(4) 切り身魚や肉は、洗うと水っぽくなり、うま味が逃げるので洗わない。　**問3（1）**／(2) 食品の水溶性成分は抽出される。(3) 空気に触れなくすることで褐変を防ぐことができる。(4) 冷水にさらすことでパリっとなる。　**問4（3）**／(1) かつらむきは大根などに用いる。(2) ささがきはごぼうに用いる。(4) 面取りは、形を整えて煮崩れを防ぐためにじゃがいもや大根などに用いる。

問5　次の切り方のうち、異なるものを一つ選びなさい。

(1) みじん切り
(2) アシェ
(3) 末（モー）
(4) ジュリエンヌ

問6　切り方に関する記述について、誤っているものを一つ選びなさい。

(1) 三枚おろしは、魚を上身、中骨、下身の3枚に切り分ける。
(2) 食材の表面積が大きくなるように切ると、火が通りやすくなる。
(3) 硬い野菜などを切るときは、片刃を使うとよい。
(4) 餅やのり巻きを切る場合、包丁を湿らせて摩擦を少なくするとよい。

問7　非加熱調理操作に関する記述について、正しいものを一つ選びなさい。

(1) 小豆（あずき）は、浸漬しないでそのまま煮始める。
(2) 昆布は、水で戻すとぬめりが出る。
(3) はるさめは、2～3分間水につけて戻す。
(4) 高野豆腐は、戻さないでそのまま煮る。

問8　寒天ゼリーとゼラチンゼリーに関する記述について、正しいものを一つ選びなさい。

(1) 寒天は、肉類のコラーゲンが原料となっている。
(2) 融解温度は、寒天よりゼラチンのほうが低い。
(3) ゼラチンは、砂糖を加えることにより強度が低下する。
(4) ゼラチンの主成分は、炭水化物である。

問9　冷凍食品に関する記述について、正しいものを一つ選びなさい。

(1) ハンバーグは、解凍してから焼く。
(2) 冷凍野菜は、解凍してから調理する。
(3) 生食する魚介類は、室温で短時間で解凍する。
(4) 青菜類は、ブランチングを行ってから冷凍する。

解答

問5（4）／ジュリエンヌはせん切りのことで、ほかはみじん切りを示している。　**問6（3）**／片刃ではなく、両刃を使って押し出すように切るとよい。　**問7（1）**／（2）昆布は、水ではなくてお湯で戻すとぬめりが出る。(3) はるさめは数分間熱湯につける。(4) 高野豆腐は水で戻してから煮る。　**問8（2）**／（1）寒天の原料は、てんぐさ。(3) 砂糖を加えることによりゲル化が安定する。(4) ゼラチンの主成分はたんぱく質である。　**問9（4）**／（1）調理済み食品は冷凍状態のまま調理する。(2) 冷凍野菜はそのまま調理に用いる。(3) 生食用魚介類は低温で時間をかけて解凍する。

問10　加熱調理操作に関する記述について、正しいものを一つ選びなさい。

（1）オーブンやロースターを使う調理操作は、間接加熱である。

（2）小麦粉をバターで炒めるルウは、高温で手早く混ぜ合わせることで風味がよくなる。

（3）煮物は、100℃以上の加熱調理が行われるため煮崩れを起こす。

（4）炒め物は、高温、短時間で行うため加熱中に味付けができない。

問11　揚げ物調理に関する記述について、誤っているものを一つ選びなさい。

（1）油脂を用いた乾式加熱法の一つである。

（2）えびフライを揚げる油の温度は、170 ～ 180℃である。

（3）天ぷらの衣には、薄力粉を用いる。

（4）少量の油で揚げると温度変化が少なく、おいしく揚がる。

問12　煮物に関する記述について、正しいものを一つ選びなさい。

（1）煮物の調味で、砂糖は一番最後に入れるとよい。

（2）煮汁が少ないほうが加熱や味が不均一になりにくい。

（3）煮物は、温度管理がむずかしい。

（4）味が浸透しにくいものから先に入れると、煮上がりを均一にすることができる。

問13　次の野菜のゆで方に関する記述のうち、正しいものを一つ選びなさい。

（1）大根は、米のとぎ汁を使って熱湯からゆでる。

（2）たけのこは、米ぬかを加え、皮ごと入れて水からゆでる。

（3）ほうれんそうは、水からゆでる。

（4）れんこんは、水に塩を入れてゆでると白くゆで上がる。

問14　次の加熱操作のうち、湿式加熱ではないものはどれですか。

（1）ほうれんそうを下ゆでした。

（2）かつおだしをとった。

（3）あさりの酒蒸しを作った。

（4）鮭のホイル焼きを作った。

解答

問10（1）／（2）150℃でゆっくりと加熱する。（3）煮物は圧力鍋などを用いない限り100℃以上の加熱調理をすることはできない。（4）加熱中に味付けができる。　**問11（4）**／揚げ油の量が少ないと温度変化が大きく、カラッと揚がらない。　**問12（4）**／（1）食品への浸透力、揮発成分の違いから、調味は砂糖、塩、酢、しょうゆ、みその順に行う。（2）煮汁が少ないと加熱や味が不均一になりやすいので、煮返したり、落とし蓋をしたりする。（3）火力の調節によって温度管理は簡単。　**問13（2）**／（1）大根は米のとぎ汁で水からゆでる。（3）ほうれんそうなどの青菜は塩を加えた熱湯からゆでる。（4）水に酢を入れてゆでると白くゆで上がる。　**問14（4）**／ホイル焼きは乾式加熱である。

問15　だしの取り方に関する記述について、誤っているものを一つ選びなさい。

(1) 昆布のだしは、昆布を水から入れて火にかけ、沸騰直前に取り出す。

(2) 混合だしのかつお節と昆布の量は、単独で用いる場合の半量ずつにする。

(3) 煮干しのだしは、沸騰した湯に煮干しを入れて煮出す。

(4) かつお節のだしは、沸騰した湯にかつお節を入れたら火を止めて、沈んだらこす。

問16　加熱調理法の特徴に関する記述ついて、誤っているものを一つ選びなさい。

(1) 調味料の入った汁を用いて食品を加熱する煮物は、加熱しながら調味ができ、火力の調整によって温度管理は簡単である。

(2) たっぷりの油を用いて加熱する揚げ物は、比較的短時間での調理なので、栄養成分の損失は少ない。

(3) 少量の油を用いて加熱する炒め物は、高温・短時間で行うので、使う材料の大きさや炒める順序の調整は必要ない。

(4) 水蒸気の対流熱を利用して食品を加熱する蒸し物は、材料を均一に加熱することができるが、加熱中の味付けができない。

問17　次の記述のうち、正しいものを一つ選びなさい。

(1) 蒸すときは、水滴が材料に落ちないように、ふきんやキッチンペーパーを利用すると、水っぽくならない。

(2) 揚げるときは、薄手の鍋にたっぷりの油を入れて、材料を一度に入れてカラッと揚げる。

(3) 煮るときに、煮汁がたっぷりないと落とし蓋は使えない。

(4) 焼くときに、弱めの火でじっくりと加熱すると、みずみずしく仕上がる。

問18　次の調理器具に関する記述のうち、誤っているものを一つ選びなさい。

(1) 木のまな板は、表面が傷つきやすいうえ、かびが生えやすい。

(2) 包丁は、片刃のほうが一方にだけ力が加わるので、両刃よりも力を必要とせずに切ることができる。

(3) オーブン（天火）は、食材から出る水蒸気を利用して蒸し焼きにする。

(4) 電磁調理器は、室内の空気を汚さず、どんな鍋にも対応して使える。

解答

問15（3）／水を入れた鍋に煮干しを入れて、30分間以上浸してから火にかけ、沸騰させて10分ほど煮出す。　**問16（3）**／使う材料は大きさを整え、順序を考えながら炒める。　**問17（1）**／(2) 温度を管理しやすいように、薄手ではなく厚手の鍋で、材料を少しずつ入れる。(3) 落とし蓋は煮汁が少なくても使えて、味を均一につけることができる。(4) 火力が弱いと焼き上がるのに時間がかかり、水分が蒸発して硬くなる。　**問18（4）**／使用できる鍋に制限があり、土鍋やアルミニウム鍋は使えない。

問19　次の鍋のうち、熱伝導率が一番大きいものを選びなさい。

(1) 銅鍋
(2) アルミ鍋
(3) ステンレス鍋
(4) 土鍋

問20　電子レンジに関する記述について、正しいものを一つ選びなさい。

(1) 熱効率がよい。
(2) アルミ箔で包んで調理する。
(3) 栄養成分の損失が大きい。
(4) 温度調節がしやすい。

問21　食品とその香気成分との組み合わせについて、誤っているものはどれですか。

(1) ねぎ ―――― 硫化アリル
(2) みかん ――― リモネン
(3) にんにく ―― アリシン
(4) 魚の生臭み ― メチルメルカプタン

問22　調理と食品の味の記述について、(　　) の中に入る語句の組み合わせとして正しいものを一つ選びなさい。

「味では、甘味、塩味、(　A　)、苦味、(　B　) の5つを基本味という。味には、唾液や水分に溶けて口腔内にある (　C　) を刺激し、味覚神経などによって脳に伝わって味を認識する。」

(1) A　渋味　　B　辛味　　C　唾液腺
(2) A　渋味　　B　酸味　　C　味蕾
(3) A　酸味　　B　渋味　　C　唾液腺
(4) A　酸味　　B　うま味　C　味蕾

問23　味の相互作用に関する記述について、正しいものを一つ選びなさい。

(1) 酢の物に砂糖入れると酸味が弱まるのは、相乗効果である。
(2) だし汁に少量の塩を入れるとうまみが強まるのは、対比効果である。
(3) コーヒーに砂糖を入れると苦味が弱まるのは、相乗効果である。
(4) かつおだしと昆布だしを合わせるとうまみが強まるのは、対比効果である。

解答

問19 (1)／熱の伝導率は、銅＞アルミニウム＞鉄＞ステンレス＞陶器の順。 **問20 (1)**／(2) 電磁波を反射する金属やアルミホイルは使えない。(3) 加熱時間が短いために栄養成分の損失は少ない。(4) 温度調節はしにくい。 **問21 (4)**／魚の臭みはトリメチルアミン。 **問22 (4)**／味は甘味、塩味、酸味、苦味、うま味の5つを基本味といい、味蕾を刺激して味を感じる。 **問23 (2)**／(1) は抑制効果。(3) は抑制効果。(4) は相乗効果。

問24　調理と成分に関する記述について、正しいものを一つ選びなさい。

（1）砂糖の甘味は、冷たいほうが強く感じられる。
（2）塩味は、塩化カリウムが代表的である。
（3）昆布のうま味の成分は、イノシン酸である。
（4）魚や肉を焼いたときの香りは、アミノカルボニル反応で生じる。

問25　食品と色素成分との組み合わせについて、誤っているものを一つ選びなさい。

（1）トマト ―――――― カロテノイド系色素
（2）なす ――――――― アントシアニン系色素
（3）にんじん ――――― フラボノイド系色素
（4）ほうれんそう ――― クロロフィル系色素

問26　調理によるでんぷんの変化に関する記述について、誤っているものを一つ選びなさい。

（1）αでんぷんは、生のでんぷんに水を加えて60℃以上で加熱し、糊化したものである。
（2）αでんぷんは、そのまま放置しても状態は変わらない。
（3）砂糖を加えることで、でんぷんの老化を抑えることができる。
（4）αでんぷんは消化されやすいが、βでんぷんは消化されにくい。

問27　たんぱく質に関する記述のうち、誤っているものを一つ選びなさい。

（1）ゆばは、たんぱく質の界面変性を応用したものである。
（2）たんぱく質の熱凝固は、塩を加えると遅くなる。
（3）たんぱく質のコラーゲンは、長時間加熱するとゼラチンに変化する。
（4）たんぱく質は酸によって凝固しやすくなる。

問28　次の油脂に関する記述について、正しいものを一つ選びなさい。

（1）マヨネーズは、水中油滴型（O/W 型）エマルションである。
（2）牛乳は、油中水滴型（W/O 型）エマルションである。
（3）生クリームは、油中水滴型（W/O 型）エマルションである。
（4）マーガリンは、水中油滴型（O/W 型）エマルションである。

解答

問24（4）／（1）甘味は体温くらいが強く感じる。（2）塩化ナトリウムが代表的。（3）グルタミン酸である。　**問25（3）**／にんじんはカロテノイド系色素である。　**問26（2）**／放置すると、老化といって加熱前のβでんぷんに近い状態に戻る。　**問27（2）**／塩によって熱凝固は早まり、遅くなるのは砂糖を加えた場合である。　**問28（1）**／（2）は水中油滴型エマルション。（3）は水中油滴型エマルション。（4）は油中水滴型エマルション。

問29　精白米の炊飯に関する記述について、誤っているものを一つ選びなさい。

(1)　洗米の最初の1～2回は、たっぷりの水を一気に加え、手早く洗って捨てる。

(2)　洗米により、米は約10%吸水する。

(3)　水加減は、米の重量の約1.2倍を目安にする。

(4)　炊き上がった後は、蓋を取らずに温度をゆっくりと下げて蒸らす。

問30　穀類と主な用途に関する記述について、正しいものを一つ選びなさい。

(1)　白玉粉は、うるち米から作られる。

(2)　強力粉は、軟質小麦から作られ、たんぱく質含有量が少ない。

(3)　薄力粉は、パンやめん類の原料に適している。

(4)　ドウとは、小麦粉に水や食塩などを加えて練り上げたものをいう。

問31　ドウと添加物に関する記述について、誤っているものを一つ選びなさい。

(1)　食塩はドウの粘弾性を増すため、こしを強くする。

(2)　砂糖はドウの粘弾性を減少させ、安定性を増す。

(3)　油はドウの粘弾性を増すため、伸展性を悪くする。

(4)　かんすいはドウの伸展性を増し、歯切れをよくする。

問32　砂糖を加えることによる調理性について、正しいものはどれですか。

(1)　砂糖は、メレンゲの安定性を減少させる。

(2)　砂糖は、微生物の繁殖を抑制する。

(3)　砂糖は、でんぷんの老化を促進する。

(4)　砂糖は、卵液の凝固温度を低くする。

問33　いもや豆の調理に関する記述のうち、誤っているものを一つ選びなさい。

(1)　さつまいもの甘味成分は、でんぷんの分解によって生成するマルトースである。

(2)　さといもの粘質物質は、シュウ酸である。

(3)　あずきを煮るときには、渋切りを行う。

(4)　黒豆のアントシアニン系色素は、鉄鍋を使用したり、古釘を入れて煮たりすると色よく煮あがる。

解答

問29（3）／約1.2倍は米の容量で、重量は約1.5倍を目安にする。　**問30（4）**／(1) うるち米ではなく、もち米が原料。(2) 軟質小麦ではなく、硬質小麦を原料とし、たんぱく質を多く含む。(3) 薄力粉が適するものは天ぷらの衣やカステラなどで、パンやめん類などには強力粉を用いる。**問31（3）**／油はドウの安定性、伸展性をよくして、生地をなめらかにする。　**問32（2）**／(1) メレンゲの泡状態を安定させる。(3) でんぷんと共存して水分を奪って老化を防ぐ。(4) 凝固温度を高くするので、卵液は軟らかく固まる。　**問33（2）**／さといもの粘質物質は、ガラクタンやムチンである。

問34　野菜の調理特性に関する記述について、正しいものを一つ選びなさい。

(1) ぜんまいは、塩を加えてゆでると、繊維が軟らかくなり、色もよくなる。

(2) 梅干しは、赤しそに含まれるアントシアニンが梅から溶け出した酸に反応して、鮮やかな赤色に変化する。

(3) 野菜に含まれるビタミンCは、加熱することで80％以上失われる。

(4) 野菜に含まれる辛味成分は、野菜をすりおろしたり、かき混ぜたりするより、そのまま食べたほうが強く感じる。

問35　果実類の調理特性に関する記述について、誤っているものを一つ選びなさい。

(1) りんごやバナナを切ったまま放置すると、空気に触れることでポリフェノールが酸化されて褐変する。

(2) キウイフルーツ、パイナップルは、たんぱく質分解酵素を含むので、ゼラチンゼリーに用いると固まりにくい。

(3) 果実類に含まれる果糖は、冷やすと甘味を増す。

(4) 果実類に含まれる酸味成分は、酢酸が主成分となっている。

問36　植物性食品の調理特性に関する記述で、誤っているものを一つ選びなさい。

(1) 干しのりは、一般的にあまのりを乾燥させたものである。

(2) 昆布の独特の粘性は、アルギン酸などによるものである。

(3) しいたけを干すことで、エルゴステロールが紫外線によってビタミンAに変化し、うま味と香りが濃厚になる。

(4) 大豆を加熱する際にびっくり水を加えるのは、急激に水温を下げて、豆の外部と内部の煮え具合を均一にするためである。

問37　魚の調理に関する記述について、正しいものを一つ選びなさい。

(1) ムニエルを作るときに魚を牛乳に浸すのは、身を軟らかくするためである。

(2) つみれを作るときの食塩は、1 ～ 3%が適している。

(3) アジやカツオなどの赤身魚は、でんぶを作るのに適している。

(4) 赤身の魚を刺し身にするときは、薄切りやそぎ切りが適している。

解答

問34（2）／(1) 塩ではなく、ぜんまいには重曹を加える。(3) 80％以上ではなく、一般に30～50％を失い、ゆでた場合は50～70％に及ぶ。(4)すったり混ぜたりすることで、辛味は増す。
問35（4）／酢酸ではなく、クエン酸、リンゴ酸、酒石酸などの有機酸。　**問36（3）**／ビタミンAではなく、ビタミンDに変わり、栄養価が高まる。　**問37（2）**／(1) 牛乳に浸すのは魚の臭みを消すため。(3) でんぶには、タイやタラなど筋線維の多い白身魚が適している。(4) 赤身の魚は身が軟らかいので、平作り、引き作り、角作りなど身を厚く切る。

問38　魚や肉の調理に関する記述について、正しいものを一つ選びなさい。

(1) 煮魚の調理は、煮汁をあわせて魚を入れてから、加熱を始める。

(2) あらいとは、魚をそぎ切りなどにしてから氷水につけ、身を引き締めたものをいう。

(3) 肉は、と殺後の新鮮なものほど、うま味が強い。

(4) ウェルダンは、ステーキ肉の表面だけを焼いて、中は生の状態になるように仕上げる焼き方である。

問39　次の牛肉の部位と調理例との組み合わせで、誤っているものはどれですか。

(1) ヒレ肉 ——— ステーキ、網焼き

(2) もも肉 ——— ロースト、カツレツ

(3) すね肉 ——— シチュー、スープ

(4) イチボ ——— 煮込み料理、スープストック

問40　卵や乳の調理に関する記述について、誤っているものを一つ選びなさい。

(1) 卵黄は、卵白より凝固温度が低い。

(2) カスタードプディングでは、砂糖を多くすると凝固が抑制される。

(3) 卵液を牛乳で薄めたものは、加熱すると、水で薄めたものより軟らかくなる。

(4) ホットケーキを作るときに牛乳を加えると、焼き色がつき香ばしくなる。

問41　卵の調理に関する記述のうち、誤っているものを一つ選びなさい。

(1) 温泉卵は、70℃前後の湯の中に20～30分間つけて作る。

(2) 茶碗蒸しは、すが立たないように、蒸し器内の温度を85～90℃に保つ。

(3) 卵白は、攪拌時の温度が高温（30～40℃）であるほうが起泡性が高い。

(4) 卵を長時間ゆでると青黒く変色するのは、卵が新鮮だからである。

問42　調味料に関する記述について、誤っているものを一つ選びなさい。

(1) 立て塩は、10％の食塩水に魚や野菜をつけることである。

(2) ポーチドエッグは、沸騰水に酢や塩を入れて固まらせる。

(3) 金網に酢を塗ると、肉や魚を焼いてもはがれやすい。

(4) 三杯酢は、酢、しょうゆ、砂糖を合わせたものである。

解答

問38（2）／(1) 魚は煮汁が沸騰してから入れる。(3) と殺直後では死後硬直を起こすため、時間をおくことによって軟化、熟成し、うま味も増す。(4) 中までしっかりと火を通す焼き方で、中が生の状態はレアという。　**問39（4）**／ランプと呼ばれるお尻上部のうち、もも側の軟らかい赤身肉がイチボで、ステーキ、焼き肉、上質のひき肉料理などに適している。　**問40（3）**／牛乳は卵のたんぱく質の凝固を助けるため、強度が増す。　**問41（4）**／変色は硫化水素によるもので、古い卵ほど起こりやすい。　**問42（1）**／10％ではなく、海水に近い3％程度の食塩水につけること。

問43　揚げ油の温度で180℃を見分ける状態として、正しいものを選びなさい。

(1) 天ぷらの衣を落として、底に沈んでなかなか浮き上がらない状態。

(2) 天ぷらの衣を落として、底に沈んですぐに浮き上がる状態。

(3) 天ぷらの衣を落として、少し沈んですぐに浮き上がる状態。

(4) 天ぷらの衣を落として、沈まずに表面で広がる状態。

問44　調理による色の変化についての記述のうち、誤っているものを一つ選びなさい。

(1) カロテノイド系色素は、加熱によって退色する。

(2) フラボノイド系色素は、酸性化で色調が退色化する。

(3) アントシアニン系色素は、酸性化で赤色になる。

(4) クロロフィル系色素は、加熱により褐色化する。

問45　次の記述について、正しいものを一つ選びなさい。

(1) 枝豆やオクラを調理する前に塩でもむのは、下味をつけるためである。

(2) 貝類の砂出しをするときの食塩水の濃度は、10%が最適である。

(3) ひき肉をこねる際に塩を加えると、粘着力が強まり、成形しやすくなる。

(4) あえ物は、味をなじませるために早めに調味料と混ぜ合わせておく。

問46　次の記述について、正しいものを一つ選びなさい。

(1) 魚の持ち味をもっとも生かした加熱法は、直火焼きである。

(2) 西京焼きは、合わせみそを酒やみりんでのばしたものに魚や肉をつけ込んで焼いたものである。

(3) ベーコンは、牛肉を塩漬け、燻煙したものである。

(4) 冷やした牛乳に、レモン汁や食酢を加えたものがカッテージチーズである。

問47　大さじ1杯に対する重量の目安量として、誤っているものを一つ選びなさい。

(1) しょうゆ ――― 18g

(2) 植物油 ――― 18g

(3) 上白糖 ――― 9g

(4) はちみつ ――― 22g

解答

問43 (3) ／(1) は150℃以下、(2) は約160℃、(4) は200℃以上と見分ける。 **問44 (1)** ／カロテノイド系色素は熱に強いので安定していて、その色調を保つ。 **問45 (3)** ／(1) 調理前に塩でもむのは、皮の表面のうぶ毛を取り除くため。(2) 塩分濃度は1～3%を目安にするとよい。(4) 早めに混ぜ合わせると水っぽくなるので、盛り付ける直前に調味料とあえる。 **問46 (1)** ／(2) 合わせみそではなく、白みそを酒やみりんでのばす。(3) 牛肉ではなく、豚ばら肉を使う。(4) 冷やした牛乳ではなく、40～60℃に温めた牛乳を用いる。**問47 (2)** ／植物油の大さじ1杯は12g。

問48　調理用語に関する記述として、誤っているものを一つ選びなさい。

（1）下煮 ——— 火が通りにくい材料をあらかじめ煮ておくこと。

（2）湯引き —— すばやく熱湯に通すか、熱湯をかけるかして表面を加熱する。

（3）煮切り —— 調味料を加えた煮汁を煮詰めていくこと。

（4）皮霜 ——— 魚の皮面に熱湯をかけてから冷水をかけ､皮ごと刺し身にすること。

問49　ソースに関する組み合わせについて、誤っているものを一つ選びなさい。

（1）ブラウンソース ———— 小麦粉、バター、ブイヨン — 肉料理

（2）ベシャメルソース ——— 小麦粉、バター、牛乳 ——— グラタン

（3）ビネグレットソース —— バルサミコ酢、サラダ油 —— パスタ

（4）マヨネーズソース ——— 卵黄、酢、サラダ油 ———— サラダ

問50　集団給食の献立、調理に関する記述のうち、誤っているものを一つ選びなさい。

（1）食品構成をもとに、費用や嗜好性を考えて作成する。

（2）多くの人に好まれる味付けを工夫する。

（3）時間に関係なく食べられるように盛り付けておく。

（4）調理に従事する者は、すべての日常食を習得しておく必要がある。

問51　献立に関する記述について、誤っているものを一つ選びなさい。

（1）献立作成は、対象者の給与栄養目標量、健康状態、ニーズを考慮する。

（2）単一献立とは、主菜、副菜などを組み合わせた定食形式の献立のことである。

（3）バイキングスタイルの献立作成では、栄養をバランスよくとれるように、種類や食品の使用量を決める。

（4）献立作成に当たっては、食材費を第一優先に検討する。

問52　調理器具と用途との組み合わせについて、誤っているものを一つ選びなさい。

（1）ピーラー ———— スープなどの裏ごしをするときに使う。

（2）スチーマ ———— 蒸し物をするときに使う。

（3）サマランダー —— 焼き物をするときに使う。

（4）スライサー ——— 野菜などを薄切りにするときに使う。

解答

問48（3）／加えた酒やみりんのアルコールを飛ばすこと。　**問49（3）**／バルサミコ酢ではなく、ワインビネガーまたは食酢を用いた、いわゆるフレンチドレッシングのことで、サラダに用いる。　**問50（3）**／盛り付けは供与直前にして、でき上がり時間を管理し、温蔵・冷蔵設備などを活用する。　**問51（4）**／献立作成に当たっては、調理施設・設備、調理従事者の技術・人数、経費などを考慮する必要がある。　**問52（1）**／ピーラーは皮むき器で、スープなどの裏ごしに使うのはシノワである。

問53　クックチルシステムに関する記述について、正しいものを一つ選びなさい。

(1) 給食業務の効率化を図ることはできない。
(2) 食品を急速冷却する機器として、冷風を用いるブラストチラーがある。
(3) 最終の食材を−18℃以下にまで急速冷凍する。
(4) 再加熱で提供できる料理の保管日数は、1か月程度である。

問54　「大量調理施設衛生管理マニュアル」の施設設備に関する記述について、誤っているものを一つ選びなさい。

(1) 床は、ドライシステム化を図る。
(2) 手洗い設備は、区域ごとに設置する。
(3) 床面に水を使用する部分では、適当な勾配、排水溝を設ける。
(4) 便所の入り口は、調理場の入り口に近いところに設ける。

問55　次の記述について、正しいものを一つ選びなさい。

(1) 原材料は、配送用包装のまま非汚染作業区域に納品させる。
(2) 下処理は、非汚染作業区域で行う。
(3) 器具、容器の使用後は、水洗いをして、乾燥させ、保管する。
(4) 食品の取り扱いは、床面から60cm以上の場所で行う。

問56　「大量調理施設衛生管理マニュアル」における施設・設備の清掃・消毒に関する組み合わせのうち、誤っているものを一つ選びなさい。

(1) 調理室の床面から1m以内の高さの壁は、毎日清掃する。
(2) 調理室の排水溝は、毎日清掃する。
(3) 調理室の天井は、半年に1回清掃する。
(4) 冷凍・冷蔵庫は、週に1回清掃する。

問57　次のテーブルセッティングの組み合わせで、誤っているものを一つ選びなさい。

(1) カトラリー ――――― ナイフ&フォーク
(2) センターピース ――― キャンドル
(3) テーブルリネン ――― ナプキン
(4) フィギュア ――――― グラス

解答

問53 (2) ／(1) 効率化を目的としている。(3) −18℃以下はクックフリーズシステムの温度管理である。(4) 保管日数は5日間程度である。　**問54 (4)** ／トイレは隔壁にして、調理場から3m以上離れた場所に設置する。　**問55 (4)** ／(1) 原材料は専用のふたつき容器に入れ替える。(2) 下処理は汚染作業区域で行う。(3) 水洗いではなく、洗剤などを使用して適切に洗浄し、80℃で5分間以上の加熱殺菌を行い、乾燥して保管する。　**問56 (3)** ／調理室の天井は1か月に1回以上清掃する。　**問57 (4)** ／フィギュアとは塩・こしょう入れ、ナプキンリングなどの小物を表す。

6　食文化概論

問1　次の記述のうち、正しいものを一つ選びなさい。

（1）東南アジアや中東などの食事様式に多い「手食」は、右手を不浄の手として、左手のみを使って食事をする。

（2）食物や食文化は、「コロンブスの交換」をきっかけに、15世紀の大航海時代に広く世界に伝わっていった。

（3）テーブルマナーは、スペイン王女がフランス王家に嫁いだ際に、スペインの食文化をもち込んだことが始まりといわれている。

（4）ガストロノミー（美食の思想）を広め、『味覚の生理学（美味礼讃）』を著したのはフランスのエスコフィエである。

問2　宗教と食物に関する組み合わせのうち、誤っているものを一つ選びなさい。

（1）イスラム教 ── アルコール類を飲まない。ハラール食を食べる。

（2）ユダヤ教 ─── 豚肉を食べない。コーシャ食を食べる。

（3）キリスト教 ── 魚介類を食べない。

（4）ヒンズー教 ── 牛肉を食べない。

問3　次の記述のうち、誤っているものを一つ選びなさい。

（1）奈良時代、渡来僧の道元により砂糖が日本に持ち込まれた。

（2）「ハレ」の日とは神仏と接する特別の日のことで、神饌食を供える。

（3）飛鳥時代、天武天皇は「獣肉忌避令（食肉禁止令）」を出した。

（4）江戸時代、初ガツオなどを先を争って食べるという「初物食い」が町民に流行した。

問4　日本料理に関する記述について、誤っているものを一つ選びなさい。

（1）精進料理 ─── 鎌倉時代 ───── 禅宗の簡素な料理、道元禅師

（2）普茶料理 ─── 江戸時代 ───── 中国風精進料理、隠元僧

（3）袱紗料理 ─── 安土桃山時代 ─── 茶の湯を楽しむ料理、千利休

（4）会席料理 ─── 江戸時代 ───── 酒宴の料理

解答

問1（2）／(1) 左手が不浄の手で、右手のみを使う。(3) 嫁いだのはスペイン王女ではなく、イタリアのカトリーヌ・ド・メディチで、食事作法をもち込んだ。(4) エスコフィエではなく、ブリヤ・サヴァラン。　**問2（3）**／キリスト教には食物禁忌がほとんどなく、魚介類を禁じていない。**問3（1）**／道元ではなく鑑真である。　**問4（3）**／袱紗料理は本膳料理を江戸時代に簡素化したもので、安土桃山時代に千利休が広めたのは懐石料理。

問5　五節句に関する組み合わせのうち、誤っているものを一つ選びなさい。

(1) 端午 ――― 5月5日 ―――― 柏餅、ちまき
(2) 上巳 ――― 3月3日 ―――― 菱餅、ひなあられ
(3) 重陽 ――― 11月11日 ――― 菊花酒
(4) 人日 ――― 1月7日 ―――― 七草がゆ

問6　郷土料理と都道府県名との組み合わせのうち、正しいものはどれですか。

(1) ずんだ餅 ―――― 秋田県
(2) 冷や汁 ――――― 愛知県
(3) おやき ――――― 長野県
(4) 治部煮 ――――― 富山県

問7　次の西洋料理に関する組み合わせのうち、誤っているものを一つ選びなさい。

(1) タイユヴァン――――14世紀―――『ラルス・マギリカ』
(2) ブリヤ・サヴァラン――19世紀―――『味覚の生理学（美味礼賛）』
(3) オーギュスト・エスコフィエ―19世紀末～20世紀―近代フランス料理の父
(4) ポール・ボキューズ――現代―――――ヌーベル・キュイジーヌ

問8　世界の料理の組み合わせのうち、誤っているものを一つ選びなさい。

(1) イギリス ―――― スコーン、キドニーパイ
(2) メキシコ ―――― トルティージャ、タコス
(3) タイ ――――― コシャリ、コフタ
(4) アルゼンチン ―― エンパナーダ、アサード

問9　江戸時代、白米食が広がったために「江戸わずらい」といわれる疾患が急増した原因について、正しいものを一つ選びなさい。

(1) 脚気
(2) 糖尿病
(3) 胃がん
(4) 心筋梗塞

解答

問5（3）／重陽は9月9日。　**問6（3）**／(1) ずんだ餅は宮城県で、秋田県はきりたんぽ。(2) 冷や汁は宮崎県で、愛知県はみそ煮込みうどん。(4) 治部煮は石川県で、富山県はますずし。**問7（1）**／タイユヴァンは『食物譜』を著したフランス最初の料理人で、『ラルス・マギリカ』はアピキウスによる世界最初の料理書である。　**問8（3）**／タイの料理はトムヤムクン、グリーンカレーなどで、問題文の料理はエジプトのものである。　**問9（1）**／江戸わずらいは現在でいう脚気のことで、江戸時代に白米食が広がったためにビタミンB_1が不足して増えたとされている。

さくいん

す

せ

アルファベット

著者紹介

■公衆衛生学、食品衛生学、食文化概論担当

伊東 秀子（いとう　ひでこ）

衛生学修士
北里大学大学院衛生学研究科修了後、国立公衆衛生院で水中ウイルスの不活化の研究に携わる。国の雑用水道プロジェクト研究班のメンバーも務めた。その後、専門学校を中心に衛生学や食文化史などについても、教鞭をとった。

■食品学、栄養学、調理理論担当

星屋 英治（ほしや　えいじ）

管理栄養士、佐伯栄養専門学校教務部長
佐伯栄養専門学校を卒業後、東京慈恵会医科大学附属病院にて病院給食における臨床栄養に携わる。その後、佐伯栄養専門学校で教鞭をとり、栄養士の養成に努める。

本文デザイン・レイアウト／大村 タイシ
本文イラスト／渡辺 裕子
校閲・校正／篠原 典子
　　　　　　真織 ヨウ
編集協力／空

本書に関する正誤等の最新情報は下記のURLでご確認下さい。
https://www.seibidoshuppan.co.jp/support

※上記URLに記載されていない箇所で正誤についてお気づきの場合は、書名・発行日・質問事項（ページ数、問題番号等）・氏名・郵便番号・住所・FAX番号を明記の上、郵送かFAXで成美堂出版までお問い合わせ下さい。※電話でのお問い合わせはお受けできません。
※ご質問到着確認後10日前後に回答を普通郵便またはFAXで発送いたします。
※ご質問の受付期限は 2024 年11月末日までの各試験日の10日前必着といたします。ご了承下さい。

資格ガイド 調理師 '24年版

2024年 2月20日発行

著　者　伊東秀子（いとうひでこ）　星屋英治（ほしやえいじ）

発行者　深見公子

発行所　成美堂出版
〒162-8445　東京都新宿区新小川町1-7
電話(03)5206-8151　FAX(03)5206-8159

印　刷　広研印刷株式会社

ISBN978-4-415-23793-0
落丁･乱丁などの不良本はお取り替えします
定価はカバーに表示してあります